老科学家学术成长资料采集工程
中国科学院院士传记丛书

恭庆 传

上一个高度

郭金海　王涛　徐世宜◎著

1936 年
出生于上海

1954 年
考入北京大学数学力学系

1978 年
赴美进修

1988 年
出任北京大学数学研究所所长

1991 年
当选中国科学院学部委员

1994 年
在第 22 届国际数学家大会作 45 分钟报告

1996 年
出任中国数学会理事长

老科学家学术成长资料采集工程
中国科学院院士传记丛书

再上一个高度

张恭庆传

郭金海　王涛　徐世宜◎著

第一章　广义函数论介绍

前言

大家都知道，函数概念是高等数学的最重要、最基本的概念之一。在数学分析的第一课里，我们就学过，"如集合中的量 x 的属于集合 M 的每一个（数）值，都对应着量 y 的一个唯一确定的值，我们就说量 y 是量 x 确定在集合 M 上的一个函数。"不论是哪一本教科书，都会举出大量的例子来阐述这个概念的广泛性。但是，近代科学技术的发展，却使得这个概念逐渐不够用了。我们用下面几个例子来说明：

例1：脉冲（电工学方面的问题），大约在本世纪之初，工程师 Heaviside 在解电路方程时，提出了一种运算方法。称之为算子演算（又称作运算微积），这套算法要求对如下的函数（称为 Heaviside 函数）

$$Y(x)=\begin{cases}1 & \text{当 } x\geqslant 0 \text{ 时}\\ 0 & \text{当 } x<0 \text{ 时}\end{cases}$$

求微商，并把这微商记作 $\delta(x)$，但是我们都知道函数 $Y(x)$ 并不可微（事实上它在 $x=0$ 就不连续）因此 $\delta(x)$ 根本不是什么函数。它给 δ 作为一个记号而用，在数学上本来是没有意义的，可是有趣的是：这个 $\delta(x)$ 却有着"实际"意义。它代表一种理想化了的"瞬时"单位脉冲。图⑴表示实际单位脉冲的电流 $i(t)$ 一时间 (t) 图，在 $t=0$ 时，接通电源；在 t 时，截断电源，其电量 $\int i(t)dt=1$，图⑵表示理想化了的瞬时单位脉冲，所谓"单位"是指，其电量为1，所谓瞬时，是指 $t\to 0$。这样一来，代表瞬时单位脉冲的电流的符号 $\delta(t)$，实际上就应当代表一串实际单位脉冲电流函数 $i(t)$ 在某种意义下的极限。

中国科学技术出版社

·北　京·

图书在版编目（CIP）数据

再上一个高度：张恭庆传 / 郭金海，王涛，徐世宜著.
-- 北京：中国科学技术出版社，2024. 9. --（老科学家学
术成长资料采集工程丛书. 中国科学院院士传记丛书）.
-- ISBN 978-7-5236-0854-8

Ⅰ. K826.11

中国国家版本馆 CIP 数据核字第 2024CW7287 号

责任编辑	李双北
责任校对	吕传新
责任印制	徐　飞
版式设计	中文天地

出　　版	中国科学技术出版社
发　　行	中国科学技术出版社有限公司
地　　址	北京市海淀区中关村南大街 16 号
邮　　编	100081
发行电话	010-62173865
传　　真	010-62173081
网　　址	http://www.cspbooks.com.cn

开　　本	787mm×1092mm　1/16
字　　数	302 千字
印　　张	19.75
版　　次	2024 年 9 月第 1 版
印　　次	2024 年 9 月第 1 次印刷
印　　刷	北京顶佳世纪印刷有限公司
书　　号	ISBN 978-7-5236-0854-8 / K·406
定　　价	142.00 元

老科学家学术成长资料采集工程
专家委员会

主　任：韩启德

委　员：（以姓氏拼音为序）

　　　　陈佳洱　　方　新　　傅志寰　　李静海　　刘　旭

　　　　齐　让　　王进展　　王礼恒　　赵沁平

老科学家学术成长资料采集工程
丛书组织机构

特邀顾问（以姓氏拼音为序）

　　樊洪业　　方　新　　谢克昌

编委会

主　编：老科学家学术成长资料采集工程领导小组办公室

编　委：（以姓氏拼音为序）

　　　　艾素珍　　陈维成　　定宜庄　　董庆九　　胡化凯

　　　　胡宗刚　　吕瑞花　　孟令耘　　潘晓山　　秦德继

　　　　阮　草　　谭华霖　　王扬宗　　熊卫民　　姚　力

　　　　张大庆　　张　剑　　张　藜　　周德进

编委会办公室

主　任：董　阳　　董亚峥

副主任：韩　颖

成　员：（以姓氏拼音为序）

　　　　高文静　　胡艳红　　李　梅　　刘如溪　　罗兴波

　　　　王传超　　张珩旭　　张佳静

老科学家学术成长资料采集工程简介

　　老科学家学术成长资料采集工程（以下简称"采集工程"）是根据国务院领导同志的指示精神，由国家科教领导小组于 2010 年正式启动，中国科协牵头，联合中组部、教育部、科技部、工信部、财政部、文化部、国资委、解放军总政治部、中国科学院、中国工程院、国家自然科学基金委员会等 11 部委共同实施的一项抢救性工程，旨在通过实物采集、口述访谈、录音录像等方法，把反映老科学家学术成长历程的关键事件、重要节点、师承关系等各方面的资料保存下来，为深入研究科技人才成长规律，宣传优秀科技人物提供第一手资料和原始素材。

　　采集工程是一项开创性工作。为确保采集工作规范科学，启动之初即成立了由中国科协主要领导任组长、12 个部委分管领导任成员的领导小组，负责采集工程的宏观指导和重要政策措施制定，同时成立领导小组专家委员会负责采集原则确定、采集名单审定和学术咨询，委托科学史学者承担学术指导与组织工作，建立专门的馆藏基地确保采集资料的永久性收藏和提供使用，并研究制定了《采集工作流程》《采集工作规范》等一系列基础文件，作为采集人员的工作指南。截至 2021 年 8 月，采集工程已启动 592 位科学家的学术成长资料采集项目，获得实物原件资料 132922 件、数字化资料 318092 件、视频资料 443783 分钟、音频资料 527093 分钟，具有重要的史料价值。

采集工程的成果目前主要有三种体现形式，一是建设"中国科学家博物馆网络版"，提供学术研究和弘扬科学精神、宣传科学家之用；二是编辑制作科学家专题资料片系列，以视频形式播出；三是研究撰写客观反映老科学家学术成长经历的研究报告，以学术传记的形式，与中国科学院、中国工程院联合出版。随着采集工程的不断拓展和深入，将有更多形式的采集成果问世，为社会公众了解老科学家的感人事迹，探索科技人才成长规律，研究中国科技事业的发展历程提供客观翔实的史料支撑。

总序一

中国科学技术协会主席　韩启德

老科学家是共和国建设的重要参与者，也是新中国科技发展历史的亲历者和见证者，他们的学术成长历程生动反映了近现代中国科技事业与科技教育的进展，本身就是新中国科技发展历史的重要组成部分。针对近年来老科学家相继辞世、学术成长资料大量散失的突出问题，中国科协于2009年向国务院提出抢救老科学家学术成长资料的建议，受到国务院领导同志的高度重视和充分肯定，并明确责成中国科协牵头，联合相关部门共同组织实施。根据国务院批复的《老科学家学术成长资料采集工程实施方案》，中国科协联合中组部、教育部、科技部、工业和信息化部、财政部、文化部、国资委、解放军总政治部、中国科学院、中国工程院、国家自然科学基金委员会等11部委共同组成领导小组，从2010年开始组织实施老科学家学术成长资料采集工程。

老科学家学术成长资料采集是一项系统工程，通过文献与口述资料的搜集和整理、录音录像、实物采集等形式，把反映老科学家求学历程、师承关系、科研活动、学术成就等学术成长中关键节点和重要事件的口述资料、实物资料和音像资料完整系统地保存下来，对于充实新中国科技发展的历史文献，理清我国科技界学术传承脉络，探索我国科技发展规律和科技人才成长规律，弘扬我国科技工作者求真务实、无私奉献的精神，在全社会营造爱科学、学科学、用科学的良好氛围，是一件很有意义的事情。采集工程把重点放在年龄在 80 岁以上、学术成长经历丰富的两院院士，以及虽然不是两院院士、但在我国科技事业发展中作出突出贡献的老科技工作者，充分体现了党和国家对老科学家的关心和爱护。

自 2010 年启动实施以来，采集工程以对历史负责、对国家负责、对科技事业负责的精神，开展了一系列工作，获得大量反映老科学家学术成长历程的文字资料、实物资料和音视频资料，其中有一些资料具有很高的史料价值和学术价值，弥足珍贵。

以传记丛书的形式把采集工程的成果展现给社会公众，是采集工程的目标之一，也是社会各界的共同期待。在我看来，这些传记丛书大都是在充分挖掘档案和书信等各种文献资料、与口述访谈相互印证校核、严密考证的基础之上形成的，内中还有许多很有价值的照片、手稿影印件等珍贵图片，基本做到了图文并茂，语言生动，既体现了历史的鲜活，又立体化地刻画了人物，较好地实现了真实性、专业性、可读性的有机统一。通过这套传记丛书，学者能够获得更加丰富扎实的文献依据，公众能够更加系统深入地了解老一辈科学家的成就、贡献、经历和品格，青少年可以更真实地了解科学家、了解科技活动，进而充分激发对科学家职业的浓厚兴趣。

借此机会，向所有接受采集的老科学家及其亲属朋友，向参与采集工程的工作人员和单位，表示衷心感谢。真诚希望这套丛书能够得到学术界的认可和读者的喜爱，希望采集工程能够得到更广泛的关注和支持。我期待并相信，随着时间的流逝，采集工程的成果将以更加丰富多样的形式呈现给社会公众，采集工程的意义也将越来越彰显于天下。

是为序。

总序二

中国科学院院长　白春礼

　　由国家科教领导小组直接启动，中国科学技术协会和中国科学院等12个部门和单位共同组织实施的老科学家学术成长资料采集工程，是国务院交办的一项重要任务，也是中国科技界的一件大事。值此采集工程传记丛书出版之际，我向采集工程的顺利实施表示热烈祝贺，向参与采集工程的老科学家和工作人员表示衷心感谢！

　　按照国务院批准实施的《老科学家学术成长资料采集工程实施方案》，开展这一工作的主要目的就是要通过录音录像、实物采集等多种方式，把反映老科学家学术成长历史的重要资料保存下来，丰富新中国科技发展的历史资料，推动形成新中国的学术传统，激发科技工作者的创新热情和创造活力，在全社会营造爱科学、学科学、用科学的良好氛围。通过实施采集工程，系统搜集、整理反映这些老科学家学术成长历程的关键事件、重要节点、学术传承关系等的各类文献、实物和音视频资料，并结合不同时期的社会发展和国际相关学科领域的发展背景加以梳理和研究，不仅有利于深入了解新中国科学发展的进程特别是老科学家所在学科的发展脉络，而且有利于发现老科学家成长成才中的关键人物、关键事件、关键因素，探索和把握高层次人才培养规律和创新人才成长规律，更有利于理清我国科技界学术传承脉络，深入了解我国科学传统的形成过程，在全社会范围内宣传弘扬老科学家的科学思想、卓越贡献和高尚品质，推动社会主义科学文化和创新文化建设。从这个意义上说，采集工程不仅是一项文化工程，更是一项严肃认真的学术建设工作。

中国科学院是科技事业的国家队，也是凝聚和团结广大院士的大家庭。早在1955年，中国科学院选举产生了第一批学部委员，1993年国务院决定中国科学院学部委员改称中国科学院院士。半个多世纪以来，从学部委员到院士，经历了一个艰难的制度化进程，在我国科学事业发展史上书写了浓墨重彩的一笔。在目前已接受采集的老科学家中，有很大一部分即是上个世纪80、90年代当选的中国科学院学部委员、院士，其中既有学科领域的奠基人和开拓者，也有作出过重大科学成就的著名科学家，更有毕生在专门学科领域默默耕耘的一流学者。作为声誉卓著的学术带头人，他们以发展科技、服务国家、造福人民为己任，求真务实、开拓创新，为我国经济建设、社会发展、科技进步和国家安全作出了重要贡献；作为杰出的科学教育家，他们着力培养、大力提携青年人才，在弘扬科学精神、倡树科学理念方面书写了可歌可泣的光辉篇章。他们的学术成就和成长经历既是新中国科技发展的一个缩影，也是国家和社会的宝贵财富。通过采集工程为老科学家树碑立传，不仅对老科学家们的成就和贡献是一份肯定和安慰，也使我们多年的夙愿得偿！

鲁迅说过，"跨过那站着的前人"。过去的辉煌历史是老一辈科学家铸就的，新的历史篇章需要我们来谱写。衷心希望广大科技工作者能够通过"采集工程"的这套老科学家传记丛书和院士丛书等类似著作，深入具体地了解和学习老一辈科学家学术成长历程中的感人事迹和优秀品质；继承和弘扬老一辈科学家求真务实、勇于创新的科学精神，不畏艰险、勇攀高峰的探索精神，团结协作、淡泊名利的团队精神，报效祖国、服务社会的奉献精神，在推动科技发展和创新型国家建设的广阔道路上取得更辉煌的成绩。

总序三

中国工程院院长　周　济

　　由中国科协联合相关部门共同组织实施的老科学家学术成长资料采集工程，是一项经国务院批准开展的弘扬老一辈科技专家崇高精神、加强科学道德建设的重要工作，也是我国科技界的共同责任。中国工程院作为采集工程领导小组的成员单位，能够直接参与此项工作，深感责任重大、意义非凡。

　　在新的历史时期，科学技术作为第一生产力，已经日益成为经济社会发展的主要驱动力。科技工作者作为先进生产力的开拓者和先进文化的传播者，在推动科学技术进步和科技事业发展方面发挥着关键的决定的作用。

　　新中国成立以来，特别是改革开放30多年来，我们国家的工程科技取得了伟大的历史性成就，为祖国的现代化事业作出了巨大的历史性贡献。两弹一星、三峡工程、高速铁路、载人航天、杂交水稻、载人深潜、超级计算机……一项项重大工程为社会主义事业的蓬勃发展和祖国富强书写了浓墨重彩的篇章。

　　这些伟大的重大工程成就，凝聚和倾注了以钱学森、朱光亚、周光召、侯祥麟、袁隆平等为代表的一代又一代科技专家们的心血和智慧。他们克服重重困难，攻克无数技术难关，潜心开展科技研究，致力推动创新发展，为实现我国工程科技水平大幅提升和国家综合实力显著增强作出了杰出贡献。他们热爱祖国，忠于人民，自觉把个人事业融入到国家建设大局之中，为实现国家富强而不断奋斗；他们求真务实，勇于创新，用科技为中华民族的伟大复兴铸就了辉煌；他们治学严谨，鞠躬尽瘁，具有崇高的科学精神和科学道德，是我们后代学习的楷模。科学家们的一生是一本珍贵的教科书，他们坚定的理想信念和淡泊名利的崇高品格是中华民族自强不息精神的宝贵财富，永远值得后人铭记和敬仰。

通过实施采集工程，把反映老科学家学术成长经历的重要文字资料、实物资料和音像资料保存下来，把他们卓越的技术成就和可贵的精神品质记录下来，并编辑出版他们的学术传记，对于进一步宣传他们为我国科技发展和民族进步作出的不朽功勋，引导青年科技工作者学习继承他们的可贵精神和优秀品质，不断攀登世界科技高峰，推动在全社会弘扬科学精神，营造爱科学、讲科学、学科学、用科学的良好氛围，无疑有着十分重要的意义。

中国工程院是我国工程科技界的最高荣誉性、咨询性学术机构，集中了一大批成就卓著、德高望重的老科技专家。以各种形式把他们的学术成长经历留存下来，为后人提供启迪，为社会提供借鉴，为共和国的科技发展留下一份珍贵资料。这是我们的愿望和责任，也是科技界和全社会的共同期待。

张恭庆

2021 年 10 月 14 日，张恭庆与采集小组部分成员合影
（前排右为陈大岳；后排左起：任燃、文爽、郭金海、赵振江、鲍琪凤）

2021 年 8 月 6 日，采集小组成员陈大岳（左）、赵振江（中）
采访张恭庆

2021 年 9 月 10 日，采集小组成员郭金海（右）采访张恭庆

序　一

张恭庆先生为中国现代数学发展和人才培养作出了突出的贡献，也是北京大学数学学科在当代取得重大发展成就的推动者之一。张先生是我在北京大学读研究生时的导师，是他把我引入现代数学的大门。

1982年，我来到北京大学读研究生，一开始还没有定导师。有一天我去学校大图书馆查资料，恰好遇见张先生，那是我第一次见到他。后来又在离图书馆最近的学四食堂（现在的燕南美食）遇见他。那时候张先生刚从国外回来不久，有许多新知识讲给我们听。我对他介绍非线性分析的内容印象深刻，觉得很有意思。当时恰逢先生在组建非线性分析方面的研究团队，我就定下来跟着先生读书，参加他组织的讨论班，学到了很多现代数学知识。

1983年夏天，加拿大蒙特利尔大学邀请张先生前去讲学，我作为他的助手一同前往。那是我第一次去那么远的地方，从广州辗转至香港，然后到旧金山和先生汇合，再一起去加拿大。旅途中我还得到了其他几位前辈的帮助。回程先生又安排我在伯克利数学研究所访问几天，我第一次参加了该所的偏微分方程年，对我触动很大。此前我还没有出国读书的想法，但是那次经历让我感到要发展数学，需要到一个更大的平台。后来我获得了留学机会，到美国学习、做研究，逐渐走到了微分几何学术前沿。二十年以后，我还主持了这个研究所每十年一次的微分几何年活动。

跟张先生一起的回忆有很多，从北京大学毕业后，我仍然有机会时时受教于先生，特别是 20 世纪 90 年代后我回国开展中外学术交流和人才培养工作，经常与先生商议工作中的问题，向他请教。这些年来对于先生的精神风范也体会得更加深刻。

第一是他在学术追求上的执着、不放弃。由于历史原因，先生这一代人年轻时候的学术道路是艰难曲折的，先生直到 40 多岁才比较安心地重新投入到数学研究上，虽然时间精力有限，但仍然凭着一股不服输的劲头努力补知识，追赶国际学术前沿，并且取得了杰出的成就，在 20 世纪 80 年代初期就为中国当代数学赢得了国际声誉。先生给年轻人树立了很好的榜样，在学术上应该有排除万难、锲而不舍的追求。

第二是张先生始终把推动中国数学和北京大学数学发展作为自己最重要的工作之一。20 世纪 80 年代初，当他在学术上取得成果时，恰逢几何分析这股新潮流兴起。先生判断，这将是一个非常重要的学科发展方向，于是将工作重心向这方面转移，利用访问研究等机会学习几何分析知识，组建讨论班带动年轻人学习钻研几何分析方向，为中国几何分析学的建设作出了很大的贡献。1988 年至 90 年代末，先生担任北京大学数学研究所所长，在此期间他想方设法改善教师的研究环境，提升北京大学数学科研实力。90 年代后期，他又向当时的校长陈佳洱提出在北京大学数学研究所设立"特别数学讲座"，为 2000 年以后北京大学数学年青一代的崛起创造了好的条件。1996 年，先生接任中国数学会理事长，当时中国数学界正在为申办 2002 年国际数学家大会而努力，先生作为申办工作的领头人之一，做了大量复杂、细致的工作，为中国拿下首次国际数学家大会的举办权立下了汗马功劳。2002 年，国际数学家大会在中国圆满召开，这是新世纪的第一次国际数学家大会，也是历史上第一次在发展中国家举行的国际数学家大会。此后，中国数学的国际影响力大大增强，进入了发展的快车道。

第三是张先生对年轻人不遗余力地鼓励、扶持。他把为后人"铺路搭桥"作为自己的使命之一，认为"希望在后辈"，要通过自己的努力"使后来者少走弯路"。先生非常重视培养、扶植年轻人，关注年轻人的发展，尽量为年轻人的成长创造机会和条件，这一点是贯穿在他的工作始终的。作为先生的学生，我始终铭记他的教育、引路之恩。从我在北京大学写第一篇小文章开始，他给我提建议，帮助我修改，鼓励我独立写作和投稿。我第一次跟他出国去蒙特利尔，虽然我是以助手身份去的，但先生让我把精力集中在学习和开阔眼界上。他总是希望年轻人"开阔眼界""立大志"，鼓励年轻人独立发展。1991 年，在我学术研究上有了一定成绩后，先生提议北京大学数学系破格提拔我为教授。虽然由于某些原因，学校未能完成聘任程序，但这对我已是很大的鼓励。自此之后，我每年都回北京大学参加、组织学术活动，介绍国内外几何分析方向研究的新动向，帮助培养国内几何分析青年数学家。先生于 2007 年获第三届高等学校教学名师奖，2008 年获北京大学第二届蔡元培奖，这体现了国家和北京大学对先生人才培养成就的肯定。先生的垂范一直激励我在教书育人的事业中努力前行。

张先生一生奉献中国数学事业，在许多方面作出了开创性的贡献。本书写作小组做了大量的采访和文献采集工作，将先生的数学人生较为完整地展现在我们面前，也从一个侧面反映了中国现当代数学的发展脉络。读者朋友们一定能从中获得许多启发和鼓舞。

祝愿先生身体健康，生活幸福！

田 刚

中国科学院院士，北京大学讲席教授，北京国际数学研究中心主任

2023 年 12 月于北京大学镜春园

序 二

张恭庆先生是我国著名的数学家。他 1936 年出生于上海，1959 年毕业于北京大学数学力学系并留校工作，2018 年光荣退休，为北京大学工作了 59 年。工作期间张恭庆先生曾获得蔡元培奖，这是北京大学授予教师的最高奖励。张先生是数学科学学院迄今为止该奖项的唯一获得者，而这只是张先生获得的诸多荣誉之一。

张恭庆先生是新中国培养的优秀数学家。与其他同龄人一样，他的早年学术生涯并不顺利。改革开放的春风吹来时，张先生很快脱颖而出，他是北京大学 1978 年被破格提拔为副教授的三位教师之一，是我国"文化大革命"后首批公派赴美进修的 52 位访问学者之一。此后十年间他遍访欧美高校，以其坚实的数学功底和顽强拼搏的精神，在国际数学前沿取得多项研究成果，获得国际同行的高度认可。1994 年，他应邀在国际数学家大会上作报告，成为我国早期在国际数学家大会上作报告的数学家之一。

张恭庆先生是一位非常出色的研究生导师，把一大批青年才俊引导到数学研究的最前沿，其中多位青年数学家成长为我国数学事业的中流砥柱。更多时候，张恭庆先生就像一位普通的教师，坚守三尺讲台，精心备课，讲好每一堂课。同为教师的我真心希望自己的粉笔字能像张先生的板书那样俊秀。张先生的诸多著述中，他编著的《泛函分析讲义》（上下册）

影响最大。

张恭庆先生始终怀有强烈的家国情怀，为国家富强和中国数学事业发展而不懈努力。他担任中国数学会理事长期间，我国申办 2002 年国际数学家大会获得成功。张先生并不天生擅长与人打交道，但为了中国数学事业的发展，他事不避难、不辞辛劳，在这一点上我看到了程民德先生的影子。进入 21 世纪，他为国家机关干部培训班作报告，演讲稿《数学与国家实力》成为非常难得的科普佳作。

我很早就认识张先生了。1988 年张先生访问美国加州大学洛杉矶分校数学系时，我正在那里攻读博士学位，我就这样认识了张先生和他夫人文丽老师。1991 年我回国工作，在北京大学数学研究所做博士后，张先生正是研究所所长。2000 年我跟随张先生到新加坡开会；同年数学科学学院搬进新落成的理科一号楼，我们两人的办公室挨得很近，此后几乎每日相见。张先生平易近人，温文尔雅，谦逊低调。我第一次见张先生时，告诉他我的导师叫 Liggett，他即刻说出 Crandall-Liggett 定理，可见张先生知识非常渊博。张先生曾任全国人大代表，有一年大会期间，我忽然想请他为统计学科呼吁。当年通信还不发达，我通过他夫人取得联系，张先生从会议住处打电话回来听取我的诉求。今天来看，这样的临时起意不会有什么结果，但张先生还是认真履行了全国人大代表的义务。

2021 年，郭金海等人承担了老科学家学术成长资料采集工程项目，选定张恭庆先生为研究对象。北京大学数学科学学院非常支持这一项目，多位教职员工参与其中，特别是任燃和文爽两位同志，为保证项目顺利进行做了大量工作。我因忝守院长一职，当上了该项目小组的组长。虽然我非常愿意为项目多作贡献，但实际工作多赖同事们完成。三年新冠疫情期间，作者和传主克服重重困难，努力按采访写作计划进行。然而终究受疫情影响，许多访谈活动未能如愿进行，殊为憾事。

《再上一个高度：张恭庆传》是为张恭庆先生立传的第一本书。作者基于大量的访谈资料和书证物证，为读者呈现了一部全面翔实的人物画卷。我虽然经常有机会和张先生打交道，但他很少谈及自己。许多关于张先生的事迹，我也是第一次通过阅读本书而了解。这样力求准确传神的作品，国内尚不多见，为研究我国近现代科学发展史提供了一份难得的观察样本。张恭庆先生经历过巨大的社会变迁，其复杂性和深刻性难以言表，又是准确理解传主的前提条件。我认为本书的写作是一次非常有益的探索，必定成为今后同类作品对照的标本。任何一位希望探究当代我国数学发展的学者都可以从中找到权威的记述，任何一位有志于数学研究的青年学者都可以从中获取榜样的力量。

陈大岳

北京大学数学科学学院教授、院长

2023 年 10 月 29 日

目　录

图片目录

导　言

　　张恭庆先生是一位在当代中国深具影响力的数学家。本书是他的传记，基于第一手史料，结合社会与学术背景系统重建了他的人生历程，展现了他从一名未谙数学的孩童成长为一名杰出数学家的经历以及他的数学教育和研究工作。

传主简介与作传的价值、意义

　　1936 年 5 月 29 日，张恭庆出生在上海市一个知识分子家庭。他的高祖父、曾祖父和外祖父都是清朝名臣。6 岁之前，他的家境优裕，但自 1942 年起家道中落。1944 年他插班入读上海市私立培成女子中学附属小学三年级。1948 年小学毕业后，进入上海市圣芳济中学读初中。1951 年考入上海南洋模范中学读高中。1954 年高中毕业，考取北京大学数学力学系，走上数学之路。1959 年大学毕业后留在数学力学系任教。此后，他一直在北京大学工作。

　　早在上海南洋模范中学读高中时，张恭庆通过解答《数学通报》上"数学问题及解答栏"的问题，对数学产生了浓厚兴趣。进入北京大学数学力学系后，他在学习过程中，逐渐被数学高度的抽象性和严密的逻辑性所折服，朦胧地认为数学在理性科学中占有至高无上的地位。但由于大学三年级以后，学校的政治运动太多，没能扎扎实实地学习专业课，以致1959年毕业留校任助教时，他还没有摸着科研的门径。参加工作的前17年，他虽然竭尽可能地认真读书、做研究，但频繁的政治运动使他很难集中精力进行系统、深入的研究。

1977—1978年，中华人民共和国从"文化大革命"转到"改革开放"，从"以阶级斗争为纲"转到"以经济建设为中心"。张恭庆抓住这个时机，把联系实际中遇到的微分方程自由边界问题——等离子体在受控热核装置中的平衡问题以及石油开采中的水锥问题等，抽象成"带间断非线性项的偏微分方程"，并发展了求解它们的理论。1978年，他获得全国科学大会奖，被破格提拔为副教授，迎来了人生的转折点。是年底，他作为我国"文化大革命"后首批赴美访问学者中的一员，赴世界微分方程中心之一的美国纽约大学柯朗数学科学研究所（Courant Institute of Mathematical Sciences）进修。

在柯朗数学科学研究所，年逾42岁的张恭庆虽然已度过了一生中最富创造力的宝贵时光，但他一心要学好本领、报效国家。他白天如饥似渴地听课、听讲座、上讨论班，晚上工作到深夜。1979年，张恭庆在尼伦伯格（Louis Nirenberg，1925—2020）教授的引导下，抓住非线性分析中临界点理论正在兴起的时机，成功地运用莫尔斯[①]理论解决了一类渐近线性方程非平凡解存在性的问题（其中有一个方程是阿曼[②]与赞德[③]用康利[④]指标解决过的）。这项工作为莫尔斯理论在偏微分方程中的应用开辟了道路。此后，张恭庆在无穷维莫尔斯理论及其应用方面取得了在国际数学界产生重要影响的成果，从而成为这一领域的国际一流数学家。进入晚年后，他将研究领域转向应用数学，应用非线性分析方法在张量的特征值、奇异值和1-Laplace图谱理论方面作出了有影响的工作。

面对"文化大革命"后国内数学人才断层问题严重、整体数学水平落

---

① 莫尔斯（Marston Morse，1892–1977），美国数学家。

② 阿曼（Herbert Amann），德国数学家。

③ 赞德（Eduard Zehnder），瑞士数学家。

④ 康利（C. Conley），美国数学家。

后的状况，张恭庆不仅自己努力奋斗，赶上国际研究前沿，还将承上启下地培养年青一代跻身世界数学研究主流，为后人"铺路搭桥"作为自己的历史使命。1981 年从欧美归国后，他便开始组建研究队伍。1982 年，他成立了以临界点理论及其对偏微分方程的应用为主要内容的非线性分析讨论班。讨论班由他在北京大学指导的研究生、中国科学院和北京其他大学有共同兴趣的师生组成。在 20 世纪 80 年代初几何分析正在兴起的形势下，他为了带领学生赶上这股潮流，在讨论班上逐步加入了几何内容。这个讨论班为我国培养了许多知名的几何分析学者。

张恭庆喜欢教学，把教学视为天职。自 1959 年留校任教至 2018 年退休，除去政治运动、下乡劳动、出国进修和学术访问等特殊原因，他一直从事教学工作。通过多年的教学实践，他逐渐形成了一套教学指导思想。他重视课程改革，尤其在编撰教科书方面下了很大功夫。他指导的研究生大都成长为各自领域卓有成就的学者，活跃在数学教学与研究的前沿，也有研究生后来进入企业工作，作出了杰出业绩。他教过的本科生数以千计，可谓桃李满天下，其中有相当一批人后来成为优秀的数学人才。

与仅埋首书斋、专注数学教学和研究的数学家不同，张恭庆担任过北京大学数学研究所所长、北京大学数学及其应用重点实验室主任、中国数学会理事长、教育部高等学校数学研究与高等人才培养中心主任、国家自然科学基金委员会数学天元基金学术领导小组组长等，领导组织了许多卓有成效的工作和深具影响力的活动。例如，在担任北京大学数学研究所所长期间，面对缺少办公场所以及经费短缺的困难，他竭尽全力为研究人员争取稍好一些的工作条件；他注重扶植优秀青年人才，设立了"特别数学讲座"，为数学研究所实现"育杰出人才，出原创成果"这一目标作出了重要贡献。1996—1999 年，他担任中国数学会理事长期间，与中国数学会同人共同努力，成功取得了 2002 年第 24 届国际数学家大会的主办权。在申办过程中，他克服重重困难，做了许多领导、组织和与国外数学家沟通的工作。这是历史上规模最大的一次国际数学家大会，也是第一次在发展中国家召开的国际数学家大会，对中国数学事业发展影响深远。

1978 年赴美国进修之后，张恭庆逐渐重视国内外学术交流，多次出国访问、讲学，活跃在国内外数学舞台，影响广泛。仅1981年，他就访问了法国、意大利、德国、瑞士的12所大学与研究所。1983年，他应加拿大蒙特利尔大学（Université de Montréal）格兰纳斯（Andrzej Granas）教授邀请，在该大学一年一度的"高等数学讲习班"（Séminaire de Mathématiques Supérieures）上作了10次系列讲演，系统介绍了莫尔斯理论及其应用。1996—2009年，张恭庆每年都到国内外相关大学或研究机构进行非线性分析和几何分析方面的学术交流活动。1997年，他作为奥德韦访问教授（Ordway Visiting Professor），在美国明尼苏达大学（University of Minnesota）作奥德韦讲座（Ordway Lectures）。20世纪80年代中期至90年代，他多次访问意大利国际理论物理中心（International Centre for Theoretical Physics，简称ICTP），并参与组织该中心的多次学术活动，还推荐多位中国学者到该中心做研究。

至2023年，张恭庆获得多项学术荣誉和奖励。1991年，他当选中国科学院学部委员（院士）。1994年，当选第三世界科学院院士[①]。1982年，他以"带间断非线性项的偏微分方程"的工作获国家自然科学奖三等奖。1988年，他以"临界点理论及其应用"的工作获1987年国家自然科学奖二等奖。1987年，获中国数学会颁发的首届陈省身数学奖。1993年，他以无穷维莫尔斯理论及其应用方面的工作获第三世界科学院数学奖。1994年，他应邀在瑞士苏黎世召开的第22届国际数学家大会作45分钟报告。此后，他获得1995年度何梁何利基金科学与技术进步奖。2009年，他又获得中国数学会颁发的被中国数学界誉为终身成就奖的华罗庚数学奖。2007年，他获得教育部第三届高等学校教学名师奖。2008年，获得被视为北京大学教授终身成就奖的蔡元培奖。这些充分说明了张恭庆在数学研究和教学方面的突出成就和贡献。

张恭庆在社会工作岗位上没有架子、平易近人，认为自己仅是一名为大家服务的"值日生"。每取得一项学术成就时，他都很兴奋，但同时也认为这相对于自己的目标和理想，犹如丘陵之于高山、涓流之于大海，自

---

① 第三世界科学院于2004年更名为发展中国家科学院。

己没有理由沾沾自喜、停滞不前。当他在研究工作中遇到困难时，或是内心无法平静时，他会想起美国作家巴赫（Richard Bach）的短篇小说《海鸥乔纳森》（*Jonathan Livingston Segull*）中的乔纳森，在心里对自己说"高飞，高飞，再上一个高度！"他也一直将"再上一个高度"作为自己的座右铭。在这样的信念和追求下，他从未停止奋斗的脚步，力求通过艰辛的努力逐渐提升自己的学术高度。2019年，由于思考问题严重影响睡眠，眼疾也已影响视力，他不得不终止了数学研究工作。

晚年，张恭庆在家境并不富裕的情况下，与家人共同向上海图书馆无偿捐赠了曾祖父张佩纶的手稿和信札。这批手稿和信札对研究张佩纶和晚清政坛内部运作具有重要的学术价值，如果拍卖将会卖出不菲的价格。这一义举从一个侧面展现了他在数学之外超凡脱俗的气概和高贵的品质。

由上述可见，张恭庆在中国当代数学史上是一位身兼数学家、数学教育家、数学事业活动家、领导者于一身的，成就和贡献突出的重要人物。中国科学院院士、数学家丁伟岳认为："他既是成果累累的数学大家，又是诲人不倦的教学名师；他是为中国数学的发展殚精竭虑的活动家和领导者，也是对北京大学数学科学学院的进步作出重要贡献的功臣。"① 同时，张恭庆抱有家国情怀，立志振兴中国数学，自强不息，超凡脱俗，展现了中国当代优秀知识分子的精神风貌。

撰写张恭庆的传记，系统展现他的人生历程，尤其是他的学术成长轨迹、数学教育和数学研究工作，具有重要学术价值与现实意义。这不仅可以揭示张恭庆的学术成长轨迹，他的学术思想的产生、形成和发展情况，为研究数学家个体成长与社会的关系提供代表性案例，还有助于了解和认识他所处时代北京大学数学学科与中国数学事业的发展历程，激励青年学子奋发向上，为当今我国数学人才培养和数学事业发展提供历史的借鉴。

---

① 丁伟岳：序一。见：丁伟岳，田刚，蒋美跃主编，《张恭庆的数学生活》。新加坡：八方文化创作室，2013年，第vii页。

学术成长资料采集工作的展开与成果

目前，公开发表的文献中尚无关于张恭庆的传记著作，但已有一些关于张恭庆的单篇传记、访谈和报道。其中包括刘嘉荃和蒋美跃的《张恭庆》①、蒋美跃等人的《张恭庆先生简介》②，郭俊玲的《张恭庆——风檐展书一生读　古道颜色数学梦》③、李应博的《大家风范　名师风采——记第三届高等学校教学名师奖获得者、北京大学教授张恭庆》④、叶晓楠的《张恭庆院士：派遣留学生改变了一代人的学术命运》⑤、王涛和唐嘉玲访问整理的《张恭庆访谈录》⑥、苏邹访问整理的《数学之美——中国科学院院士张恭庆访谈》⑦等。这些成果在不同程度上展现了张恭庆的成长历程、数学教育与数学研究工作以及数学思想，为了解和认识张恭庆的成长和学术轨迹提供了帮助。不过，这些成果较为零散，内容相对简略，均未能较为全面地还原张恭庆的学术经历与他的学术思想的产生、形成和发展情况。

2021 年 7 月，老科学家学术成长资料采集工程联合采集小组"张恭庆学术成长资料采集项目"启动。该项目的主要工作是采集张恭庆的学术成长资料，编写他的年表、资料长编，撰写人物传记。项目实施两年来，采集小组先后对张恭庆做了 10 次系列访谈，系统了解到他的人生经历与数

---

① 刘嘉荃，蒋美跃：张恭庆。见：钱伟长总主编，王元本卷主编，《20 世纪中国知名科学家学术成就概览·数学卷·第三分册》。北京：科学出版社，2012 年，第 364–369 页。

② 蒋美跃，李岩岩，龙以明，等：张恭庆先生简介。《中国科学：数学》，2016 年第 46 卷第 5 期，第 511–512 页。

③ 郭俊玲：张恭庆——风檐展书一生读　古道颜色数学梦。见：张琳，孙战龙主编，《北大名师》。北京：北京大学出版社，2010 年，第 267–296 页。

④ 李应博：大家风范　名师风采——记第三届高等学校教学名师奖获得者、北京大学教授张恭庆。见：教育部高等教育司组编，《名师颂：记第三届高等学校教学名师奖获得者》。北京：教育科学出版社，2008 年，第 5–8 页。

⑤ 叶晓楠：张恭庆院士：派遣留学生改变了一代人的学术命运。见：丁伟岳，田刚，蒋美跃主编，《张恭庆的数学生活》。新加坡：八方文化创作室，2013，第 331–333 页。

⑥ 王涛，唐嘉玲：张恭庆访谈录。《数学文化》，2018 年第 9 卷第 3 期，第 31–58 页。

⑦ 苏邹：数学之美——中国科学院院士张恭庆访谈。《今日科苑》，2005 年第 2 期，第 16–18 页。

学教育和数学研究工作。在此基础上，采集小组对张恭庆的同事、同学、学生、朋友共 15 人分别做了访谈。通过这 15 次访谈，了解到他们与张恭庆的交往情况，他们了解的张恭庆的事迹，以及他们对张恭庆的印象、评价。在撰写本书的过程中，采集小组每完成一章，都会请张恭庆审阅。他对这项工作非常认真，每阅读一章都会反馈修订意见。借着反馈意见的机会，采集小组又对张恭庆做了几次补充性质的访谈。这些访谈最终形成 2000 多分钟的音频资料（其中对张恭庆的直接访谈约 1200 分钟）、600 多分钟的视频资料。

在采集音频、视频资料的同时，采集小组也采集了实物类资料，包括张恭庆先生的手稿 10 种、自传资料 8 份、证书和证章 7 种、工作笔记 3 本、著作 6 部、论文 90 余篇、信件 19 封、档案 17 件、照片 20 余张，《高等学校数学研究与高等人才培养中心简报》8 册，以及丁伟岳、田刚、蒋美跃主编的《张恭庆的数学生活》[①] 等。

8 份张恭庆自传资料含有大量鲜为人知的细节。10 种手稿均由张恭庆提供，其中有他编著的《广义函数论讲义》（1965 年春季）、《实变函数论》（1999 年秋季）、英文专著《无穷维莫尔斯理论与多解问题》（*Infinite Dimensional Morse Theory and Multiple Solution Problems*）等的原稿。《张恭庆的数学生活》是一本文集，收集了张恭庆记述个人成长历程、数学研究工作，回顾程民德、廖山涛、陈省身等师长的文章，他的工作报告、在各种会议上的讲话，以及他人撰写的他的传记和访谈等。

这些资料大都弥足珍贵，特别是访谈资料、8 份张恭庆自传资料和《张恭庆的数学生活》，为研究张恭庆的人生历程奠定了史料基础。基于这些资料，采集小组相继完成了资料长编、年表和传记的撰写工作。

传记的框架与内容

作为"张恭庆学术成长资料采集项目"最重要的成果，本书以张恭庆的座右铭"再上一个高度"为主标题，共分十章。

---

① 丁伟岳，田刚，蒋美跃：《张恭庆的数学生活》。新加坡：八方文化创作室，2013 年。

第一章介绍张恭庆的家世与童年生活情况。张恭庆是名门之后，出身书香门第，从小受到中国传统文化熏陶，深受"诚信"与"爱国"思想的教育。1942 年家道中落后，父亲不在家时，张恭庆成为母亲在家务方面的小帮手。1944 年 9 月—1948 年 7 月，张恭庆在上海市私立培成女子中学附属小学读书期间，学习成绩优秀，经常得到父母亲的肯定与鼓励。美国飞机成批地飞到上海上空轰炸日本军事设施时，他作为班长，带领同学安全转移到地下室，表现出勇敢的一面。

第二章讲述张恭庆 1948—1951 年在上海圣芳济中学读初中，1951—1954 年在上海南洋模范中学读高中的历程。圣芳济中学非常重视英语教学，但其他课程并不突出，1949 年上海解放后也失去了重视英语的特色。自初中二年级起，张恭庆的英语水平未再提高。但在父亲的引导下，他提高了在数学学习中应对困难、克服困难的能力。1951 年他考入上海南洋模范中学读高中，这是他人生的一个转折点。在这所中学，张恭庆班里的同学学习兴趣浓厚，个个积极向上。通过解《数学通报》"数学问题及解答栏"的题目，张恭庆学习数学的兴趣愈来愈浓。1954 年高中毕业时，教导处副主任、数学老师赵宪初建议他报考数学系。他报考了北京大学，最终顺利被北京大学数学力学系录取。

第三章叙述 1954—1959 年张恭庆在北京大学的求学经历。北京大学数学力学系的师资力量雄厚，教授们大都在欧美著名大学留过学，是有真才实学的数学家，这使他受益匪浅。在中国学习苏联的时代背景下，张恭庆在学习上受到苏联模式的训练。在泛函分析专门化课程上，关肇直是他的老师，他们由此建立了深厚的师生关系。通过参加"科学小组"的活动，张恭庆的自学能力和独立研究能力逐渐提高。此后，他了解到法国布尔巴基学派和波兰学派的事迹，对这两个学派产生了强烈的敬仰之情，与陈天权等同学组织了一个以巴拿赫代数为主题的读书小组。但大学三年级后，政治运动干扰了学业。在"双反"运动中他还被作为"白专"典型受到批判，学习积极性受到打击，但他心底对数学的热爱之情并没有熄灭。

第四章介绍张恭庆 1959 年大学毕业留校工作后 17 年的风雨历程。这 17 年本是他最富创造力的时期，但由于政治运动以及劳动锻炼等影响，他未能按计划对某些重要问题做系统、深入的研究。当时虽然看不到任何前途，但他对数学的热爱和信念并没有改变。每当政治气氛稍微放松些，他便利用一切可能的时间读书、做研究。1962 年他与文丽组织家庭，此后他在学术上的追求得到文丽不遗余力的支持。1973 年后，他逐渐恢复研究工作。

第五章叙述"文化大革命"后张恭庆大胆开展研究工作，赴美国进修、访问并初访欧洲的经历。在美国柯朗数学科学研究所进修期间，尼伦伯格的指导及其与拉克斯（Peter David Lax）、莫泽（Jürgen Moser，1928—1999）的授课，对张恭庆跻身非线性分析主流起到了引导作用。在此期间，他还通过敏锐的洞察和不懈的努力，发展了无穷维莫尔斯理论及其应用的研究，并逐步站到这一研究前沿。两年多的国外进修和访问经历使张恭庆充满信心，准备为振兴中国的数学事业大干一场。

第六章介绍 1981 年访问欧美归国后，张恭庆组建数学队伍以及开展国内外学术交流等活动。重点讲述他归国后组建研究团队和组织讨论班，1987 年在吉林大学承办的数学研究生暑期教学中心讲授非线性分析课程，参与组织南开数学研究所"学术活动年"活动。这些活动都反映出他在培养年轻数学人才方面发挥的重要作用。本章还讲述 1983 年起他再访欧美，特别是 1983 年在加拿大蒙特利尔大学举办的"高等数学讲习班"上作 10 次系列讲演及 20 世纪 80 年代后期至 90 年代访问意大利国际理论物理中心的情况。

第七章叙述张恭庆担任行政领导职务期间，为北京大学数学学科发展与中国数学事业所作的工作和贡献。重点介绍他担任北京大学数学研究所所长和北京大学数学及其应用重点实验室主任期间所实施的举措；他担任中国数学会理事长期间，带领中国数学会成功申办 2002 年第 24 届国际数学家大会的经过与付出的艰辛努力。

第八章讲述张恭庆的数学教育工作、数学教学指导思想以及在课程改革和教材建设方面的探索。张恭庆的本科生教学活动集中于 1959—1981 年。1976 年前，他虽然对本科生教学满怀热情，但由于政治因素影响，他总是小心翼翼，生怕教的过难，把学生带上"白专"道路。特别是在"文化大革命"期间，由于上级领导要求搞"开门办学"，学生的学业要与工厂实践结合，他在教学上更难以充分施展才能。"文化大革命"之后，国家政治形势好转，他在教学上解放了思想，显著推进了本科生的教学工作，并把大量精力投入研究生的培养，大胆进行课程改革和教材建设。

第九章介绍张恭庆的数学研究工作与获得的学术荣誉。从中可以看出，他早期在广义函数和偏微分方程方面的研究工作和成就；他从提出带间断非线性项的微分方程，到系统地发展了局部李普希茨（Lipschitz）[①]泛函的临界点理论的过程；他在无穷维莫尔斯理论及其应用研究方面克服层层困难而取得的突破和系统发展。关于学术荣誉，本章介绍他获得首届陈省身数学奖、第9届华罗庚数学奖、第三世界科学院数学奖，以及1994年应邀在瑞士苏黎世召开的第22届国际数学家大会上作45分钟报告等的情况。

第十章讲述张恭庆晚年转向应用数学研究领域，在张量的特征值与图谱理论方面的工作，他的数学普及活动，以及与家人向上海图书馆无偿捐赠曾祖父张佩纶的手稿和信札的来龙去脉。

结语主要总结和探讨张恭庆学术成长的特点与影响因素。

张恭庆的人生历程内容丰富，且富有传奇色彩，体现了一位数学家在逆境中对数学的坚守，在顺境中的与时俱进和积极进取，从中也可以看到20世纪50年代中期至21世纪初北京大学数学学科与中国数学事业发展的一些重要侧面，以及数学家个体成长与社会之间的互动关系。长期以来，由于关于张恭庆的研究较少，他的学术成长轨迹和人生历程没有得到系统展现。希望本书能够弥补这一不足，为人们了解和认识他的人生历程和学术成长轨迹提供帮助。

[①] 李普希茨（Rudolf Otto Sigismund Lipschitz，1832–1903），德国数学家。

第一章
家世与童年

名 门 之 后

民国二十五年农历四月初九（1936 年 5 月 29 日），张恭庆出生在上海南阳路 70 号的一个家道殷实的知识分子家庭。他是家中第三个孩子[①]。家人给他起名恭庆，"恭"是家族中的字辈；他出生那年，祖父张志潜正值六十岁[②]大庆，故用"庆"字。

张恭庆的高祖父是清代重臣张印塘。张印塘（1797—1854），字鉴湖，一字雨樵，世居直隶遵化州丰润县西南欢喜庄镇齐家坨村（现河北省唐山市丰润区欢喜庄乡大齐坨村）。嘉庆二十四年（1819）由廪生中乙卯科举人，道光十五年（1835）乙未科大挑一等，以知县用[③]，曾任浙江景宁、建

[①] 张恭庆有一个哥哥，一个姐姐，一个妹妹，一个弟弟。哥哥张恭思生于 1933 年，1941 年因患伤寒夭折。姐姐张恭悦，1937 年 8 月得急病，时值日机轰炸，医院关闭，未得及时医治而早逝。妹妹张怡生于 1937 年，弟弟张恭慈生于 1945 年。

[②] 当时通用虚岁。

[③] 韩荣钧：张印塘家世及生平。《历史档案》，2011 年第 1 期，第 124–125 页。

德、桐庐、仁和知县，海宁知州、石浦厅同知，杭州、嘉兴、温州知府，安徽按察使等职。① 道光二十九年（1849），嘉兴、湖州、严州、绍兴地区发生特大水灾，担任杭州知府的张印塘督灾，"计口授食，全活数十万"②。因其政绩卓异，得到道光帝的召见。③ 1854 年，张印塘积劳成疾，在徽州船中病逝，后被奉祀于杭州名宦祠。④

张印塘的三子是张恭庆的曾祖父张佩纶。张佩纶（1848—1903），字幼樵，一字绳庵，号蒉斋。他与其父相同，也是通过科举步入仕途的读书人，相继于 1870 年和 1871 年中举人、进士。1871—1883 年，曾任翰林院编修、侍讲、侍读学士，都察院左副都御史等职，积极参政⑤，是"清流派"的主将之一。"清流派"是晚清由一些以翰林院有专折奏事权力的官员为中心的士大夫组成的一个政治派别⑥，亦称"清流党"，以直言敢谏著称。张佩纶多次上疏弹劾权贵，主张改革弊政，抵抗外国侵略，效仿西法，兴办新式海陆军⑦，表现出非凡的气概和见识。1884 年，张佩纶出任福建海疆会办大臣，中法马尾海战后被革职。张佩纶在文学和校勘方面成就较高，著有《涧于集》⑧《管子学》⑨《古今体诗》⑩《庄子古义》等。

张志潜（1877—1942），字仲昭，藏书家，是张佩纶之子。1905 年中举人，此后在宪政编查馆总务处任科员、在考核专科任副科员。⑪民国时期，他经营房产有方，家道殷实。著名作家张爱玲是张志潜之弟张志沂的女儿，也就是张恭庆的堂姑。

---

① 原任安徽按察使张君墓表。见：周殿龙主编，《李鸿章全集》第 12 册。长春：时代文艺出版社，1998 年，第 7385 页。

② 张方墀：《无棣县志》。济南：山东商务印刷所，1925 年，第 17 页。

③ 同②；韩荣钧：张印塘家世及生平。《历史档案》，2011 年第 1 期，第 125 页。

④ 同②，第 18 页。

⑤ 李峰：张佩纶年谱。南昌：南昌大学，2013 年，第 2-50 页。

⑥ 樊百川：《清季的洋务新政》第 1 卷。上海：上海书店出版社，2009 年，第 465-466 页。

⑦ 同⑥，第 477-485 页。

⑧ 张佩纶：《涧于集》。丰润张氏涧于草堂刻本。

⑨ 张佩纶：《管子学》。清光绪间石印本。

⑩ 张佩纶：《古今体诗》。丰润张氏涧于草堂刻本。

⑪ 刘广安：《晚清法制改革的规律性探索》。北京：中国政法大学出版社，2013 年，第 182-183 页。

张恭庆的父亲张子美（1913—1992），名允侨，号约盦，笔名居易主人，生于上海。17 岁前在家中读私塾，接受传统中式教育。家里还给他请了一位英国家庭教师教英文。1930 年插班入读苏州东吴大学第一附中高中三年级，一年后毕业，考入香港大学经济系。1935 年获香港大学经济学学士学位。1941 年，张子美被伦敦大学经济系录取，在准备启程去英国攻读博士学位并已将衣物送上海轮之际，珍珠港事变爆发。此后日军迅速占领了东太平洋，通往欧洲的航道中断，张子美未能成行。这彻底改变了他的命运。

全面抗日战争时期，张子美在上海交通银行任办事职员。抗日战争胜利后，在国民政府上海市直接税局任秘书，后相继到南京任国民政府财政部秘书、行政院物资供应委员会秘书。1948—1949 年，还同时在上海光华大学经济系任教。1949 年中华人民共和国成立后，做过上海市百纶公司职员。1956 年公私合营后，相继在新成区房地产公司、黄浦区牯岭房管所任职，直至 1973 年退休。①

张子美爱好读书，善于思考，在中国古典文学和英国古典文学方面受过良好的教育。张恭庆记得父亲书房里有不少线装古书，也有许多原版的英文图书，包括《大英百科全书：艺术、科学、文学和一般信息词典》（ *The Encyclopedia Britannica: A Dictionary of Arts, Sciences, Literature and General Information* ），有政治、经济、法律、文学、史学、哲学类著作，也有少量英文的包括数学方面在内的自然科学教科书，可能是当年为准备去英国攻读博士学位用的。

自 20 世纪 40 年代起，张子美长期翻译英文著作，早期偏于社会科学，后来专注于英国古典文学，出版有《国际危机的分析和出路》②《冷战——美国外交政策的研究》③《苏联法院和检察机关》④《苏联选举制度》⑤《希特

---

① 译者简历。见：司各脱（Walter Scott）著，张子美译，《坠楼记》卷一。上海：上海文化出版社，2013 年；张恭庆：身世与童年。2021 年 8 月 5 日，未刊稿。资料存于采集工程数据库。

② Emery Reves 著，张子美译述：《国际危机的分析和出路》。上海：商务印书馆，1948 年。

③ 华特·立普曼著，张子美译述：《冷战——美国外交政策的研究》。上海：商务印书馆，1948 年。

④ 维辛斯基编著，张子美译述：《苏联法院和检察机关》。上海：商务印书馆，1949 年。

⑤ 维辛斯基编著，张子美译述：《苏联选举制度》。上海：商务印书馆，1949 年。

拉末日记》①《苏联经济发展史》②《科学与社会主义》③《坠楼记》④ 等。其中,《科学与社会主义》是我国首部介绍科学学的译著,原作者是英国物理学家、科学学的主要创始人贝纳尔(John Desmond Bernal,1901—1971,现多译为"贝尔纳")。张子美翻译此书时曾跟张恭庆说,这本书非常难译,里面有许多生僻的生物学名词。张恭庆记得父亲翻译《苏联经济发展史》时,付出了艰辛的努力:

> 那是 1949 年夏天,有几天特别热,父母亲卧室的地上铺了凉席,晚上我们都在上面睡觉。只有父亲开着台灯,坐在书桌前奋笔疾书,翻译英文版的《苏联经济发展史》。次日一早太阳照射窗前,我睁眼一看,父亲还在埋头工作,一夜未眠。⑤

张恭庆的母亲陈师周,是福建名门望族螺洲陈氏的后人,其父亲是晚清重臣、诗人陈宝琛。陈宝琛(1848—1935),字伯潜,号弢庵、陶庵、听水老人,福建闽县螺洲镇(今福州市螺洲镇)人,1868 年中进士,后被授翰林院庶吉士、编修、侍讲,内阁学士兼礼部侍郎等职,与张佩纶同为晚清"清流派"的主将。因中法战争中荐人失察,被降五级,时又逢丁母忧,1885 年回乡里居。家居期间,他积极参与、创办教育事业。他先于 1898 年主持鳌峰书院,后于 1900 年创办东文学堂并于 1903 年将东文学堂改成全闽师范学堂,开展各类教育。1906 年,全闽师范学堂改名为福建师范学堂。1907 年,陈宝琛在福建师范学堂的基础上,创办了福建优级师范学堂,它是福建师范大学的前身。⑥ 另外,1905 年陈宝琛发起和创办福州

---

① 特莱伏·罗伯著,沈大钰,张子美译述:《希特拉末日记》。上海:商务印书馆,1949 年。

② 道伯著,张子美译述:《苏联经济发展史》。上海:商务印书馆,1950 年。

③ 贝纳尔(J. D. Bernal)著,张子美节译:《科学与社会主义》。上海:商务印书馆,1950 年。

④ 司各脱(Walter Scott)著,张子美译:《坠楼记》卷一～卷六。上海:上海文化出版社,2013 年。

⑤ 张恭庆:身世与童年。2021 年 8 月 5 日,未刊稿。资料存于采集工程数据库。

⑥ 陈金平:陈宝琛与清末教育。见:林国平,邱季端主编,《福建历史文化博览》上册。福州:福建教育出版社,2017 年,第 326 页。

乌石山女塾，开展女子教育。1909 年，奉旨复出，后任末代皇帝溥仪的老师，被称为"末代帝师"。[①] 他还是著名经济学家陈岱孙的伯祖父。

陈师周幼时家住北京灵境胡同，后随家迁居天津，婚后定居上海。受家庭的熏陶，她知书达理、深明大义、性情恬静、心地善良，婚后操持家务，教育子女。1949 年中华人民共和国成立后，陈师周参加过上海市新成区扫盲工作，曾任西康路夜校教务主任。

幼年到童年的启蒙

张恭庆出生后长期居住在上海南阳路 70 号。南阳路是上海南京西路北边一条幽静的马路，张家住的是一幢花园洋房，宽大、舒适，花园里有一块不大的草地，周边种有藤萝、海棠、枇杷等小树以及玫瑰、月季之类的花卉。张恭庆小的时候，祖父张志潜和祖母与他们同住此处。张志潜喜欢收藏古籍。这幢洋房的楼下大厅两侧高高地、整齐地排满了大型木质书箱，内藏线装的珍本古籍和曾祖父张佩纶的著作；大厅中央是祖先的排位和供桌，墙上挂了几幅字画；大厅两边分别是祖父和父亲的书房。二楼的建筑格局和一楼一样，书房楼上分别是祖父母和父母的卧室，中间的大厅是餐厅和客厅。孩子小时床放在父母身边，大了以后放在后边的小屋。

张恭庆家里文化气息浓郁，6 岁以前家境也很优裕。出生在这样的家庭，他从小受到中国传统文化熏陶，深受"诚信"与"爱国"思想的教育。在他小时候，母亲陈师周给他讲爱国英雄岳飞、文天祥、史可法等的故事，还给他购买介绍这些人物的儿童读物。母亲不准孩子们说谎，不论做错了什么事，只要老老实实说出来，认识到错误，就能得到她的原谅。这种教育刻骨铭心，成为张恭庆终身的信条。由于曾祖父张佩纶曾参与晚清政治，历经宦海沉浮，张子美和陈师周教育孩子们要低调做人、做事，

---

① 陈宝琛。见：福建省新闻出版局编，郭丹主编，《福建历代名人传》。福州：海峡文艺出版社，2019 年，第 355−356 页。

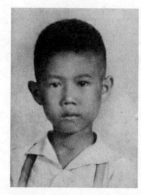

图 1-1　幼年张恭庆（张恭庆提供）

这也养成了张恭庆的性格。①

张恭庆从三岁左右开始由母亲教识字。教具是一盒方块字片，字片正面是字，反面是对应的画。母亲对每个字反复教好多遍，第二天又从头开始。张恭庆有时忘了字的读法，想翻看字片反面的画，但母亲不让，要他再想想。

张恭庆四五岁时，父亲请来一位私塾先生教他和哥哥张恭思读古文。这位先生用《三字经》《孝经》等作为教材，采用旧式教学方法，对教材不作讲解，只要熟读、背诵。先生规定，不会的地方，提醒一个字就要用戒尺打一下手心。张恭庆学《三字经》时，还能强记、硬背，到了学《孝经》时，因为毫不理解，也无兴趣，就背不下来了，常被先生打手心。有一次，他和哥哥被先生打痛了，就联合起来进行反抗。不久，这位先生就辞职而去。1941年冬，哥哥和张恭庆同时患伤寒，母亲日夜两边守护，不幸八岁的哥哥夭折。在恢复期间，母亲买了中华书局出版的一套成语故事书给张恭庆阅读，他很感兴趣。

张恭庆病愈后，父亲请来一位亲戚教他读《论语》。这位亲戚很和蔼，也尽量解文断句。不过，张恭庆还是兴趣不大，收获不多。那时他已过了入读小学的年龄。由于上海还处于沦陷时期，父亲不准备让他进学校。但母亲坚持要他和妹妹张怡上学。因为对这件事意见不一致，父母常有争执。后来父亲不再坚持，但也未作安排。母亲看到张恭庆8岁还没上小学，就找亲戚帮忙，请个家庭教师帮他补习两个月算术和国文。此前有些亲戚的孩子曾借居张恭庆家，离去前丢下他们上小学时的算术课本。张恭庆在病中无事可做，看着好玩，把书中的习题都做了一遍。张恭庆有个表哥叫陈伯时，是三舅的儿子，那时在上海读中学寄居张恭庆家。陈伯时教他背过九九乘法表。所以在这位家教老师为他补习算术前，张恭庆已经自学过四则运算，补习算术时，没有遇到困难。

---

① 王涛，唐嘉玲：张恭庆访谈录。《数学文化》，2018年第9卷第3期，第32页。

1944 年 9 月，张恭庆到离家不远的上海市私立培成女子中学附属小学插班读三年级。在这所小学，张恭庆一直学习到 1948 年 7 月毕业。当时他的妹妹张怡也在这所小学学习。入学后，张恭庆很快适应了学校的生活，学习成绩优秀，也很听老师的话，第二学期就被选为班长。1945 年在第二次世界大战的战场上，盟军节节胜利，德国投降，日本受到孤立。那年春季常有美国飞机成批地飞到上海上空轰炸日本军事设施，张恭庆与同学们在上课时常常听到震耳欲聋的爆炸声，有几次把年轻的女老师都吓哭了。轰炸来临时，作为班长的张恭庆带领同学们安全转移到地下室。由于轰炸愈来愈频繁，母亲不放心，有好几次冒着危险从家里赶到学校来接张恭庆和妹妹。有一次，张恭庆问母亲怕不怕，母亲说："要炸死，我也愿意跟你们在一起。"

张恭庆读小学期间，父亲和母亲从不过问他的学习成绩。张恭庆每次考到好的成绩，都会主动告诉父母和祖母，他们总是笑笑。作为鼓励，父母亲有时会带他去看一场电影。祖母则高兴地说："你这才像书香人家的子孙。"

乱世中的生活

张恭庆出生的第二年即 1937 年，抗日战争全面爆发。全面抗战初期，上海租界成为被沦陷区包围的一座孤岛，张子美一家居住在英租界内，比较平静。

母亲陈师周有时会带上张恭庆到商店买东西。张恭庆小时候很胖，售货员看他好玩，叫他"大块头"。张恭庆爱看电影，有段时间金门电影院（今延安影院）上演美国大片《百劫英雄》，母亲带他和哥哥去看。到了影院，前场还没散，门口已等满了下一场的观众。突然门一开，前场观众往外涌，后场观众往里挤。张恭庆个子矮小，一下子被挤倒，险被众人踩踏。这时母亲奋不顾身地扑到他身上，保护着他，一边大叫"有小孩！"，一边把要踩到他身上的脚推开。幸好，张恭庆只是受了点皮外伤，没有大碍。

　　1941 年 12 月 8 日太平洋战争爆发，次日日军进入上海租界，上海全城沦陷。南阳路 70 号不再是偏安一隅之地。1942 年，张恭庆的祖父张志潜不幸病逝。屋漏偏逢连夜雨，此年有日本人携带汉奸数名，借口有人举报张子美私通重庆，到家中搜查。从上午九点一直搜查到下午四五点，其间恐吓要挟、翻箱倒柜，未获任何证据，乘机劫走大量金银财物。张子美一家遭此劫难，元气大伤。又值战乱，家中房产有些被炸毁，有些在外地无力经管，从此家道中落。加之上海的粮油价格飞涨，他们一家的生活水平急剧下降。为维持生计，张子美不得不到上海交通银行去当办事职员，才使一家人过上了基本温饱的生活。

　　1945 年夏天的一个下午，张子美下班回家，面带笑容，对家人说美国在日本投了原子弹。张恭庆虽不懂，但他猜想原子弹一定是很厉害的武器。8 月 15 日，日本宣布无条件投降。消息传来，举国欢腾。上海满街插满了中、美、英、苏四国的旗帜，上海市民像疯狂了一般高兴，沉浸于欢乐的海洋之中。

　　抗战胜利不久，张恭庆的弟弟张恭慈诞生。张恭庆和张怡都十分疼爱这个比他们小很多的弟弟，经常带他玩。抗战胜利后上海电影业迅速发展，张恭庆经常去看电影。他特别喜欢看美国西部牛仔片和传记片，观看过《跨海平魔》《神枪手》《大伟人爱迪生》《居里夫人》等影片。父亲和母亲喜欢看文艺片，如《魂断蓝桥》《孤星血泪》等，有时他也跟着去看。

　　那时父亲在南京工作，因工作很忙，两周才回家一次。父亲不在家时，张恭庆就承担起出门采购、交水电费、记流水账等家务，还经常给父亲写信汇报家中情况，成为母亲的小帮手。

　　1946 年解放战争全面爆发后，国民党起初在战场上占上风。但辽沈、淮海、平津三大战役后，中国共产党取得解放战争全面胜利几成定局。1949 年 4 月 23 日，中国人民解放军占领了南京，国民政府的首都失守。4 月 30 日，蒋介石抵达上海，亲自指挥"上海保卫战"。在他的部署下，国民党京沪杭警备司令汤恩伯指挥 20 余万国民党军队退守上海，誓与中国人民解放军决一死战，让上海变成"东方的斯大林格勒"。① 当时国民党三天两头宣扬要"誓死保卫大上海"，但当时的上海市民，包括像张恭庆这样的青少年都不相信。5 月 12 日，上海战役正式打响。在这场战役中，中国人民解放军势如破竹，国民党军队一败涂地。5 月 27 日，上海解放。②

在上海解放的前几天，张恭庆每天都爬到屋顶上看解放军发射的炮火。解放军进驻上海时，许多民众涌上街头看热闹，张恭庆也在其中。看到解放军纪律严明，晚上没地方睡就睡在大街上，这与国民党军队纪律松散，从上海撤退时骚扰居民形成鲜明的对比，使张恭庆对解放军产生了好感。

上海解放前后的一段时期，市场混乱，通货膨胀严重，拿到的纸币只有换成银元才能保值。银元分"大头""小头""龙洋""鹰洋"四种。"大头"由北洋政府发行，上面镌着袁世凯的头像，头比较大，价最高；"小头"由中华民国政府发行，上面镌着孙中山的头像，头比较小，价次之；"龙洋"由晚清政府发行，上面有条龙；"鹰洋"由墨西哥发行，在我国流通，上面有只鹰。"龙洋"和"鹰洋"的价格一样，价最低。③ 当时张恭庆的祖母患有乳腺癌，请中医治疗，每次出诊费要 4 个"大头"，一服中药要 2 个"小头"。母亲常把换钱和购药的任务交给张恭庆，因此他经常要到南京路上去找"黄牛"④ 兑换银元，大人们嘱咐他兑换时一定注意价格合理。他到药店购药，有时候没有"小头"，就问给"龙洋"行不行，店员看他是小孩就收下了。上海这种严重的通货膨胀状况持续几个月后得到改善。张恭庆的祖母治疗一段时间后病情没有好转，于 1950 年 1 月 31 日病逝。

上海解放前后，张子美离开南京回到上海，在一家洋行当税务方面的顾问。张恭庆的不少同学纷纷举家离开大陆，张恭庆问父亲："同学们问我

---

① 胡华军：从风雨中站起来的上海。见：中共上海市委党史研究室，上海市新四军暨华中抗日根据地历史研究会编，《新四军老战士的青年时代》。上海：上海人民出版社，2021 年，第 245 页。

② 刘苏闽：新四军与上海的解放和接管。同①，第 3 页。

③ 周良国：《我家住在小桥头》。北京：团结出版社，2015 年，第 239 页。

④ 上海人把倒卖票证的人称为"黄牛"。

们要不要走?"父亲回答说:"我们没有理由要走,我们家没有土地,我也不是国民党员。"

由于张家住房宽敞,不时有亲戚从外地来家里借住,少则几天,多则数月。张子美和陈师周为人宽厚,来者不拒,但不堪其累。1951 年,张子美和陈师周把家里一楼对外出租,全家人搬至二楼,活动空间明显减少。

第二章
经历鼎革的中学教育

在圣芳济中学的初中生活

1948 年 7 月，张恭庆小学毕业，父亲为他选择了离家较近的圣芳济中学。这是上海一所有名的教会学校，1874 年由法国天主教耶稣会创办，初名圣芳济学堂。[①] 这所学校虽然不完全是贵族学校，但学费较贵，学生中不乏国民党达官贵人的子弟。父亲选择这所学校主要有两个原因：一是这所学校以重视英语著称，他认为学好英语和国学这辈子吃饭不成问题；二是当时张恭庆个头矮小，不适宜离家太远。

圣芳济中学在福煦路（今延安中路）设本部，在南浔路设分校，张恭庆就读本部的初中。由于是教会学校，学校的管理者和一些教师是神职人员。神职人员分神父和修士两个级别，神父较修士级别高。学校里只有个别的神父，大多数神职人员都是修士。张恭庆读初一和初二时，年级

---

① 马学新，曹均伟，薛理勇，等：《上海文化源流辞典》。上海：上海社会科学院出版社，1992 年，第 241 页。

图 2-1　1948 年，在上海圣芳济中学读初中一年级的张恭庆
（张恭庆提供）

的班主任都是修士级别的中国教徒。学校对具有教徒身份的学生多有偏爱，还常在课下吸引学生入教。

张恭庆入学后，很快就体会到圣芳济中学重视英语名不虚传。当时初中一年级每周有 12 节英语课，不仅有课文（reading）和语法（grammar）课，还有听写（dictation）和写作（writing）课。学校采用的英语教材也与普通中学的不同。老师每天都布置大量英语课外作业。在这样的训练下，张恭庆的英语水平提高很快。

圣芳济中学除英语外，对其他课程的重视程度都非常一般。当时让张恭庆感到奇怪的是，教公民课（相当于政治课）的老师从来不认真教书，上课总是拿一本丘吉尔（Winston Leonard Spencer Churchill，1874—1965）的《第二次世界大战回忆录》（*Memoirs of the Second World War*），把书一摊，一边看一边讲。

圣芳济中学管理严格，规矩很多。学生上课前不准提前进入教室，必须在教室外等管理人员吹号后排队往里走。管理人员要吹三次号，第一次是要求排队，第二次是不准再说话，第三次是往里走的指令。冬天的时候，无论天气多么冷，也是如此。有时赶上刮西北风，学生在教室外等候时冻得瑟瑟发抖，进入教室后由于没有暖气，需要很长时间才能缓过来。学校对于违规的学生会进行体罚，方式有罚举手、罚站或赶出教室，甚至还用戒尺或教鞭抽打。有一次，一位植物课教师在课上说没有自己不认识的植物。一名学生搞恶作剧，把一种花插到另外一种花的茎里，拿去让这位老师辨认。老师识破这是恶作剧，就用戒尺把这名学生抽打了很多下。张恭庆对学校的体罚感到很害怕，也不喜欢这种氛围，因而不喜欢这所学校。

上海解放后，圣芳济中学的课程和教材与普通中学不再有任何区别，失去了重视英语的特色。从初中二年级起，张恭庆的英语水平也未再提高。父亲对此不免失望。不仅如此，张恭庆的父亲还认为圣芳济中学的中国古典文学课程太少。于是，他找了当年在上海交通银行的一位老同事，让张恭庆在暑假期间每周去他家里几次，请他从《古文辞类纂》里选些文章讲解给张恭庆听，还要求他命题，让张恭庆用文言文写作。但每次命题后，张恭庆都搜肠刮肚好几天也写不出几行字来，兴趣索然。张恭庆去了几次就不去了，张子美对此很失望。

1950 年以后，由于洋行在华业务不多，张子美在家里有不少空闲时间。他拿出一本英文数学书，把其中的习题按章节次序都做了一遍，习题本积累了一大堆。张子美对张恭庆说过，自己在大学读经济学时，曾因没学过微积分，对于理解经济学的原理有困难，后来经济学中用的数学愈来愈深，他都看不懂了。张恭庆想这可能是父亲系统做数学题的动机。

看到父亲做数学习题这样认真，张恭庆在假期中就想提前学数学，但不知该学什么。父亲就从书架上找了几本平面几何与小代数的英文书，让他做书上的习题，他看不懂，父亲就把英文课文翻译给他听。父亲有一个极好的学习习惯：不把前面的内容完全搞懂，绝不往下进行。每当张恭庆请父亲翻译课文时，父亲一定要问他前面的习题是不是都做对了。有几次张恭庆遇到难一些的题，憋了好几天，想跳过去先学下面的内容，父亲不答应，弄得张恭庆很沮丧。不过，父亲这种做法，使张恭庆提高了在学习中应对困难、克服困难的能力。此外，张恭庆还利用假期自学了三角学。

课余生活中，张恭庆对阅读文学作品和组装矿石收音机很感兴趣。他先是阅读了《三国演义》《水浒传》《西游记》《隋唐演义》《说岳全传》《七侠五义》等中国古典小说，后来转向近代中国作家的文学作品，包括鲁迅、茅盾、巴金、郁达夫、谢冰心、郭沫若等人的选集。他组装的矿石收音机是一种不用真空管和晶体管，只用天然矿石做检波器的简易收音机。他经常到地摊上去买些旧零件回来拆卸组装。收音机装好后，可以收听上海市广播电台播放的音乐、曲艺等节目，颇有成就感。

张恭庆在圣芳济中学求学期间，中国共产党取得了解放战争的胜利，于 1949 年 10 月 1 日成立了中华人民共和国。此后，开展了轰轰烈烈的三大运动：镇压反革命运动、土地改革运动、抗美援朝运动。在镇压反革命运动中，上海有不少人被捕，张恭庆的家人都是安分守己的老百姓，镇压反革命运动对于他们家庭没有什么影响。由于家里在乡下没有土地，张子美一家与土地改革运动离得很远。至于抗美援朝运动，他们家也参加了宣传和捐献活动。

那时张恭庆对于将来学什么专业，没有多少考虑，只是朦朦胧胧地想当一名工程师。因为那个年代，在年轻人心目中，詹天佑、茅以升是民族的骄傲，他们建造了外国人没能造出来的铁路和桥梁。

入读上海南洋模范中学

图2-2　1951年，在上海南洋模范中学读高中一年级的张恭庆（张恭庆提供）

由于圣芳济中学已失去当年的特色，自己也不喜欢这所学校，1951年张恭庆初中毕业时决定转学。他先后考取了几所不错的高中，最后选择了其中的上海南洋模范中学。这是上海的一所著名私立中学[①]，成立于1901年，前身是南洋公学附属小学。对张恭庆而言，这个选择是他的一个转折点。

从家到上海南洋模范中学较远，有十几公里路程。张恭庆上高一时乘坐公共汽车上学，在学校吃午饭，有时包伙，有时用饭盒带饭。入学一段时间后，他发现这所学校不仅教师水平高，而且学生素质好，风气也正。教他课的老师，如贾冰如、俞养和、徐宗骏、沈克超、赵宪初、吴宗初、沈起炜等大都有在上海交通大学或其他大学任课的经验，有的是副教授，有的是讲师。他们讲课概念清晰，重点突出，分析问题能一下子讲到点子上，而且贾冰如、俞养和等老师讲课非常吸引

---

① 1956年1月，上海市人民政府决定接办全部私立学校，上海南洋模范中学与成义中学合并，更名为上海市第七十一中学，改为公立中学。1958年，上海市第七十一中学改回原名——上海南洋模范中学。

人。张恭庆感觉听这些老师讲课很有收获，上课非常专心。

赵宪初（1907—1998），又名赵型，浙江嘉善西塘人，是上海南洋模范中学对张恭庆影响最大的教师。1924年，赵宪初从南洋大学附属中学毕业后，进入大学部电机系。[1] 1928年由国立交通大学毕业[2]，此后一直在上海南洋模范中学任教，长期教数学。任教3年后，他就当上了教务主任。1949年中华人民共和国成立后，他相继任教导处副主任、副校长、校长等职。[3] 自20世纪50年代初起，赵宪初长期担任上海市数学会理事，1975—1985年担任上海市数学会副理事长，负责中学方面的工作，还担任过中国数学会理事。[4] 他编撰有《三角学》[5]《怎样列方程解应用题》[6]《一元二次方程》[7]《初中代数复习参考资料》[8] 以及数理化自学丛书《代数》（第1册）[9] 等中学数学教材。

张恭庆高一时，赵宪初老师教三角。他教学经验丰富，讲课生动，重点突出，语言风趣，态度和蔼，教三角公式有绝招，人称"赵三角"。高中三角学中的公式很多，又枯燥乏味，学生不容易记住。赵老师就把三角学中的许多公式连在一起，像唱歌一样在课堂上唱出来。同学们常常被他逗得哄堂大笑，同时也深深地记住了赵老师讲授的公式。因此，张恭庆上赵老师的课觉得很轻松。

在这些教师的教学和引导下，张恭庆和同学们的学习兴趣浓厚，个个积极向上。出于不断增强的对知识的好奇心，同学们根据各自的兴趣，经常在课外找不同的参考书来学习，探求更深的道理。他们经常在一起交流

---

[1]　赵宪初：缅怀我的老师胡明复博士。见：陆阳，胡杰主编，《胡敦复胡明复胡刚复纪念文集》。北京：线装书局，2014年，第233页。

[2]　南洋大学1927年更名为第一交通大学，1928年更名为国立交通大学。

[3]　赵宪初：自序。见：上海教育出版社编，《赵宪初教育文集》。上海：上海教育出版社，1991年，第1页。

[4]　嘉善县档案馆：《嘉善籍知名人士名录》第1集。嘉兴：嘉善县档案馆，1992年，第48页。

[5]　赵型：《三角学》。上海：中国科学图书仪器公司，1946年。

[6]　赵宪初：《怎样列方程解应用题》。上海：上海教育出版社，1964年。

[7]　赵宪初：《一元二次方程》。上海：上海教育出版社，1980年。

[8]　赵宪初：《初中代数复习参考资料》。上海：上海教育出版社，1963年。

[9]　赵宪初：《代数》第1册。上海：上海科学技术出版社，1963年。

图 2-3 2004 年，张恭庆在南洋模范中学赵宪初老师雕像前致敬（张恭庆提供）

心得，讨论各类有趣的、知识含量高的问题。如今事过 70 年，张恭庆还记得：

> 当时有的同学看过大学物理方面的专业书籍，在讨论力学平衡时，思路异常清晰；有的同学喜欢找些逻辑悖论来跟大家讨论；有个同学酷爱文学，用老师给出的作文题写了一篇近万字的小说。[1]

这样一个环境催人奋进。张恭庆经常去逛书店找参考书读。同时，他每年给自己制订学习计划，特别是继续初中时的习惯——超前学习数学课程，并在各方面对自己提出更高的要求。

1951 年秋至 1952 年秋，中共中央在全国知识界开展了思想改造运动。[2]在此期间，也在全国党政机关工作人员中展开了反对贪污、反对浪费、反对官僚主义的"三反"运动，在工商业界开展了反对行贿、偷税漏税、偷

---

① 张恭庆：中学教育。2021 年 8 月 10 日，未刊稿。资料存于采集工程数据库。

② 王扬宗：思想改造运动与 20 世纪中国科学的转折——以科学家的自我批判为中心的初步讨论。《中国科技史杂志》，2016 年第 37 卷第 1 期，第 1-2 页。

工减料、盗骗国家财产、盗窃国家经济情报的"五反"运动。[1] 由于教师需要参加思想改造运动，学校经常提前放学，学生们有相当多的课余时间。那时作业负担不重，张恭庆一般在学校就能把当天的作业完成，留下整个晚上自由自在地看课外书。

有一次，张恭庆发现父亲的书架上有几本英文数学教科书，其中有英国霍尔（Henry Sinclair Hall，1848—1934）和奈特（Samuel Ratcliffe Knight）合著的《高等代数学：学校初等代数学续篇》（*Higher Algebra: A Sequel to Elementary Algebra for Schools*）[2]，英国龙内（Sidney Luxton Loney，1860—1939）的《三角学纲要》（*The Elements of Trigonometry*）[3]。这两本英国数学教科书在内容上分别较美国范因（Henry Burchard Fine，1858—1928）的《范氏大代数》（*A College Algebra*）[4] 和美国葛蓝威尔（William Anthony Granville，1863—1943）的《平面三角学和四位对数表》（*Plane Trigonometry and Four-Place Tables of Logarithms*）[5] 要深，习题尤其难。张恭庆从旧书店买了这两本英国数学教科书的中译本，利用课余时间认真自学，做了书中的许多习题。张恭庆后来说：

> 美国数学教材偏简单，题目也容易。《范氏大代数》和葛氏三角学[6] 都是美国数学教材。英国数学教材不同，尤其习题特别难，这是它的特色。学过《范氏大代数》再去学霍尔和奈特的《高等代数学》，会感到又上了一个台阶一样。如果说，读完一段课文去做题，《范氏大代数》中的题目，我一个上午就能做完，而霍尔和奈特的《高等代数

[1] 中共中央党史研究室：《中国共产党历史》第2卷（1949-1978）上册。北京：中共党史出版社，2011年，第159-163。

[2] H. S. Hall，S. R. Knight. Higher Algebra：A Sequel to Elementary Algebra for Schools. London：Macmillan and Co.，Limited，1910.

[3] S. L. Loney. The Elements of Trigonometry. Cambridge：the Cambridge University Press，1904.

[4] H. B. Fine. A College Algebra. Boston：Ginn and Company，1904.

[5] W. A. Granville. Plane Trigonometry and Four-Place Tables of Logarithms. Boston：Ginn and Company，1908.

[6] 指葛蓝威尔的《平面三角学和四位对数表》。

学》中的题目起码要花三四个晚上。[①]

除数学外，张恭庆对物理也有兴趣，在课余时间阅读了我国物理学家萨本栋编撰的《普通物理学》[②]和美国物理学家西尔斯（Francis Weston Sears）的《物理学原理》（*Principles of Physics*）[③]等教科书。

沈起炜老师教中国近代史，在课上讲到帝国主义列强用坚船利炮打开中国的大门，昏庸腐败的清朝政府节节败退，致使我国大好山河一块块地被割让的历史时，语言凄婉悲怆，令张恭庆到晚年都难以忘怀。沈起炜老师的讲课在张恭庆心中深深地播下了振兴中华的种子，也使他对中国近代史产生了兴趣。他到书店特地找了大学的中国近代史课本来阅读。

张恭庆就读上海南洋模范中学时，篮球是全校同学共同喜爱的运动，学校篮球队还夺得过上海市中学篮球赛冠军。张恭庆也为篮球着迷。当时学生可以课下向学校借篮球，但往往需要花很多时间去排队。为了节约时间，张恭庆就在班上找了五位志同道合的同学，凑钱合买了一个篮球。每天下课后打篮球直到下午五点多才回家。这对他长身体大有帮助。高一时，他的个子矮小，班里按学生高矮排座位，他一直坐在第一排。随着每天打篮球，他的个子长得很快，到高二结束时基本长到了成年时的高度。

解《数学通报》问题

张恭庆上高二时，家里给他买了一辆自行车。他每天骑自行车上学，

---

① 张恭庆访谈，2021 年 8 月 13 日，北京。资料存于采集工程数据库。

② 萨本栋:《普通物理学》上册。上海：商务印书馆，1933 年；萨本栋:《普通物理学》下册。上海：商务印书馆，1934 年。

③ F. W. Sears. Principles of Physics. Ⅰ. Cambridge：Addison-Wesley Press，Inc.，1944；F. W. Sears. Principles of Physics. Ⅱ. Cambridge：Addison-Wesley Press，Inc.，1947；F. W. Sears. Principles of Physics. Ⅲ. Cambridge：Addison-Wesley Press，Inc.，1946。

节省了很多路上的时间。每逢星期日，他经常骑自行车到福州路逛书店。中国图书发行公司是他必去的地方，那里的图书都开架阅读，张恭庆每次去都尽情地翻阅自己喜爱的书籍，自由地荡漾在知识的海洋里。有一次，他偶然看到中国数学会编辑的《数学通报》1953 年 6 月号上有一个"数学问题及解答栏"。

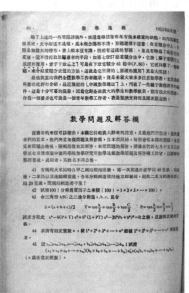

图 2-4　《数学通报》1953 年 6 月号"数学问题及解答栏"（郭金海提供）

《数学通报》当时由北京师范大学数学系主任傅种孙担任总编辑，是中国数学会主要面向中学数学教师的数学普及性刊物，前身为 1936 年 8 月 1 日中国数学会创刊的《数学杂志》。1953 年 6 月号之前，《数学通报》已设置"数学问题及解答栏"，向读者征求解答，但并非每期都有。由于读者的欢迎和要求，《数学通报》自 1953 年 6 月号起固定设置这一栏目，每期五道题。这一期的"数学问题及解答栏"有如下说明：

> 本栏已引起广大群众的注意，且为他们所欢迎。基于读者们的要
> 求，我们决定加强问题及解答栏，自本期开始，每期皆有本栏的篇
> 幅，并规定在问题公布后，隔两期发表其解答。本期问题的解答，请

读者们于七月十五日以前寄至北京清华园中国科学院数学研究所《数学通报》数学问题及解答栏工作室，以便即时整理登载，过期者，其姓名不再公布。[①]

这一期的五道题如下：

（1）有两列火车同时自甲乙两站相向出发，第一次相遇于距甲站40里处。相遇后，二车仍以原速继续前进，各车分别达到彼站后立即驶回，则此二车又相遇于距乙站20里处。问两站相距若干里？

（2）试将100!分解为质因子之乘积（$100!=1 \times 2 \times 3 \cdots \times 100$）。

（3）命三角形 ABC 之三边分别为 a，b，c，且令 $S = \dfrac{a+b+c}{2}$，$T = \tan\dfrac{A}{2} + \tan\dfrac{B}{2} + \tan\dfrac{C}{2}$，$P = \tan\dfrac{A}{2}\tan\dfrac{B}{2}\tan\dfrac{C}{2}$，试求方程式 $x^4 - S(P+T)x^3 + S^2(1+PT)x^2 - 2S^3 Px + S^4 P^2 = 0$ 之解，且说明其几何意义。

（4）求所有的正整数 n，使 $1^4 + 2^4 + 3^4 + \cdots n^4$ 能被 $1^2 + 2^2 + 3^2 + \cdots n^2$ 所整除者。

（5）设 $a_1 \geq a_2 \geq a_3 \geq \cdots \geq a_n$，$b_1 \geq b_2 \geq b_3 \geq \cdots \geq b_n$；试证 $(a_1 + a_2 + a_3 + \cdots a_n)(b_1 + b_2 + b_3 + \cdots b_n) \leq n(a_1 b_1 + a_2 b_2 + \cdots a_n b_n)$（$n$ 为任意正整数）。[②]

这些题大都不是教科书上能找到的，有的乍一看根本无从下手，很富有挑战性。张恭庆回家后一道题一道题地认真做，花了好几个夜晚竟然把所有题都做了出来。他仔细检查，又用白纸把答案抄写一遍，装入信封，准备第二天寄出。不料当夜下了一场大雨，雨水透过窗户渗入室内把他写好的解答全泡湿了。于是，他又花了好几个夜晚重新誊写一遍，才寄往《数学通报》"数学问题及解答栏"工作室。

三个月后，张恭庆在《数学通报》1953年9月号上找到了自己的名字，上面还标明他五道题的解答全对。[③] 这对他是极大的鼓舞。此后每个月，

---

① 数学问题及解答栏。《数学通报》，1953年第6期，第36页。

② 同①。

③ 六月号本栏问题解答者名单。《数学通报》，1953年第9期，第47-48页。

他都去书店买一期《数学通报》回来做"数学问题及解答栏"的题目。每期的五道题，张恭庆最少时只做对两道题[1]，不过大都是做对四五道题。通过做这些问题，张恭庆增强了学习数学的信心，对数学的兴趣也愈来愈浓，这为他以后选择数学作为职业打下了基础。

不过，由于白天要上学，张恭庆只能把这些数学问题留到晚上思考。对于有些题，他一时无从想起，有些题即使有了思路，也不能一直进行到底。他经常躺在床上思绪挥之不去，听到客厅里的钟声报时：十二点半，一点，……，二点半，心里愈来愈着急。这种在床上思考数学问题的习惯一直延续终身。他每次研究较难的问题，都会失眠，这影响了他的身体健康。

就读上海南洋模范中学时，张恭庆想学习更深的数学。由于老师和亲友都是学工科或社科、文科的，不太懂现代数学，张恭庆苦于无从入门。父亲看到他对数学有如此强的求知欲，就给他买了一本商务印书馆出版的孙光远和孙叔平合著的《微积分学》。[2] 这本书于1940年初版，是商务印书馆出版的"大学丛书"中的一种。张恭庆拿到这本《微积分学》后兴致勃勃地学了一大半，除了学会算微分、积分外，不知道下面还要干什么。有一次，他在书店里看到由清华大学孙念增新译出的苏联教材——斯米尔诺夫（В. И. Смнрнов）的《高等数学教程》第1卷第1分册。这部教材由苏联高等教育部审定，作为综合大学数理系和高等工业学院需用较高深数学的各系的教科书。第1卷第1分册介绍了变量与函数关系、极限论、微商概念及其应用等高等数学知识。[3] 张恭庆将这本书买回家，看了很久也不明白为什么要讲这些内容，更谈不上兴趣了。因而，他在中学虽然做了不少初等数学的难题，但对现代数学还是一无所知。

---

[1] 八月号第六次问题解答者名单。《数学通报》，1953年第11期，第42页；八月号问题解答者名单。《数学通报》，1953年第12期，第43-44页。

[2] 孙光远，孙叔平：《微积分学》。上海：商务印书馆，1949年。

[3] 孙念增：《高等数学教程》第1卷第1分册。上海：商务印书馆，1953年。

填报大学志愿

中华人民共和国成立后，经过三年时间，国家经济得到迅速恢复，已获得有计划地进行大规模经济建设的条件。[①] 1953 年，我国开始实施第一个五年计划（即 1953—1957 年国民经济发展计划），大规模的建设工程在全国展开。新中国呈现出一片欣欣向荣的景象。上海南洋模范中学的环境本来就催人奋进，在这样的景象激励下，学生们在学习上更是人人争先，对未来充满了憧憬。他们有的想当工程师，有的想当科学家，有的想当新中国的建设者，各自为实现自己的理想而努力。

1954 年填报大学志愿时，为帮助学生选择专业和学校，上海南洋模范中学组织毕业班同学参观了上海市的几所高校。张恭庆的大多数同学都报了工科，选择第一个五年计划中重点发展的专业，如电机、机械、钢铁、石油、化工等，报文科、理科的同学较少。上海南洋模范中学素有"交通大学附中"之誉，许多同学后来都上了上海交通大学。当时张恭庆犹豫不决，不知怎样选择。高中三年，他的学习成绩虽然一直保持优秀，但并没有哪一科成绩特别突出。他虽然对数学感兴趣并特别下功夫，但考试时不少同学解题很细心，能得高分，而他有时会因粗心大意而出错，得分并非最高。除数学外，他也喜欢物理和历史。

有一天，学校教导处副主任赵宪初[②]老师给高三年级学生讲话时，向同学们介绍怎样选择志愿。他教过张恭庆三角课，了解他的学习情况，知道他在数学方面是可造之才。赵老师在讲话时，突然点了张恭庆的名，对他多加鼓励之后，说他经常做《数学通报》"数学问题及解答栏"的题目。赵老师还说有的题他自己都解答不了，建议张恭庆报考数学系。赵老师的

[①]　当代中国研究所：《中华人民共和国史稿》第 1 卷（1949-1956）。北京：人民出版社，当代中国出版社，2012 年，第 151-152 页。

[②]　关于当时赵宪初的职务，有任教导处主任之说。但据《赵宪初教育文集》的"自序"，1949 年后他未任过教导处主任。参见《赵宪初教育文集》。上海：上海教育出版社，1991 年，第 1 页。

这次讲话，使张恭庆一下子在同学中变得突出起来，大家都用异样的眼光看着他。张恭庆的父母知道后都很高兴，但他们告诫张恭庆："你要知道：你只是因为花的时间比别人多，并不是特别聪明。"

在赵宪初老师讲话之前，张恭庆还没有明确报考什么专业。他根本不知道数学系要学些什么课，也不知道毕业后能干什么工作。当时，全国高等学校招生委员会为便于报考青年选择升学志愿，编了一本《一九五四年暑期高等学校招生升学指导》，介绍高校招生系科专业设置情况。[①] 张恭庆看了这本书，了解到数学系毕业生主要是当科学研究机构和国防、工业部门的研究人员与高校、中等学校的数学教师。回到家后，他就和父母商量填报升学志愿的事。父亲说："选什么专业要看学了能不能找到工作，自食其力。解放以前学数学的人很少，除了教书，不知道还干什么。不过，现在国家搞计划经济，既然有招生计划，将来工作应该不成问题，就看你自己是不是真想搞数学。"张恭庆想了想，决定还是从兴趣出发，把第一志愿确定为数学专业。父亲和母亲尊重了他的选择。

选好专业后，张恭庆去查《一九五四年暑期高等学校招生升学指导》，看到北京大学、南开大学、东北人民大学、西北大学、兰州大学、复旦大学、南京大学、武汉大学、四川大学等13所综合性大学招收数学专业本科生，北京师范大学、华东师范大学、东北师范大学等20余所师范类高校也招收数学专业本科生。比较之下，他弄清楚了全国最好的数学专业在北京大学和复旦大学。对于选择其中哪一个作为第一志愿，他一时拿不定主意。

张恭庆有位表姐夫，叫李世缙，是华东化工学院的化学教授。周末时，李世缙常到张恭庆家里小坐。在填报大学志愿这段时间，张恭庆和父亲经常向他请教。李世缙有国外留学经历，留学前毕业于浙江大学，对陈建功、苏步青推崇备至。他讲话比较客观，认为还是北京大学水平高的人更多一些。至于选北京大学还是复旦大学，父亲随张恭庆的意愿；母亲不想让张恭庆离开上海，希望他选择复旦大学。但张恭庆向往远走高飞，于

---

① 全国高等学校招生委员会：《一九五四年暑期高等学校招生升学指导》。北京：商务印书馆，1954年。

图2-5 1954年，在上海南洋模范中学读高中三年级的张恭庆（张恭庆提供）

是填报大学志愿时，就把北京大学放到了复旦大学的前面。

　　1954年5月底的一天下午，张恭庆放学回到家。父亲和母亲都在，母亲让他坐下，从厨房里端了一碗鸡汤面，里面放了两个鸡蛋，叫张恭庆趁热吃下。张恭庆很诧异，吃完后看着他们。父亲说："今天你18岁成年了。以前你还是个孩子，如果出了问题人们会找家长；以后你就是大人了，自己的事都要自己负责任；做事前要多多考虑！"父母亲的这番话对张恭庆触动很大，他一直牢记在心。此后，张恭庆参加了高考，顺利被北京大学数学力学系录取。

第三章
数学生涯的起步

入读北京大学数学力学系

中华人民共和国成立后，中国共产党为了在高等人才培养上满足国家建设的需要，摒弃了国民党时期的教育体制，学习苏联经验对全国高等学校进行了院系调整。至 1957 年，高校院系调整共进行 4 次。1952 年"以培养工业建设人才和师资为重点，发展专门学院，整顿和加强综合性大学"[1] 为方针，进行了规模最大的一次院系调整，涉及全国四分之三的高等学校。在这次调整中，清华大学被调整为多科性工业大学，燕京大学被撤销，这两所大学的数学系与北京大学数学系组建了北京大学数学力学系。"数学力学系"的名称模仿苏联莫斯科大学力学数学系[2]，后于 1979 年更名为数学系。

---

[1]　002-005-00153，高等教育部关于高等学校院系调整计划、改订高等学校领导关系和加强高等学校及中等技术学校学生生产实习工作的报告。见：政务院关于继续开展爱国卫生运动、高等院校调整计划及中小学教育方面指示。存于北京市档案馆。

[2]　丁石孙，袁向东，郭金海：《有话可说——丁石孙访谈录》。长沙：湖南教育出版社，2017 年，第 69 页。

1954 年，上海南洋模范中学共有 10 多名学生考入北京大学，其中进入数学力学系的有王选、张恭庆、陈孝萱和罗时健。[1] 8 月底，在北京大学招生办公室的统一安排下，上海地区考上北京大学的新生一起乘坐火车前往北京。当时正值南方发大水，沿途不少路段大水茫茫，这列火车行驶缓慢，从上海到北京足足开了 60 多个小时。[2] 当火车驶离上海北火车站时，包括张恭庆在内的这群对未来充满憧憬的新生不约而同地唱起了当时著名的苏联歌曲《共青团员之歌》："听吧，战斗的号角发出警报……我们再见了，亲爱的妈妈，请你吻别你的儿子吧！再见吧，妈妈，别难过，莫悲伤，祝福我们一路平安吧！再见了，亲爱的故乡……"[3] 在火车上，他们也高唱了当时在全国广泛传唱的《歌唱祖国》："五星红旗迎风飘扬，胜利歌声多么响亮……"[4]

由于入学的新生多，学生宿舍建设跟不上，张恭庆和其他新生一到北京大学就住进了当时的"棉花地"（今五四体育场）东侧临时搭起的大棚里，好几百人住一个大统间。入冬后，大棚里太冷，新生都被安排到有二层的简易楼房内居住，那里能烧火炉取暖。张恭庆住的是十一斋（今理科一号楼到农园餐厅之间），24 人一大间，分成 3 格，每格 4 张上下铺，共住 8 人，中间两张四屉桌，可供一部分学生自习。学校每天早晨 6:30 吹起床号，晚上 10:30 熄灯。用餐在大饭厅（今大讲堂），第一年伙食费由国家全包，从第二年起，每月收 9 元；10 个人固定一桌，等所有人到齐了，由值日生分菜用餐。下午 4:30 到 5:30，是体育锻炼时间。上课主要在教室楼（今一教），也有的课安排在哲学楼、文史楼。

张恭庆自习时，喜欢到阅览室。当年北京大学有 3 个开放的阅览室，分别是大图书馆内的阅览室、第二阅览室（文史楼三楼）和第三阅览室（今东校门内生命科学楼附近，现已拆除）。由于学生多，座位不够，每天

---

① 王选：回忆北京大学数学力学系的大学生活。见：王坤庆，吴俊文主编，《那时那人那事——名人记忆中的大学生活》。武汉：华中师范大学出版社，2009 年，第 246 页。

② 张恭庆：我的大学生活片段。见：丁伟岳，田刚，蒋美跃主编，《张恭庆的数学生活》。新加坡：八方文化创作室，2013 年，第 9 页。

③ 同①。

④ 同②。

他都要去阅览室"抢"座位。在阅览室内，大家都全神贯注，鸦雀无声。"抢"到座位后，打开书本，他的思想立即就集中到要考虑的问题上去，效率极高。[①] 当时的第三阅览室是文艺阅览室，大量的中外古今文艺小说全都开架。张恭庆特别喜欢到这里来看书，他在这里阅读了许多中外文学名著，这些书对他价值观的形成有很深的影响。不过，自从他学习上了轨道以后，为了不耽误数学的专业学习，他看这些文艺书籍在时间上都很有节制，每周日程的安排都在计划之中。

北京大学数学力学系 1952 年和 1953 年各招收 100 多名学生，1954 年招收了 240 名学生。[②] 这 240 人在一年级时被分成 9 个班：一、四、七班，二、五、八班，三、六、九班。张恭庆被分在九班。[③] 到二年级时，八班撤销，班中学生被分插到其他班，全年级共 8 个班，九班改称八班。到三年级时，全年级分数学、力学、计算 3 个专业，数学专业有 3 个小班，张恭庆在数三班。四年级时分专门化，张恭庆在泛函分析专门化，属数四一班，五年级时未变。[④]

张恭庆入学时，数学力学系人才济济，师资力量在全国大学数学系中首屈一指。当时全系约有 30 位教师，在代数、分析、几何、拓扑、概率论和数理统计、力学方面都有较强的学术带头人。系中教授 9 人，分别为原北京大学数学系江泽涵、许宝騄、申又枨、庄圻泰，原清华大学数学系段学复、闵嗣鹤、程民德和物理系周培源，原燕京大学数学系徐献瑜。这些教授都在欧美著名大学留过学，有真才实学，有为新中国数学、力学发展培养人才的事业心。[⑤]

1952 年院系调整前，江泽涵、段学复、徐献瑜分别是北京大学、清华大学、燕京大学数学系主任。在这一年进行的院系调整中，段学复被任命

---

① 张恭庆：我的大学生活片段。见：丁伟岳，田刚，蒋美跃主编，《张恭庆的数学生活》。新加坡：八方文化创作室，2013 年，第 9—10 页。

② 丁石孙，袁向东，郭金海：《有话可说——丁石孙访谈录》。长沙：湖南教育出版社，2017 年，第 78 页。

③ 同②，第 78—79 页。

④ 张恭庆：大学情况资料。2021 年 8 月 11 日，未刊稿。资料存于采集工程数据库。

⑤ 同①，第 10 页。

为北京大学数学力学系主任，成为该系核心人物。段学复（1914—2005），专长代数学，1936年毕业于清华大学数学系，后留系任助教。1940年入加拿大多伦多大学（University of Toronto）数学系深造，师从布饶尔（Richard Dagobert Brauer，1901—1977），1941年获得硕士学位。此后进入美国普林斯顿大学数学系攻读博士学位，1943年获得博士学位。1946年由美国归国，任清华大学数学系教授，次年出任代理系主任。1952年段学复调入北京大学数学力学系，1955年被推选为中国科学院学部委员。他在有限群的模表示理论、代数李群、有限 p 群、群论与组合数学的应用等方面取得了重要成果。[①] 至1981年卸任，段学复在北京大学任数学力学系主任和数学系主任共29年。张恭庆在北京大学求学和工作期间，与段学复多有交往。

在数学力学系的教授中，程民德对张恭庆影响最大。程民德（1917—1998），主要研究多元调和分析、多元三角逼近论，是中国多元调和分析研究的开拓者。他1940年在浙江大学数学系毕业。此后转为研究生，师从陈建功学习三角级数理论，于1942年毕业。1947年他进入美国普林斯顿大学数学系深造，在博赫纳（Salomen Bochner，1899—1982）指导下，学习和研究多元调和分析。1949年获博士学位，留在普林斯顿大学做博士后研究工作。1950年1月程民德返回祖国，在清华大学数学系先后任副教授、教授，1952年调入北京大学数学力学系任教。1953年出任数学力学系数学分析与函数论教研室主任，1955年卸任后担任副系主任，直至1966年。[②] 1980年北京大学数学研究所成立，出任所长。[③]

张恭庆大学前两年最重要的一门基础课是数学分析，由程民德主讲。三年级时，他旁听了程民德给四年级学生开设的专门化课程三角级数。他在大学参加科学小组期间，得到程民德的指导。1959年大学毕业留校工作

---

① 王杰，王萼芳，石生明：段学复。见：中国科学技术协会编，《中国科学技术专家传略·理学编·数学卷1》。石家庄：河北教育出版社，1996年，第288-292页。

② 邓东皋：程民德。同①，第337-338，347页。

③ 北京大学数学学科创建百周年庆典筹备委员会，北京大学数学学科创建百周年庆典筹备工作小组集体编写：《北京大学数学学科百年发展历程》。北京：北京大学数学科学学院（内部交流），2013年，第31页。

后，又得到程民德的爱护和帮助。张恭庆将程民德视为带领他走进数学殿堂的老师，给他指点方向的老师，是逆境中给他鼓舞勇气的老师，是保护他化险为夷的老师，是帮助他开辟前进道路的老师。[①]

"学习苏联"的大学生活

中华人民共和国成立前夕，毛泽东作出在国际上倾向苏联和向苏联学习的重大决策。1949 年 6 月 30 日，他发表《论人民民主专政》一文，明确提出"一边倒"的外交方针，强调"苏联共产党就是我们的最好的先生，我们必须向他们学习"[②]。1950 年 2 月 14 日，中苏两国签订《中华人民共和国苏维埃社会主义共和国联盟友好同盟互助条约》[③]。从此，中国和苏联缔结同盟，建立友好合作关系。

1953 年我国开始实施第一个五年计划，进行大规模建设，而工业、农业和国防基础薄弱，靠自力更生难以完成。2 月 7 日，毛泽东在全国政协一届四次会议闭幕会上作出指示："我们要进行伟大的五年计划建设，工作很艰苦，经验又不够，因此要学习苏联的先进经验。……应该在全国掀起一个学习苏联的高潮，来建设我们的国家。"[④] 这一指示发布后，全国工业、文教、科技、经济、军事等领域各部门纷纷积极执行，很快学习苏联成为中国的社会热潮。

张恭庆在北京大学求学的大部分时间，学校和数学力学系学习苏联的

---

① 张恭庆：师恩：缅怀程民德老师。见：丁伟岳，田刚，蒋美跃主编，《张恭庆的数学生活》。新加坡：八方文化创作室，2013 年，第 289-299 页。

② 论人民民主专政。见：毛泽东著，中共中央文献研究室编，《毛泽东选集》第 4 卷。北京：人民出版社，2008 年，第 1471-1473，1481 页。

③ 中苏两国关于中华人民共和国与苏联之间缔结条约与协定的公告（1950 年 2 月 14 日于莫斯科）。见：陈夕主编，《中国共产党与 156 项工程》。北京：中共党史出版社，2015 年，第 83-85 页。

④ 在全国政协一届四次会议闭幕会上的讲话。见：毛泽东著，中共中央文献研究室编，《毛泽东文集》第 6 卷。北京：人民出版社，1999 年，第 263-264 页。

风气盛行。数学力学系教师都要突击学习俄语和苏联的教学经验。系中课程设置、教学大纲和考试方式等都几乎照搬莫斯科大学力学数学系的相应方案。20世纪50年代，还大量翻译了苏联的数学教科书，以致几乎全部课程都采用了汉译的苏联课本。[①]

张恭庆学习数学专业，学制5年。据北京大学收藏的张恭庆学习成绩表，一年级所学课程有5门：数学分析、解析几何、高等代数、中国现代革命史、俄文；二年级有7门：数学分析、高等代数、常微分方程、理论力学、普通物理、马列主义基础、俄文；三年级有6门：复变函数、微分几何、概率论、普通物理、理论力学、政治经济学，另有实变数函数，张恭庆通过考试后免修了；由于政治运动的冲击，三年级下学期的教学计划未能完成，四年级只上了3门课：数学物理方程[②]、泛函分析专门化、近似方法；五年级上了2门课：社会主义共产主义教育、计算机原理。[③]张恭庆回忆说：理论力学二年级上学期由王仁主讲，下学期由吴林襄主讲，三年级上学期由周培源主讲。他在三年级时，除上过复变函数（陈杰讲授）、微分几何（吴祖基讲授）、概率论（赵仲哲讲授）等课程外，还上过积分方程（胡祖炽讲授），并旁听过高年级的三角级数（程民德讲授）、同调论（江泽涵讲授）、同伦论（廖山涛讲授）3门专门化课。[④]

为了学习苏联，数学分析、解析几何、高等代数、常微分方程、理论力学等基础课都配有习题课，基础课的大课由主讲教师讲授，习题课一般另有教师担任。一二年级的数学分析由程民德主讲，习题课教师一年级上学期是徐翠微，一年级下学期是董怀允，二年级是陈永和；解析几何由江泽涵主讲，习题课教师是裘光明；高等代数在一年级由聂灵沼主讲，二年级上学期由丁石孙主讲，高等代数一年级习题课教师是丁石孙；二年级的常微分方程由徐献瑜主讲，习题课教师是丁同仁。无论大课还是习题课，

① 丁石孙，袁向东，张祖贵：北京大学数学系八十年。《中国科技史料》，1993年第14卷第1期，第80页。

② 实际为偏微分方程，由萧树铁讲授。

③ 36001，北京大学1958–1959学年应届毕业生成绩表（1959年8月张恭庆填）。见：干部人事档案。存于北京大学档案办公室。

④ 张恭庆：大学情况资料。2021年8月11日，未刊稿。资料存于采集工程数据库。

教师都十分敬业。他们针对同学情况，备课非常认真。年轻教师与学生的关系也很亲近，经常到学生宿舍答疑和了解学习情况。有时大课教师外出开会，习题课教师代为上课，他们讲解清晰生动，毫不逊色。丁石孙、董怀允还担任过张恭庆所在小班的班主任，经常参加班上的集体活动，张恭庆与他们接触很多。[1]

程民德展现的严谨风格和深厚功力，令张恭庆十分钦佩。张恭庆记得在实变函数专门化课上程民德在讲解柯尔莫戈洛夫（Андрей Николаевич Колмогоров，1903—1987）关于一个可积函数其傅里叶级数处处不收敛的例子时，一连几堂课，演算几十面黑板，从不看一眼讲稿，一个积分分几段估计，一些参数怎样确定，一环扣住一环，每步演算、估计、放大，都当场在黑板上推导，极为准确、严密，其功力惊人！[2]

丁石孙高高的个子，声音洪亮，说话简短扼要，逻辑性极强。他与张恭庆第一次见面，就给张恭庆留下了年轻有为的印象。关于丁石孙上高等代数习题课的情况，张恭庆有如下的回忆：

> 在习题课上，他把大课内容概述一遍以后，就把准备好的习题写在黑板上。当同学们埋头解题时，他会走到学生中去巡视。对于同一个问题，同学们可能有不同的解法，有的正确，有的不正确，有的部分正确但论证不完整，五花八门，不一而足。丁先生反应极快，巡视一遍之后能立即做出总结，针对不同错误，一语中的，指出问题所在。同学们对他佩服得五体投地。记得刚开学不久，通过习题他给我们讲解"抽屉原理"。在中学时我也曾不自觉地运用过这个思想做题，但经他从"一一对应"的角度提高概括之后，我顿觉豁然开朗。在兴奋之余，我曾把这件事写信告诉了中学数学老师，可见此事给我的印象之深！[3]

---

① 张恭庆：我的大学生活片段。见：丁伟岳，田刚，蒋美跃主编，《张恭庆的数学生活》。新加坡：八方文化创作室，2013 年，第 10—11 页。

② 张恭庆：师恩·缅怀程民德老师。同①，第 290 页。

③ 张恭庆：丁石孙老师。见：陈大岳，许忠勤，宋春伟主编，《丁石孙与中国数学》。新加坡：八方文化创作室，2017 年，第 26-27 页。

徐献瑜在常微分方程课上的风趣、幽默，也给张恭庆留下了深刻印象：

> 他讲课非常风趣而有含义，经常引起一阵哄堂大笑，我们笑过之后脑子里就记住了他讲的结论。记得有一次他讲朗斯基（Wronski）行列式。这个行列式的特点是如果一点等于 0 的话，整个行列式处处为 0。对此，他打了个比方，说如果这个班上有一个人得了伤风，那么全班人统统伤风。现在我还记得他的这句话。他上课经常这样妙语连珠。①

张恭庆在学期间，数学力学系在四年级设置专门化课程，对学生进行专门化训练，也是学习苏联的产物。张恭庆所学的泛函分析专门化始于1957 年秋季，由关肇直主讲。关肇直（1919—1982），泛函分析专家、中国现代控制理论研究的开拓者之一。他于 1941 年在燕京大学数学系毕业，后留校任教。1947 年，入法国巴黎大学庞加莱研究所做研究生，师从泛函分析的奠基人弗雷歇（Maurice-René Fréchet，1878—1973）研究广义分析。中华人民共和国成立后，他放弃了在庞加莱研究所的学业，返回了祖国。② 1952 年，他调入中国科学院数学研究所工作。1957 年北京大学聘请他给数学力学系四年级学生开设泛函分析专门化课，张恭庆成为关肇直的学生。关肇直很器重张恭庆，不仅指导他的学业，还一直全面关心他。张恭庆参加工作后，中国科学院数学研究所在泛函分析方面如有学术活动，关肇直都会通知北京大学要张恭庆去参加。那时张恭庆因为每天从早到晚三段时间都被领导安排得满满的，不能读数学书，也没有自己的思考时间，心里非常压抑。每当可以名正言顺地请假去参加中国科学院数学研究所的活动时，心情就无比舒畅。③ 因此，张恭庆从内心非常感激关肇直老

---

① 张恭庆访谈，2021 年 8 月 20 日，北京。资料存于采集工程数据库。

② 冯德兴，朱广田：关肇直。见：中国科学技术协会编，《中国科学技术专家传略·理学编·数学卷 1》。石家庄：河北教育出版社，1996 年，第 370-371 页。

③ 张恭庆：永远怀念敬爱的关肇直老师。《系统科学与数学》，2019 年第 39 卷第 2 期，第142 页。

师的关心与爱护。

关肇直在泛函分析专门化课上讲授泛函分析的基本理论。[①] 用的是他自己编写的教材《泛函分析讲义》。这本教材于 1958 年 9 月出版，内容丰富，材料新颖，每章之末附有相关理论的历史资料、问题背景以及发展现状的介绍，与国外同类书籍相比毫不逊色。在泛函分析专门化之下再分设微分算子、非线性泛函、泛函分析与计算方法等方向，1958 年春季，钱敏负责微分算子方向，中国科学院数学研究所田方增负责非线性泛函方向，中国科学院数学研究所林群负责泛函分析与计算方法方向，他们分别以讨论班的形式指导学生们阅读指定的文献，张恭庆选学的是微分算子方向。[②]

当年北京大学数学力学系课程采用国内学者自编讲义的并不多见，大多数课程都采用汉译苏联课本。数学分析采用该系数学分析与函数论教研室翻译的辛钦（А. Я. Хинчин，1894—1959）的《数学分析简明教程》[③]；解析几何采用该系几何教研组翻译的狄隆涅（Б. Н. Делоне）和拉伊可夫（Д. А. Райков）的《解析几何学》[④]；高等代数采用柯召翻译的库洛什（А. Г. Курош）的《高等代数教程》[⑤]；复变函数采用该系数学分析与函数论教研室翻译的普里瓦洛夫（И. И. Привадов）的《复变函数引论》[⑥]；微分方程采用卜元震翻译的史捷班诺夫（В. В. Степанов）的《微分方程教程》[⑦]；微分几何采用施祥林、徐家福翻译的芬尼可夫（С. П. Фиников）的《微分几

---

① 关肇直:《泛函分析讲义》。北京：高等教育出版社，1958 年，第 V 页。

② 张恭庆访谈，2021 年 8 月 20 日，北京。资料存于采集工程数据库。

③ 辛钦著，北京大学数学力学系数学分析与函数论教研室译:《数学分析简明教程》上册。北京：人民教育出版社，1954 年；辛钦著，北京大学数学力学系数学分析与函数论教研室译:《数学分析简明教程》下册。北京：人民教育出版社，1954 年。

④ 狄隆涅，拉伊可夫著，北京大学数学力学系几何教研组译:《解析几何学》第 1 卷第 1 分册。上海：商务印书馆，1953 年；狄隆涅，拉伊可夫著，北京大学数学力学系几何教研组译:《解析几何学》第 1 卷第 2 分册。上海：商务印书馆，1953 年。

⑤ 库洛什著，柯召译:《高等代数教程》。上海：商务印书馆，1953 年。

⑥ 普里瓦洛夫著，北京大学数学力学系数学分析与函数论教研室译:《复变函数引论》。北京：高等教育出版社，1956 年。

⑦ 史捷班诺夫著，卜元震译:《微分方程教程》上册。北京：高等教育出版社，1955 年；史捷班诺夫著，卜元震译:《微分方程教程》下册。北京：高等教育出版社，1955 年。

何教程》[1]；积分方程采用胡祖炽翻译的彼得罗夫斯基（И. Г. Петровский）的《积分方程论讲义》[2]；偏微分方程采用段虞荣翻译的彼得罗夫斯基的《偏微分方程讲义》[3]；概率论采用丁寿田翻译的格涅坚科（В. В. Гнеденко）的《概率论教程》[4]；理论力学采用钱尚武、钱敏翻译的蒲赫哥尔茨（Н. Н. Бухгольц）的《理论力学基本教程》[5]。此外，张恭庆免修的实变数函数采用徐瑞云翻译的那汤松（И. П. Натансон）的《实变函数论》[6]。

这些汉译苏联课本的有些作者，如辛钦、彼得罗夫斯基等都是苏联著名数学家。辛钦在学术地位上不如柯尔莫戈洛夫，但是苏联概率论学派的创始人之一，在概率论、分析学、数论等方面有重要贡献。1939 年辛钦当选苏联科学院通讯院士，1941 年获苏联国家奖金，并多次获列宁勋章。彼得罗夫斯基是苏联偏微分方程莫斯科学派的领袖，在微分方程理论、代数几何学、概率论、积分方程、函数论和拓扑学等方面都作出了贡献，1946 年当选苏联科学院院士，1951 年后曾任莫斯科大学校长。[7]

这些汉译苏联课本的原书大都是苏联高等教育部或苏联文化部高等教育总署审定的大学教科书，具有较高的水准。例如，北京大学数学力学系数学分析与函数论教研室翻译的辛钦的《数学分析简明教程》，原书是苏联文化部高等教育总署审定的综合大学与师范学院力学数学系、物理数学系数学分析课程的教科书[8]；柯召翻译的库洛什的《高等代数教程》是苏联高等教育部审定的苏联国立大学和师范学院教科书[9]；该系数学分析与函数论教研室翻译的普里瓦洛夫的《复变函数引论》是苏联高等教育

---

① 芬尼可夫著，施祥林，徐家福译：《微分几何教程》。北京：高等教育出版社，1954 年。
② 彼得罗夫斯基著，胡祖炽译：《积分方程论讲义》。北京：高等教育出版社，1954 年。
③ 彼得罗夫斯基著，段虞荣译：《偏微分方程讲义》。北京：高等教育出版社，1956 年。
④ 格涅坚科著，丁寿田译：《概率论教程》。北京：高等教育出版社，1956 年。
⑤ 蒲赫哥尔茨著，钱尚武，钱敏译：《理论力学基本教程》上册。上海：商务印书馆，1954 年；蒲赫哥尔茨著，钱尚武，钱敏译：《理论力学基本教程》下册。上海：商务印书馆，1954 年。
⑥ 那汤松著，徐瑞云译：《实变函数论》上册。上海：商务印书馆，1953 年；那汤松著，徐瑞云译：《实变函数论》下册。上海：商务印书馆，1953 年。
⑦ 杜瑞芝主编：《数学史辞典新编》。济南：山东教育出版社，2017 年，第 281，289 页。
⑧ 辛钦著，北京大学数学力学系数学分析与函数论教研室译：《数学分析简明教程》上册。北京：人民教育出版社，1954 年。
⑨ 库洛什著，柯召译：《高等代数教程》。北京：人民教育出版社，1962 年。

部审定的综合大学与师范学院物理数学系教科书①；胡祖炽翻译的彼得罗夫斯基的《积分方程论讲义》是苏联高等教育部审定的国立大学数理系教科书②。

苏联数学走在世界前列：拥有柯尔莫戈洛夫、盖尔范德（Израиль Моисеевич Гельфанд，1913—2009）等一批世界级的数学大师；就大学数学课程体系而言，欧洲大陆与美国是两大派，欧洲大陆教材普遍要比美国的深。而苏联大学数学课程体系与欧洲大陆的基本一致。

此外，虽然那时大学用的教材几乎全部是从苏联翻译过来的，但是北京大学数学力学系的老师们并不排斥欧美著作。相反地，他们介绍的课外阅读材料，许多都是欧美的。这可能和他们自己熟悉的资料以及当时图书馆所拥有的书籍有关。张恭庆在大学一年级时读过哈代（Godfrey Harold Hardy，1877—1947）的《纯粹数学教程》（*A Course of Pure Mathematics*），二三年级时又读了哈尔莫斯（Paul Richard Halmos）的《测度论》（*Measure Theory*）、赞格蒙德（Antoni Zygmund，1900—1992）的《三角级数》（*Trigonometric Series*）和蒂奇马什（Edwards Charles Titchmarch，1899—1963）的《函数论》（*Theory of Functions*）等。不过，在当时"一边倒"的政治气氛下，也有一些同学崇拜苏联，排斥西方著作。而张恭庆则只关心书的好坏和是否容易读，并不关心作者的国籍。

在学习复变函数之前，董怀允向他推荐过蒂奇马什的《函数论》。这是一本名著，张恭庆便到图书馆借出来认真读。不料这件事却引起一些同学的非议。有位年纪较大的同学善意地介绍他去读苏联数学家马库雪维奇（А. И. Маркушевич）的《解析函数论》，劝他不要读欧美作者的书。张恭庆知道马库雪维奇这本书虽然是一部优秀的解析函数论著作，但篇幅过大，非常详细，面面俱到，并不是为初学者编写的；而蒂奇马什的《函数论》重点突出，比较容易读，在短时间内就能掌握要领。因此，张恭庆还是坚持读完蒂奇马什的这本书。

---

① 普里瓦洛夫著，北京大学数学力学系数学分析与函数论教研室译：《复变函数引论》。北京：该等教育出版社，1956 年。

② 彼得罗夫斯基著，胡祖炽译：《积分方程论讲义》。北京：高等教育出版社，1957 年。

张恭庆有自己的读书方法：一般先找一本少而精的书来读，以尽快掌握这门学科的主干，掌握其基本思想和方法，然后再根据需要补充阅读一些相关的书籍和资料；一些百科全书式的大书，很有参考价值，但不适于精读。

1960 年以后，政治风向转了，全盘苏化的教学模式也逐渐有所改变，教育部开始提倡国内各高校自编教材。

刚上大学时，张恭庆对数学分析课程重视严谨的逻辑推理的思想方法不完全适应。半年之后，他才逐渐适应。当时大部分同学都是如此。他回忆说：

> 在大学，特别是按苏联教材（欧洲国家除英国外大都如此）讲授，数学分析课重视逻辑推理，内容十分严谨。因为分析学是建立在"实数系"之上的，所以为了建立完整的理论体系，需要从头定义"实数"，还要去证明一大堆似乎属于常识的"定理"，为了弄清抽象概念之间的似是而非的关系，往往还要通过制造"反例"来排斥直观。这些做法对于培养抽象的、理性的思维习惯是必要的，但大多数一年级学生在这个阶段都会产生不同程度的困惑。能考上北大数力系的人，在中学大都是学习"尖子"，刚进大学，突然挨这样一顿"杀威棍"，自然会产生一大堆思想问题。有一部分同学觉得数学搞的是逻辑游戏，脱离实际，没有意思；还有一部分同学却又反过来，只重视推理，轻视实验，甚至连物理课都认为讲得不严格而不愿学。不过，一年之后大多数同学都渐渐适应了这种思想方法。到三年级时，大家按志愿分为数学、力学和计算数学三个专业，各得其所，学习自如多了。①

---

① 张恭庆：我的大学生活片段。见：丁伟岳，田刚，蒋美跃主编，《张恭庆的数学生活》。新加坡：八方文化创作室，2013 年，第 11-12 页。

科 学 小 组

尽管中华人民共和国成立后，全国高校"一边倒"地学习苏联，但并不像苏联综合性大学那样重视科学研究，这可能与建国初期在知识分子中实行思想改造运动、批判名利思想有关。1956 年以前，中国大学普遍以教学为主，教师中只有很少的人做科学研究。作为全国重要的综合性大学，北京大学也不例外。

然而，北京大学数学力学系程民德、丁石孙和裘光明等教师清楚地认识到，培养学生的科研能力对学生的成长和国家教育事业的发展非常重要。1954 年初冬，他们决定学习苏联经验，按照"因材施教"的原则，在张恭庆所在的年级试点"科学小组"的活动，成功后再推广。科学小组的成员由指导教师遴选。一开始，在全年级中共选了 7 人，陈天权、张恭庆、马希文等入选。按照分析、代数、几何，分为 3 个小组，分别在程民德、丁石孙和裘光明指导下读书、读文章，相互报告并思考一些问题。张恭庆在程民德领导的分析小组。科学小组一两个星期活动一次。

参加科学小组前，张恭庆以为学数学在大学跟在中学一样，会做题就行了，没有多花时间复习和看参考书，而是将大量时间用在了阅读学校图书馆收藏的中外小说上。程民德、丁石孙和裘光明找他和几位同学谈过一次话，问他们在课外都干些什么，并且语重心长地对他们说："看些其他课外书当然也是好的，不过你们可以组织起来看些数学书嘛。要知道在大学和在中学，学数学的方法有很大不同，在中学，会做题就可以了，但在大学会遇到许多新的概念，还有定理和证明，这些都需要加深理解。"[1] 程民德的这番话和参加科学小组的活动，使张恭庆意识到应该多花点时间在数学上。

一年级寒假前，张恭庆在学校图书馆看到一本兰道（Edmund George

---

[1]　郭俊玲：张恭庆——风檐展书一生读　古道颜色数学梦。见：张琳，孙战龙主编，《北大名师》。北京：北京大学出版社，2010 年，第 272 页。

Herman Landau，1877—1938）写的《分析基础》（*Grundlagen der Analysis*）。这本书很薄，从佩亚诺（Peano）公理定义整数讲起，到有理数的建立，一直到实数理论，既严格又简练，非常吸引人。他就去征求丁石孙的意见。丁石孙告诉他，兰道是德国一位知名数学家，在数论和函数论方面很有建树，《分析基础》是一本好书，鼓励他好好地读。于是，在一年级寒假张恭庆将这本书带回家，认真地读了一遍。这本书使他初次接触到在公理基础上建立起来的数学，也使他从一个中学生的数学兴趣中超脱出来，渴望进入现代数学的大门。[①]

在科学小组，张恭庆和同学陈天权、马希文接触较多，关系非常好。陈天权在中学就读过犹太裔美籍数学家柯朗（Richard Courant，1888—1972）和美国数学家罗宾斯（Herbert Robbins，1915—2001）合著的《近代数学概观》（*What is Mathematics?*），知道数学有概念、定理和证明，需要深刻理解，不是光做题的事。陈天权一进入北京大学数学力学系，就开始读匈牙利数学家里斯（Frigyes Riesz，1880—1956）及其学生纳吉（Béla Szökefalvi-Nagy，1913—1998）合著的《泛函分析讲义》（*Leçons d'analyse fonctionnelle*）的俄译本。

马希文是北京市"神童"，15 岁就戴着红领巾考入北京大学，还受到华罗庚的接见。华罗庚送给了他美国数学家伯克霍夫（Garrett Birkhoff，1911—1996）和麦克莱恩（Saunders Mac Lane）合著的《近世代数概论》（*A Survey of Modern Algebra*）。[②] 通过读这本书，马希文了解了群、环、域这些概念及其在公理基础上建立起来的理论。

当时张恭庆只会做初等数学的难题，根本不理解数学究竟要干什么。因此，他体会到自己在数学的认识和理解上与陈天权和马希文存在着较大的差距，感到自己好像才刚刚入门，而他们已经在前面走了好几步。张恭庆与陈天权、马希文经常在一起交流课外看什么书，有什么新的体会。这

---

① 张恭庆：丁石孙老师。见：陈大岳，许忠勤，宋春伟主编，《丁石孙与中国数学》。新加坡：八方文化创作室，2017 年，第 27–28 页。

② 张恭庆：我的大学生活片段。见：丁伟岳，田刚，蒋美跃主编，《张恭庆的数学生活》。新加坡：八方文化创作室，2013 年，第 12–13 页。

些都促使他不断改进学习方法和提高对数学的认识。①

一年级张恭庆参加科学小组期间，程民德经常指定他阅读一些文章，让他阅读后报告。张恭庆往往由于事先考虑不周，以为读懂了，在报告时却临时发现自己在理解上存在纰漏。每次程民德都严肃地指出来。如果张恭庆能正确回答，就继续进行，否则就在黑板上"挂着"。挂了几次黑板后，张恭庆心里非常不是滋味，下定决心以后考虑问题必须仔细再仔细，不仅要把文章中各个步骤推导过程的理论根据都搞清楚，还要把省略的步骤全都补出来。从此，张恭庆改变了学习方法，逐渐养成了严密思考的习惯。

在一年级的寒假，张恭庆练习性地撰写了用双边有理序列建立实数的读书报告。在一年级下学期，张恭庆又给出了不用测度论的黎曼可积性充要条件的初等证明。这些习作都经过程民德逐字逐句的批改，使得张恭庆在数学推理的严密性上受到了难得的训练。②

1956 年 1 月 14 日，国务院总理周恩来在《关于知识分子问题的报告》中发出"向科学进军"的号召③，这极大地提高了北京大学数学力学系教师搞科学研究的积极性，也燃起了学生热爱科学的热情。随后，科学小组的活动在全系广泛扩展。当年数学力学系许多教师在北京大学"五四科学讨论会"都作了研究报告，科学小组的学生也组织了学生科学报告会，其中陈天权所作报告《非局部凸拓扑线性空间中的黎曼可积性》、张景中所作求解一个函数方程的报告，令人瞩目。这对张恭庆和其他同学起到启发和鼓舞的作用。④

在这样良好的学习条件和环境中，班级里学习好的同学都受到重视。大家的学习比较主动，不少同学积极找课外参考书来读。为了练手，1956年张恭庆开始写数学小文章，这使得他的自学能力和独立研究能力逐渐有

① 张恭庆访谈，2021 年 8 月 20 日，北京。资料存于采集工程数据库。

② 张恭庆：师恩：缅怀程民德老师。见：丁伟岳，田刚，蒋美跃主编，《张恭庆的数学生活》。新加坡：八方文化创作室，2013 年，第 290 页。

③ 周恩来：关于知识分子问题的报告。见：中共中央文献研究室编，《建国以来重要文献选编》第 8 册。北京：中央文献出版社，2011 年，第 33-35 页。

④ 张恭庆：我的大学生活片段。同②，第 12 页。

了提高。在学习过程中，张恭庆逐渐为数学高度的抽象性和严密的逻辑性所折服，朦胧地认为数学在理性科学中占有至高无上的地位。[1] 因此，他学习的积极性更高了。

　　然而，他求成心切，急于做些小题目。每当写成一篇，他都送去给程民德过目。由于同一水平的小文章写得太多，程民德看出了他的急躁情绪，便耐心找他谈话。在谈话中，程民德肯定了他的用功，鼓励他要多多学习，要目光远大。程民德说：只有把基础打宽、打深，才能做出比较像样的工作。他还进一步指出，做研究要沉得住气，"水到渠成"，只要功夫下够了，自然会做出好的成果来。这些都是程民德自己的治学经验，使张恭庆受益终生。[2]

　　从此张恭庆不再花时间去做那些没有多少新意的小文章，而是认认真真地读些重要的著作。从二年级下学期起，他读了刘斯铁尔尼克（Л.А. Люстерник）和索伯列夫（В. И. Соболев）的《泛函分析概要》（俄文版）、路密斯（Lynn H. Loomis）的《抽象调和分析引论》（*An Introduction to Abstract Harmonic Analysis*）的俄译本、施瓦兹（Laurent Schwartz，1915—2002）的《广义函数论》（*Théorie des Distribution*）第一卷，为日后学习泛函分析专门化作准备。

图 3-1　1997 年，张恭庆与程民德教授合影
（张恭庆提供）

---

　　① 张恭庆：信念与抉择。见：丁伟岳，田刚，蒋美跃主编，《张恭庆的数学生活》。新加坡：八方文化创作室，2013 年，第 2 页。

　　② 张恭庆：师恩：缅怀程民德老师。同 ①，第 290-291 页。

布尔巴基学派与波兰学派

随着学习积极性的提高和对数学认识的转变，张恭庆和几位同学已不满足于课堂教学内容，经常走访数学力学系的教师，了解数学的各个方面，还喜欢泡在图书馆里翻阅各种参考书。张恭庆从中了解到法国布尔巴基（Bourbaki）学派和波兰学派的事迹，对这两个学派产生了强烈的崇敬之情。

从 18 世纪下半叶至第一次世界大战前，法国长期居于世界数学主要中心的地位。第一次世界大战后，由于许多教授死于战争，法国数学衰落，发展濒于停滞，世界数学中心从法国转移至数学人才济济的德国。一些到德国与希尔伯特（David Hilbert，1862—1943）、诺特（Amalie Emmy Noether，1882—1935）、西格尔（Carl Ludwig Siegel，1896—1981）、阿廷（Emil Artin，1898—1962）等数学家接触过的法国年轻人，都认为应该把从德国学到的知识带回法国加以发扬光大。[①] 在这样的背景下，1935 年 7 月，一群法国青年数学家组织成立了讨论班，标志着布尔巴基学派的诞生。

布尔巴基学派的创始成员有韦伊（André Weil，1906—1998）、嘉当（Henri Cartan，1904—2008）、迪厄多内（Jean Alexandre Dieudonné，1906—1992）、德尔萨特（Jean Delsarte，1903—1968）、波赛尔（René de Possel，1905—1974）、谢瓦莱（Claude Chevalley，1909—1984）和埃瑞斯曼（Charles Ehresman，1905—1979）等。他们以初生牛犊不畏虎的精神，计划用三年时间写一部 2000 页的书，以阐明数学的基本原理。当时已有的许多书籍，由于没有统一的数学基础，在阐述上往往相互矛盾。他们认为整个数学应该重建在一套完备的基础上，新的论断也都应该建立在这些基础之上。因此，他们首先考虑的是基础结构，用非常一般的抽象方法，以

---

① Henri Cartan 撰，冯恭己译：我所知道的 Bourbaki。《数学译林》，1986 年第 3 期，第 234-238 页。

数学结构来分类数学理论，再一步一步考虑具体的发展。[①]

对于这部巨著《数学原理》（*Éléments de Mathématiques*）中的每一项内容，他们一般都要讨论五六次，等每个成员都满意以后，才能定稿。在讨论中，初稿有时被批得体无完肤，甚至被完全否定，然后让其他成员重新撰写。[②] 1939 年，他们以集体笔名布尔巴基（Bourbaki）出版了《数学原理》的第一部分《分析的基础结构》。在第二次世界大战中，布尔巴基学派的活动虽然规模变小，会议地点也不固定，但没有完全中断。战后，布尔巴基学派正常地展开了活动，其讨论班的规模越来越大。[③]《数学原理》的分册陆续出版，至张恭庆在北京大学数学力学系求学期间仍在继续，到 1975 年共出版 38 册。此后，《数学原理》几乎再没有新的作品问世。[④] 布尔巴基学派造就了一批优秀数学家，对法国和世界数学发展产生了巨大的影响。

波兰是一个东欧国家。自 1772 年起饱受列强压迫，科技事业走向衰落。第一次世界大战爆发后，随着 1915 年俄军退出华沙，以及华沙大学和华沙技术大学的创办，波兰的政治形势和科技事业有所好转。有海外留学经历的亚尼谢夫斯基（Zygmunt Janiszewski，1888—1920）、马祖凯维奇（Stefan Mazurkiewicz，1888—1945）和夕尔宾斯基（Waclaw Sierpinski）都执教于华沙大学。波兰学派分为两支：华沙学派和利沃夫学派。这三位数学家是华沙学派的创始人。

1918 年，亚尼谢夫斯基发表《波兰数学的需求》一文，强调"要把波兰的科学力量集中在一块相对狭小的领域里，这个领域应该是波兰数学家共同感兴趣的，而且还是波兰人民已经取得了世所公认成就的领域""对一个研究者来说，合作者几乎是不可少的"，并指出还需要办好一个有特

①　Henri Cartan 撰，冯恭己译：我所知道的 Bourbaki。《数学译林》，1986 年第 3 期，第234-238 页。

②　同①。

③　同①。

④　胡作玄：《布尔巴基学派的兴衰——现代数学发展的一条主线》。上海：知识出版社，1984 年，第 121 页。

色的自己的杂志。① 同年，夕尔宾斯基与亚尼谢夫斯基、马祖凯维奇牵头在华沙大学组织了一个讨论班。后来参加这个讨论班的萨克斯（Stanislaw Saks，1897—1942）、库拉托夫斯基（Kazimierz Kuratowski，1896—1980）、塔尔斯基（Alfred Tarski，1902—1983）和赞格蒙德等青年都成为知名数学家。② 1920年亚尼谢夫斯基、马祖凯维奇和夕尔宾斯基创办的期刊《基础数学》（*Fundamenta Mathematicae*）享有国际声誉。

利沃夫学派的创始人是巴拿赫（Stefan Banach，1892—1945）和施坦因豪斯（Hugo Dyonizy Steinhaus，1887—1972）。1929年创刊的《数学研究》（*Studia Mathematica*）是利沃夫学派主要发表泛函分析论文的专业数学期刊。巴拿赫与利沃夫学派的其他成员经常聚集在"苏格兰咖啡馆"里讨论数学问题。在讨论中，他们毫无保留地交流思想，探讨切磋，新问题不断被提出来。他们把问题记在咖啡馆的记事本上。这个记事本后来由巴拿赫的夫人保存下来并整理成《苏格兰文集》一书，里面许多问题至今没有解决。③ 巴拿赫和施坦因豪斯在泛函分析领域取得了举世瞩目的成就，他们的学生马祖尔（Stanislaw Mazur，1905—1981）、奥利奇（Wladytaw Orlicz，1903—1990）、绍德尔（Juljusz Pawel Schauder，1899—1943），对泛函分析也都作出了重大贡献。

20世纪20至30年代，波兰学派在拓扑学、泛函分析等领域成就斐然，人才辈出，促进了波兰数学的快速发展。

布尔巴基学派和波兰学派在数学上的卓著成就和爱国热忱是张恭庆推崇、敬佩这两个学派的原因之一。另一个原因是，布尔巴基学派发表成果都是集体署名，这种做法与张恭庆在北京大学求学期间，中央政府提倡的集体主义精神密切契合。此外，当时张恭庆虽然对数学的认识已有提高，但并未认识到布尔巴基学派创始成员立下的以数学结构来分类数学理论的雄心壮志并不现实，根本也没有尽头。

当时张恭庆推崇这两个学派的爱国热忱、独创思想、卓著成就、合作

---

① 张奠宙：《20世纪数学经纬》。上海：华东师范大学出版社，2002年，第77页。
② 同①，第76-78页。
③ 同①，第79页。

精神，认为这些是这两个学派奇迹般崛起的共同经验，中国要自立于世界数学之林，这些经验值得借鉴。[①] 受这些影响，1957 年大学三年级时，陈天权、张恭庆和志趣相投的同学刘景麟、龚光鲁等组织了一个以巴拿赫代数为主题的读书小组。陈天权讲过几次巴拿赫代数，张恭庆介绍过施瓦兹的《广义函数论》。但读书小组活动时间不长，1957 年 6 月反右派斗争开始后就自动解散了。

"白专"典型

张恭庆刚进大学的时候，不喜欢参加集体活动，在政治上属于偏"落后"的学生。不过，他的学习成绩在班里一直名列前茅，在年级里也是出了名的学习优秀的学生。1956 年 1 月，周恩来在《关于知识分子问题的报告》中发出"向科学进军"的号召后，北京大学数学力学系学术氛围非常活跃，班级里学习好的同学都受到重视。有一天，数学力学系的团组织安排了两位团员主动联系张恭庆，跟他谈入团的问题，启发他在政治上要求进步。张恭庆本来在思想上与系里的领导干部就没有隔阂，只是因为怕浪费时间，不愿参加集体活动，才被认为在政治上比较"落后"。如今学习好被认为是先进的，还得到团组织的重视，这使他对前途充满了希望，心中产生了加入青年团的愿望。1956 年 3 月 6 日，他提交了加入中国新民主主义青年团的申请书，稍后即加入青年团。后来，他被选为班长，负责班上的学习工作，经常为学习困难的同学辅导功课。

1957 年 4 月 27 日，中共中央发布《中国共产党中央委员会关于整风运动的指示》，整风运动在全国展开。按照文件的指示，这次整风运动坚决实行"知无不言，言无不尽；言者无罪，闻者足戒；有则改之，无则加

---

① 张恭庆：信念与抉择。见：丁伟岳，田刚，蒋美跃主编，《张恭庆的数学生活》。新加坡：八方文化创作室，2013 年，第 2 页。

勉”的原则，欢迎非党员参加，不得强迫，允许随时自由退出。① 对于这些，张恭庆不是很理解，也不认为这些与他们这些学生有什么关系，很快又回到"向科学进军"的境界中去了。

5月19日是个星期日，张恭庆和几个同学徒步游香山，下午回到学校时，突然看到大饭厅东墙贴出了一张大字报"是时候了"。从此，北京大学开始了势不可挡的大字报高潮和形形色色的政治辩论。从5月下旬直至6月初，北京大学"左""右"两派争辩激烈，旗鼓相当。张恭庆从未见过这种阵势，只是看、听、想，采取超然的态度。

6月8日，中共中央发出组织力量反击右派分子进攻的指示。② 同日，《人民日报》发表社论《这是为什么？》，开始对右派言论进行反击。③ 全国规模的反右派斗争就此开始。这场运动起初只是口头辩论，通过一些激烈行动把对立面的气焰打下去以后，一些人就被戴上了"右派"分子的帽子，从人民群众中划了出去。北京大学数学力学系1954级是重灾区，200多名学生中被划成"右派"的有40人；其中不少人还是当时的团干部、学习尖子或各方面的活跃分子，几天下来就都成了"反党""反社会主义"的敌人。面对这样残酷的现实，张恭庆情绪低落。

在"左派"和"右派"激烈争辩时，张恭庆和一些要好的同学都想逃避现实，趁着没有"斗争会"的夜晚，漫步在校园里，谈论文学、艺术，探索人生价值。托尔斯泰、车尔尼雪夫斯基、雨果、狄更斯等的作品，往往是他们讨论的内容。围绕着书中的情节，他们反复探讨真诚与虚伪、善良与邪恶、美好与丑陋等主题。张恭庆后来回忆："如果说我们此后在漫漫的长夜中良知没有泯灭，在绝地求生中牢牢地守住了底线，在无助的困境中没有放弃希望的话，那么在北京大学的这段心灵历程是有一定影响的。"④

进入1958年，反右派斗争尚未结束之际，"双反"运动在有些单位就已展开。3月3日，《中共中央关于开展反浪费反保守运动的指示》发布。

---

① 中国共产党中央委员会关于整风运动的指示。见：中共中央文献研究室编，《建国以来重要文献选编》第10册。北京：中央文献出版社，2011年，第198页。

② 中共中央关于组织力量准备反击右派分子进攻的指示。同①，第252-254页。

③ 这是为什么？《人民日报》，1957年6月8日第1版。

④ 张恭庆：大学时代。2021年8月14日，未刊稿。资料存于采集工程数据库。

该文件决定"以两个月到三个月的时间，在全国进一步普遍地开展反浪费、反保守、比先进、比多快好省地建设社会主义的运动"。[①] 由此，"双反"运动在全国大规模地展开。"双反"运动本来是一场"反保守、反浪费"的以促进经济建设为主题的运动，重点应该放在生产战线上。但事实上，这场运动发展成一场以知识界为重点的思想政治批判运动。当时的做法，一方面是对知识分子的"资产阶级思想"展开"拔白旗，插红旗"活动，一方面是知识分子自我批判的"交心运动"。[②]

当时北京大学党委书记、校长陆平说大学最大的浪费是培养了不符合国家需要的人才，国家的需要是"又红又专"的人才。他要求教师和学生就怎样对待"红"与"专"的问题向党交心。张恭庆虽然在反右派斗争中不积极，但历来都是听党的话的，跟班上的党员干部也没有对立情绪。于是，他老老实实地向党交了心，说自己在政治上要求不高，害怕斗争，只求能过得去就行；在业务上则有成名成家的思想。结果被定为"白专"典型，在全校受到批判。当时"白专"典型虽然不是"右派"，但在北京大学，与"右派"距离并不遥远。此后多年，"白专"典型就成为戴在张恭庆头上的紧箍咒。但他心底对数学的热爱之情从未熄灭。

1958 年"双反"运动开始后，北京大学数学力学系全系人员到十三陵去修水库，紧接着是"教育大革命"，"纯粹数学"被认为脱离实际，是无用的"伪科学"。[③] 8 月 20 日，《人民日报》报道了武汉大学把数学系党总支书记齐民友因不同意当时的极"左"提法而作为"白旗"拔掉的新闻[④]，强调数学必须联系实际[⑤]，在全国产生了很大影响。因此，北京大学数学力学系也要求数学的教学和科研都必须联系中国的生产实际。在系里，凡不

---

① 中共中央关于开展反浪费反保守运动的指示。见：中共中央文献研究室编，《建国以来重要文献选编》第 11 册。北京：中央文献出版社，2011 年，第 175 页。

② 当代中国研究所：《中华人民共和国史稿》第 2 卷（1956–1966）。北京：当代中国出版社，2012 年，第 60–61 页。

③ 郭俊玲：张恭庆——风檐展书一生读　古道颜色数学梦。见：张琳，孙战龙主编，《北大名师》。北京：北京大学出版社，2010 年，第 274 页。

④ 拔掉教育战线上的白旗。《人民日报》，1958 年 8 月 20 日第 7 版。

⑤ 驳倒数学教学的唯心论，武汉大学一场"百团大战"辩明数学必须联系实际。《人民日报》，1958 年 8 月 20 日第 7 版。

能联系当时中国生产实际的学科都下马。① 代数、几何、拓扑和泛函分析等专门化统统被取消；微分方程、概率统计、运筹、计算等有可能联系实际，才得以保留。张恭庆学的是泛函分析专门化。自上专门化课以来，政治运动和体力劳动一直搞得很紧张，他除了听课外，其余时间都被占满了，连复习的时间都没有。如今这个专门化课又被取消了，他一时接受不了，就和几位同一专门化的同学在宿舍里发了几句牢骚，被汇报上去，结果在全系大会上被点名批判。

1958 年秋，全国兴起"大跃进"运动。在这场运动中，张恭庆参加了许多体力劳动，如去修十三陵水库，到农村去参加"双抢""秋收"；也参加了全民大炼钢铁，校内的劳动就更为经常。

除劳动外，全年级数学专业的学生都按专门化分组参加联系实际的科研项目，有的去搞水坝计算，有的到火车站去搞物资运输调配，有的去建筑部门计算薄壳。张恭庆则被分配去参加物理系气象专业，搞降雨预报。为此，他抓紧时间学习了苏联柯钦（H. E. Кочин）、基别里（И. A. Кибель）和罗斯（H. B. Розе）合著的《理论流体力学》。在讨论确定数学模型和计算方案后，日日夜夜用手动计算机模拟计算某日某地的降雨量。后来系主任段学复认为群表示论在研究原子核结构中有用，让张恭庆和三位代数专门化的同学（其中一位是石生明）组成了一个近代物理组。这个组的成员除了学习原子核结构中用到的群表示论外，还曾到中国科学院数学研究所听了物理学家张宗燧、朱洪元、胡宁讲授的量子场论。作为补基础，他们在听课之余生吞活剥地自学了电动力学和量子力学。但因为学习时间很少，还经常因政治运动而中断，弄得苦不堪言。不过，这次听课的经历对张恭庆影响很大，他接受了量子力学和相对论的启蒙，深感数学与物理之间有着千丝万缕的联系，许多数学理论来源于物理的需要，而物理也离不开数学的精确表达，这些认识促使他在此后学习中重视物理。

当年在全国"敢想敢干"口号的鼓舞下，北京大学数学力学系提出要自行建造电子计算机，由系里的"专家"设计，让数学专业的高年级学生

---

① 张恭庆：永远怀念敬爱的关肇直老师.《系统科学与数学》，2019 年第 39 卷第 2 期，第 143 页。

充当劳动力。这些学生被分成许多组，有烧电阻、电容的，有外出跑材料的。为了建烤炉，张恭庆被分配去建窑烧砖。学校在北京大学东门外用砖块堆了一个小窑，张恭庆在那里白天黑夜烧砖。经过几个年级师生的多日奋斗，1959年数学力学系学习苏联仿制出了M-103电子计算机，作为"大跃进"的科研成果。

时间就在这些"轰轰烈烈"的群众运动中无声无息地度过了。毕业前，北京大学突然提出要恢复正常教学秩序，还要求毕业生都要有毕业论文。但是前两年都在搞政治运动和体力劳动，还批判了名利思想，毕业生用什么时间来写毕业论文？面对这种情况，数学力学系领导提出了应对的办法：搞实际应用项目的人，集体写个报告。鉴于张恭庆和三位代数专门化的同学只是去听量子场论的课，没搞实际项目，段学复就叫张恭庆去找物理系的胡宁教授要个论文题目来做。胡宁给了他们几个费曼（Feynman）图。计算完了，就算作了毕业论文。

第四章
留校工作后的蹉跎岁月

留 校 工 作

1959 年 7 月，张恭庆从北京大学数学力学系毕业。负责分配工作的干部告诉他们，这届毕业生只有三个去处——北京、内蒙古和黑龙江，号召大家到国家最需要的地方去。当时普遍的看法是：北京条件好，是最佳选择；黑龙江还有大城市哈尔滨，可以考虑；内蒙古条件最艰苦。在那个"政治第一"的年代，作为"白专"典型，张恭庆自知不可能有好去处，想想不如干脆到最艰苦的地方去，那里只要还有大学，就能继续研究数学，便在毕业分配志愿书上连填了三个"内蒙古"。

在等待分配期间，有一天，负责分配工作的年级负责人通知张恭庆准备去国家科学技术委员会（简称"国家科委"）报到。国家科委成立于1958 年，是政府统一管理和协调全国科学技术工作的部门。[①] 听了以后，

---

① 冯子标:《国民经济管理辞典》。北京：经济科学出版社，1989 年，第 225 页。

张恭庆以为国家科委是行政部门，到那里去这辈子可能就要离开数学去搞行政了，心情非常低落。

为了能够轻装上阵，张恭庆和同学们各自清理图书。他几次拿起法国数学家施瓦兹的《广义函数论》与匈牙利数学家里斯及其学生纳吉合著的《泛函分析讲义》俄译本准备处理，但又放下，实在舍不得。8 月下旬，正式分配方案下达，张恭庆与好友马希文都被留校了，这让他喜出望外。而他的好友陈天权、刘景麟和罗时健等都被分配到了内蒙古。为什么会有这样的变化，他一直都不知道。

张恭庆和马希文于 1959 年 8 月底一起办了入职手续，都被分在数学力学系工作，并且同住一间宿舍。

张恭庆留校工作后，被分配在数学分析与函数论教研室。教研室主任冷生明给他交代任务时强调，在搞好教学之前不要考虑做科学研究。冷生明主任的话仿佛给他泼了一盆冷水。但他没有争辩，还是积极地投入工作。开学第一周，新生劳动，张恭庆也跟班劳动；学生开会谈思想，他也参加。他的教学工作主要是担任数学力学系 1959 年入学新生的数学分析习题课 3 个班（计算数学专业 1 个班，力学专业 2 个班）的助教，主讲教师是闵嗣鹤教授。

闵嗣鹤（1913—1973），字彦群，1935 年毕业于北平师范大学数学系，1937 年任清华大学数学系助教，1945 年考取公费留学，在牛津大学的蒂奇马什指导下研究解析数论。由于在黎曼 Zeta 函数的阶估计问题上得到优异结果，1947 年闵嗣鹤获牛津大学博士学位。[①] 由于跟随闵嗣鹤做习题课助教，张恭庆与闵嗣鹤接触较多，觉得他是一位非常令人尊敬的人，学问好、有修养、待人宽厚。关于闵嗣鹤，张恭庆有如下回忆：

> 闵先生是数论大师，也是著名数论学家张益唐的师祖。1956 年在闵先生的指导下，潘承洞和尹文霖二人的毕业论文都达到了很高的水平，在北京大学数学力学系颇为轰动。1959 年秋，闵先生讲一年级数

---

① 潘承彪：闵嗣鹤。见：中国科学技术协会编，《中国科学技术专家传略·理学编·数学卷 1》。石家庄：河北教育出版社，1996 年，第 277-278。

学分析大课。那时我刚毕业随他当助教。闵先生讲课概念清晰，循序渐进，处处考虑学生的接受能力。……六十年代初，北京市搞数学竞赛，闵先生是主要命题人。有几次他要北京大学的几位青年教师（包括我）也参加。他往往能把我们几个人分别出的题目加以提炼、糅合，变成一个面目全非而又很有趣味的新问题，令人惊叹不已。[1]

留校第一个学期做助教期间，张恭庆每次上完数学分析习题课，都摸底挑出学习困难的学生进行个别辅导，晚自习时到学生宿舍去辅导和答疑。每周他还批改近 200 本作业。当时数学力学系有部分教师希望学点物理，因为张恭庆毕业前刚学过点量子场论，系主任段学复找到他，要他每星期六晚上给这些教师讲量子力学，他接受了这项任务。

面对超负荷的工作量，张恭庆尽力把工作做好，自认为做到了全心全意地为人民服务。不料，1959 年冬天在一次全系教师大会上，张恭庆又被领导突然点名，说他在批改学生习题本时，看到学习好的就高兴，看到学习差的就打大叉，搞"天才教育"。事实上，这纯粹是无中生有。张恭庆对于学习有困难的学生，总是逐个进行辅导，让他们尽快在学业上取得进步。但他当时不能辩解，心里很是委屈。

结婚生子，组建家庭

1959 年，张恭庆认识了文丽。文丽出生于 1935 年 12 月，安徽芜湖人。1954 年，她从安徽省芜湖女中高中毕业，考入南京大学数学天文系数学专业；1958 年毕业，被分配到北京大学数学力学系任教，先后在微分方程教研室和高等数学教研室担任物理类高等数学课的助教。张恭庆与文丽同一年考上大学，但因为那时南京大学的学制是 4 年，而北京大学数学专业从 1954 年秋

---

① 张恭庆：对第三次访谈提纲的答卷。2021 年 8 月 18 日，未刊稿。资料存于采集工程数据库。

季开始，为了学习苏联，改为 5 年制，因此张恭庆比文丽晚一年毕业。

1959 年，张恭庆正好与文丽都担任相同的社会工作——北京大学的校刊通讯员，他们常有机会一起开会。由于气质相投，共同语言较多，彼此逐渐有了好感，后来，张恭庆向文丽表达了爱慕之情，得到了文丽的同意。

1960 年春天，一股比 1958 年"教育大革命"更为凶猛的教育革命浪潮席卷北京大学。张恭庆因为在思想深处始终维护数学公理化的理论体系，在数学力学系召开的教育革命会议上经常受到批评和批判，这使得他的心理压力很大，非常郁闷。在那个爱读书被看成"白专"的年代，张恭庆只能向文丽吐露自己对数学追求的心声。文丽理解张恭庆的理想与志趣，总是给予支持。1961 年 4 月，全国经济严重困难，张恭庆被下放到十三陵人民公社劳动锻炼。因为看不到前途，他的心情非常低沉。这年文丽利用"五一"劳动节放假一天的机会，特地乘火车从北京大学到下放地点去看望张恭庆，当晚又赶回学校。这使张恭庆在精神上得到莫大的支持与鼓励。

1961 年 8 月，张恭庆结束了在十三陵人民公社的劳动锻炼。这年暑假，他带着文丽到上海与他的父母见了面。张子美和陈师周对文丽非常满意。文丽见到自己未来的公婆都很有修养，不由心生敬意。12 月 10 日，张恭庆与文丽在北京登记结婚。1962 年 2 月 2 日，他们在上海衡山饭店举行了婚礼。1963 年 3 月女儿张柯出生，1969 年 4 月儿子张坦出生。这样张恭庆有了四口之家。他和文丽的工资本来就不高，现在更加感到生活的窘困前所未有。

张恭庆从 1969 年 10 月下旬下放江西鲤鱼洲"五七"干校劳动锻炼，至次年 11 月回到北京大学后又不断下工厂劳动和开门办学，再到 1979—1981 年在欧美进修访问，这些年他经常不在家中，对儿女的培养和教育的重担全落在文丽肩上。文丽很会讲故事，她总能有声有色地把《安徒生童话》《格林童话》《一千零一夜》等书的故事讲给孩子们听。这些故事在孩子们幼小的心灵中播下了"善良"与"诚实"的种子。除此以外，张恭庆不在家时，因为孩子们还小，像换煤气罐这类重体力活，都由文丽独自完成。

张恭庆赴美国访问之前，由于政治运动的冲击、教育革命中不同任务的变更，使他始终没有一个固定的研究方向。他感觉如同打游击战一样，东放一炮，西打一枪，总是不能有长远的研究计划。这使他感到纠结与困

图4-1　张恭庆与家人合影（右起：张恭庆、儿子张坦、父亲张子美、母亲陈师周、女儿张柯、妻子文丽，照片由张恭庆提供）

惑。每当他有了一些想法后，就会和文丽商量，她会尽量从实际情况出发，为他提出可行的建议。

在张恭庆的日常生活和工作中，文丽是他最信赖的依靠和后方。1990年8月下旬，张恭庆应邀去意大利特伦托参加为尼伦伯格教授祝寿的"偏微分方程与相关论题会议"。在米兰转火车去特伦托时，张恭庆突然发现装有护照、讲稿和一些重要文件的提包被盗。他需要尽快补办一本新护照，为此必须要有中国官方对他的身份证明。而办理身份证明，只能请北京大学上报教育部，由教育部给中国驻米兰领事馆发急电。由于时差，当时北京正是半夜。想到次日一早文丽有课，张恭庆便先给一位同事打了国际长途，请他次日7时再打电话将此事转告文丽。文丽得知这个突然的消息后，先使自己镇静下来，通盘考虑事情如何进行。她想，首先要保证把早晨8点钟的大课上好，然后再去办事。当天上午刚上完两节大课，文丽就立即向北京大学有关部门报告了情况，请求紧急办理身份证明。结果前后不到24小时，张恭庆便得到了通知：去米兰领事馆补办护照。这一下子解了他的燃眉之急。

从 1958 年毕业至 1999 年退休，文丽在教学岗位上工作了 41 年，这期间她长期担任北京大学物理类和化学类高等数学课的主讲教师，1993 年晋升为教授。

20 世纪 60 年代初，北京市创建北京电视大学时，文丽曾被北京大学数学力学系派去担任高等数学课的主讲教师。改革开放初，为满足大众如饥似渴地学习科学知识的要求，教育部与中央电视台创办了中央广播电视大学。1984 年，文丽被北京大学数学系派往中央广播电视大学担任高等数学课的主讲教师。此后数年，每年由文丽对录像做微小修改后，再由中央广播电视大学重播她讲课的录像。中央广播电视大学覆盖面广，在全国影响很大。有一次，北京大学数学系有位教师从外地出差回来告诉文丽，他途经某地山间一座寺庙时，突然听到文丽的声音自内传出，深感诧异。进门一看，只见若干僧人正围坐在电视机旁，专心听着文丽讲授的高等数学课。

除了讲课，文丽编写了"大学基础数学自学丛书"中的《一元函数积分学》（上海科学技术出版社，1980 年出版），和吴良大编著了《高等数学（物理类）》上、中、下三册（北京大学出版社，上册和中册 1989 年出版，下册 1990 年出版）。她还翻译了《不等式入门》（北京大学出版社，1985 年出版）。由于教学工作出色，文丽于 1985 年 9 月获得北京大学年度教学优秀奖二等奖，1986 年 9 月被评为中央广播电视大学优秀主讲教师。

在张恭庆的人生中，与文丽结为夫妻，建立家庭，是他感到最为欣慰和幸福之事。2023 年 4 月，当回忆起他和文丽携手相伴 60 余年的往事时，张恭庆感慨地说：

> 文丽和我从相识、相知、结婚到现在，从青丝到白发，已携手相伴六十余年，共同经历过不少风雨，也有许多欢乐，往事回忆起来至今历历在目。她诚实善良、做事认真、头脑冷静，富有主见，是我的坚强后盾和精神支柱。[1]

---

[1]　张恭庆：结婚生子，组建家庭。2023 年 4 月 11 日，未刊稿。资料存于采集工程数据库。

图 4-2　2010 年，张恭庆与文丽在三亚留影（张恭庆提供）

现在，张恭庆和文丽的女儿和儿子都已立业、成家。女儿是首席统计程序员，儿子是大学教授，他们也已各自生儿育女。张恭庆的孙辈们都很自律和上进，也很愿意跟祖父母分享他们的学习和生活。多年来，他们祖孙三代视频不断，常有团聚，其乐融融。

动荡中的磨砺与探索

1960 年春天，在北京大学开展的"教育革命"中，学生被发动起来批判教学内容中的"唯心主义"和"形而上学"。这场运动以一些学习有困难的学生为主力，在数学力学系把矛头指向严格化的数学理论体系，把一些重要的理论说成是"故弄玄虚的伪科学"，还让尚未学过某门课的低年级学生来给高年级学生编写这门课的教材。当时在教学上要求教师每堂课都必须从生产实际需要出发来讲具体的数学概念和定理。达不到要求，就可能遭到批判。数学力学系基础课教学小组的成员按照"教改"要求,大课都在一起备。教师白天备课、上课、答疑、劳动,晚上参加"教改"运动,批判会经常从晚上八九点钟一直开到次日凌晨两三点钟。①

在这次"教育革命"中,作为数学分析课的主讲教师,闵嗣鹤受到了很大的压力,因身体原因难以再继续上课。于是,讲数学分析大课的任务落到张恭庆和其他几位助教身上。尽管早晨 8 点要上课,晚上张恭庆照样还是要去参加批判会。他虽然小心翼翼,尽量不发言,但可能因为是"白专"典型,所以经常在关键时刻被点名要求表态。他不善于掩饰,又不愿违心地说话,经常一不小心就被抓住"把柄",受到上纲上线的批判,弄得情绪很低落。他认真地阅读了有关数学的历史和阐述数学思想的书籍,包括由苏联亚历山大洛夫(А. Д. Александров)等数学家撰著的《数学——它的内容、方法和意义》②、法国数学家庞加莱(Jules Henri Poincaré,1854—1912)的《科学与假设》③等著作。通过阅读,使他认清了这场批判是违反科学的,更加不理解为什么要开展这样的运动。有一天张恭庆在路上遇到一位留校当干部的、平时很熟悉的同班同学,便问他:"原子弹都造出来了,怎么能说量子力学和微积分是伪科学?"那位同学严肃地回答他:"小心,别碰得头破血流!"于是,再开批判会时,张恭庆力求不发言,不得已时,则讲些不得要领的话,避其锋芒;但在他心里则更坚定了"数学是一切科学的基础"的信念。

闵嗣鹤患病后不久,丁石孙突然被派到数学分析教学小组,领导让他帮张恭庆改习题本。丁石孙是张恭庆的老师,这样做太伤害他了。张恭庆便建议把大课与习题课合并起来,大家轮流上,不要弄得太明显。这个时期,丁石孙也搬来和年轻教师一起住在未名湖畔的集体宿舍,只有周末工作做完以后才能回家。当时丁石孙的情绪很低沉,常独自一人神色迷茫地

---

① 张恭庆:丁石孙老师。见:陈大岳,许忠勤,宋春伟主编,《丁石孙与中国数学》。新加坡:八方文化创作室,2017 年,第 29 页;张恭庆:对第三次访谈提纲的答卷。2021 年 8 月 18 日,未刊稿。资料存于采集工程数据库。

② 亚历山大洛夫等著,孙小礼,赵孟养,裘光明等译:《数学——它的内容、方法和意义》第 1 卷。北京:科学技术出版社,1959 年。

③ 普恩加莱著,叶蕴理译:《科学与假设》上海:商务印书馆,1957 年。

在未名湖的岛亭周围散步。张恭庆同情他，但也只能在周末开完教学小组会后，悄悄地对他说："你快回家吧，剩下的事我们来做。"[①]

1960 年秋季，张恭庆的教学任务是为北京大学生物系一年级学生讲授高等数学大课。开学后不久，学校极"左"的狂热之风戛然而止。数学力学系领导讲话的调子也变了，要大家多注意休息，保存热量。这时商店里的商品少了，货架上空荡荡的；食堂里的肉类和豆制品几乎都没有了，每个人的粮食也都定量，经常饥肠辘辘。为了学生的健康，数学力学系领导要求尽量减轻学习负担，教师不用晚间再去学生宿舍辅导和答疑。

这时，张恭庆突然感到有自由时间可以认真读书、做研究了。他开始仔细阅读刚出版不久的苏联数学家盖尔范德、希洛夫（Г. Е. Шилов，1917—1975）所著《广义函数》的前三卷。他放弃了娱乐和休息，每天完成教学工作后，就钻进图书馆，试图找些题目来研究。晚上 10 点图书馆熄灯后，他回到集体宿舍再看一两个小时的书。那年北京的冬天特别冷，加上吃得少，身体缺乏热量，冷得难熬，他就把杯子倒满热水，焐手取暖。

到了 1961 年春天，张恭庆的科研工作有了苗头。他先是看到 1958 年泰勒（John G. Taylor）在《物理年刊》（*Annals of Physics*）上发表的论文《色散关系与施瓦兹广义函数》（Dispersion Relations and Schwartz's Distribution），讲的是色散关系与因果律的联系。[②] 他发现这篇论文的证明有一个漏洞，便补上了，这可以算作一个小成果。在他读了盖尔范德、希洛夫的《广义函数》前三卷后，发现杂志上有人研究了施瓦兹类广义函数的埃尔米特（Hermite）级数展开，他就研究盖尔范德－希洛夫 S 型广义函数类的埃尔米特级数展开，得到了 S 型广义函数的一个表示定理。应该说，后者是有一定学术价值的。

就在此时，张恭庆突然接到通知：一周后下放十三陵人民公社，劳动锻炼一年。他担心劳动回来后会把这些日子辛苦研究出来的结果忘了，便

① 张恭庆：丁石孙老师。见：陈大岳，许忠勤，宋春伟主编，《丁石孙与中国数学》。新加坡：八方文化创作室，2017 年，第 29 页。

② John G. Taylor. Dispersion Relations and Schwartz's Distribution. *Annals of Physics*，1958，5（4）：391-398.

在出发前的一个星期，夜以继日地把这两个成果合成一篇论文写了出来，连行李都没有来得及整理。当时发表论文必须要有单位证明信，他担心去找系领导开证明信会招来批判。无奈之下，他趁着到中国科学院数学研究所关肇直家辞行的机会，把论文交给了他。

关肇直拿到张恭庆的论文后，找了北京大学数学力学系副主任程民德。程民德就到数学力学系办公室为张恭庆开了单位证明信。这篇论文实际上是在匆忙之中由两个不同主题的文章拼接起来的，关肇直和程民德建议将它按不同主题分为两篇，由他们共同推荐到中国数学会的《数学学报》发表。此外，程民德还帮助张恭庆修改了论文的英文摘要。后来这两篇论文相继于 1962 年和 1963 年在《数学学报》发表。[①] 尽管这两篇论文得到的都是些一般的结果，但它们的发表对在数学研究上尚是初学者的张恭庆是很大的鼓励。

在批判"白专"道路的年代，给张恭庆开单位证明信发表论文是很有压力的。为此，程民德对张恭庆进行了"红专"关系的教育，要他多关心国家大事，多关心集体工作。张恭庆发现程民德跟他谈话时，常常语塞，不断地清理着喉咙，用词也十分谨慎。张恭庆感受到程民德在批评之中留有余地，既不让他有太大的压力，又担心他由于"政治问题"而影响前途。张恭庆明白这是在当时的政治气氛中程民德给予他的最大帮助，因而深受感动。[②]

张恭庆是在 1961 年 4 月到十三陵人民公社劳动锻炼的。与他一起去的下放干部由北京大学数学力学系和无线电系的教职员组成，领队是数学力学系的江泽培。他们先在十三陵大宫门大队干农活。不久，张恭庆就被调到十三陵人民公社所在地泰陵园，担任检查各大队生产任务完成情况的统计员。公社地处十三陵地区，大队之间都是山路，不能骑自行车，人们只能一个山头一个山头地走。公社食堂每天开两顿饭，晚饭下午四点钟就

---

① 张恭庆：色散关系的广义函数证明。《数学学报》，1962 年第 12 卷第 3 期，第 266–272 页；张恭庆：S 型空间的广义函数论与展论。《数学学报》，1963 年第 13 卷第 2 期，第 193–203 页。

② 张恭庆：师恩．缅怀程民德老师。见：丁伟岳，田刚，蒋美跃主编，《张恭庆的数学生活》。新加坡：八方文化创作室，2013 年，第 293 页。

开，张恭庆回来吃饭时，食堂粥里的米粒差不多已快被捞完了。几天下来，他的两条腿就软得站不起来，走路迈不动步子。后来，他被调到山后的锥石口村。这个村山清水秀，张恭庆在此心情较为舒畅。下放时，他悄悄地带了两本书，一本是《遍历理论》(*Ergodic Theory*)，一本是《杜甫诗选》。这两本书都是小册子，可以插在衣服兜里，每当只有他一个人的时候，就拿出来看。

图4-3　1962年，张恭庆在北京留影（张恭庆提供）

张恭庆这次下放劳动锻炼并没有持续太久。1961年8月的一天，他突然接到北京大学数学力学系的通知，要他回系教课。系里给他安排的任务是二年级数学分析3个班的习题课，改4个班的习题本。于是张恭庆又回到了教学岗位。

1962年初，全国政治形势有了好转，知识分子政策得到了落实。1月11日—2月7日，中共中央在北京召开了扩大的工作会议。这次会议被称为"七千人大会"，主要任务是总结新中国成立12年来特别是1958年以来的工作经验，统一全党的认识，加强团结，加强纪律，加强民主集中制，加强集中统一，以迅速扭转国民经济困难的局面。这次会议虽然未能从根本上纠正"左"的指导思想，但对纠正实际工作中"左"的错误、贯彻执行调整的方针、促进国民经济恢复和发展起了重大作用，对发扬党内民主、开展批评与自我批评有很好的影响。[①]

继"七千人大会"之后，1962年2月16日—3月12日，国家科委在广州召开了全国科学技术工作会议，史称"广州会议"。会议原定的主题是研究讨论《1963—1972年科学技术发展规划》制订的有关问题，但也讨论了调整党和知识分子的关系问题。参加会议的310位科学家和中央各部委、各省市自治区主管科学技术的领导干部100余人。[②]国务院副总理、国家科委主任聂荣臻主持会议。2月16日，他在大会开幕式讲到会议的开

① 中共中央文献研究室：《毛泽东思想形成与发展大事记》。北京：中央文献出版社，2011年，第755页。

② 薛攀皋，熊卫民：《科研管理四十年——薛攀皋访谈录》。长沙：湖南教育出版社，2017年，第268页。

法时提出，在讨论工作问题的时候，对于不同的意见，一不戴帽子，二不打棍子，三不抓辫子。① 到会科学家发言踊跃，提出许多批评和建议。中国科学院声学研究所的马大猷在会议第二天物理组的讨论中提出："昨天聂总报告'三不'，不扣帽子，可是我们头上就有一顶大帽子——资产阶级知识分子。如果凭为谁服务来判断，那就不能说我们还在为资产阶级服务。如果说因为有资产阶级思想或思想方法是资产阶级的，所以是资产阶级知识分子，那么脑子里的东西，不是实物，是没法对证的。这个问题谁能从理论上说清楚？"嗣后，马大猷的发言登在发给全体与会人员的简报上，引起了很多人的共鸣。②

针对这个意见，聂荣臻、周恩来、陈毅先后在会上着重讲了知识分子问题。周恩来在讲话中说："十二年来中国大多数知识分子已有了根本的转变和很大的进步。"陈毅受周恩来嘱托，作了为知识分子"脱帽加冕"的讲话。他说："你们是人民的科学家、社会主义的科学家、无产阶级的科学家，是革命的知识分子，应该取消'资产阶级知识分子'的帽子，今天我给你们行'脱帽礼'。"③

张恭庆听了关于广州会议精神的传达，很受鼓舞。按领导要求，每位青年教师都必须制定读书和做研究的进修计划，在这个良好的政治氛围中，张恭庆一面认真教学，一面抓紧时间多学些数学前沿知识并着手开展研究工作。当时他想：如果老是在文献中找小题目做，那就像打游击战一样，终非长久之计，总要有个长远的科研目标才好。考虑到自己没有读过研究生，缺少在一个专题上系统研读文献的训练，急需补上这个环节。经过与关肇直商量，他选定以"微分算子特征值问题"为题，写一篇相当于研究生毕业论文的文章。他查找了数十篇有关这个题目的前沿论文，经过一年多时间的学习和消化，完成了一篇综合性文章《本征展开的一般理论》。关肇直仔细审阅了全文，提出了许多宝贵的修改意见，还寄给国内

---

① 吴明瑜，杨小林：《科技政策研究三十年——吴明瑜口述自传》。长沙：湖南教育出版社，2015 年，第 102−103 页。

② 同①，第 103 页。

③ 樊洪业：《中国科学院编年史：1949-1999》。上海：上海科技教育出版社，1999 年，第 139-140.

几位泛函分析界的教授审阅，听取他们的评论。最后经关肇直推荐，1964年该文在《数学进展》上发表。[①]这篇文章是从泛函分析角度研究偏微分算子的谱理论，为此张恭庆学习了不少有关偏微分方程的理论。

在接触到偏微分方程理论时，张恭庆感到自己在硬分析方面还需要下功夫。1962年（或1963年）他又去参加程民德主持的调和分析讨论班，正好这时陈天权从内蒙古大学回到北京大学来随程民德进修。这样，张恭庆与陈天权又有机会在一起学习。在这个讨论班上，陈天权报告了法国数学家马尔格朗热（Bernard Malgrange）在布尔巴基讨论班（*Séminaire Bourbaki*）上发表的关于Calderón–Zygmund奇异积分算子的综合介绍；张恭庆报告了1960年瑞典数学家赫曼德尔（Lars Hörmander）发表于国际著名数学刊物《数学学报》（*Acta Mathematica*）的论文《平移不变算子在L^P空间中的估计》（Estimates for Translation Invariant Operators in L^P Spaces）[②]；邓东皋则报告了比利时–美国数学家施坦英（Elias M. Stein）的多变量的调和函数理论等。后来张恭庆回忆说："陈天权、我和邓东皋报告了近代调和分析的最基本文献。这在当时应该说是很前沿的。"[③]

1963—1964年春，张恭庆和钱敏、姜礼尚、李翊神等还组织了一个泛函分析与偏微分方程讨论班，主要是由张恭庆报告广义函数论和法国数学家利翁斯（J. L. Lions）的《微分与算子方程的边值问题》（Equations Differentielles et Operationnelles Problems aux Limites）。后来又报告了偏微分方程的一些其他内容，如苏联数学家拉德仁斯卡娅（O. A. Ladyzhenskaya）的平面不可压缩流体的运动（二维Navier–Stokes方程）等。中国科学院数学研究所的田方增、丁夏畦等研究人员每周都来参加。这时张恭庆的兴趣已经越来越靠近偏微分方程了。

1964年8月，张恭庆参加了中国数学会在长春吉林大学组织召开的第一届全国泛函分析学术会议。其间张恭庆向江泽坚、夏道行等几位年长的

---

① 张恭庆：本证展开的一般理论.《数学进展》，1964年第2期，第172–205页。

② Lars Hörmander. Estimates for Translation Invariant Operators in L^P Spaces. Acta Mathematica，1960，104（1）：93–140.

③ 张恭庆：回忆资料。2021年8月23日，未刊稿。资料存于采集工程数据库。

学者请教如何开展研究的问题。他那时只是一名助教，一个初学者，在会上提交了一篇与调和分析讨论班主题有关的论文《高阶抛物型方程 L^2- 估计》。这一工作虽然不在会议的主流上，但受到了偏微分方程界王柔怀教授的重视。会后王柔怀邀请他留下一周，一起讨论高阶抛物型方程的 L^p- 估计问题。对于张恭庆来说这是千载难逢的学习机会，当然欣然接受。事实上，他和王柔怀都用了 Mihlin–Hörmander 乘子定理作内估计。在边界估计方面，王柔怀事实上已有不少进展。讨论了两天，第三天早上张恭庆刚到王家时，就被告知头天晚上王柔怀想到了一个巧妙应用 Hilbert–Hardy 不等式解决边界估计的办法，说完就把写下的草稿纸给他看。张恭庆认真地阅读了一遍，确认没有问题。当他离开长春时，王柔怀要与他联名发表。张恭庆认为自己对于文章没什么贡献，执意推辞。两人争执多次，王柔怀一直坚持己见。回到北京后，张恭庆又请北京大学数学力学系一位年长的老师萧树铁出面给王柔怀写了封信，说明张恭庆还年轻，以后还有机会向王先生学习，待真有贡献时再署名不迟。从此，张恭庆非常佩服王柔怀的学识和人品，把王柔怀作为他在偏微分方程方面的领路人。1965 年，张恭庆在国外期刊上发现了 Kohn–Nirenberg 关于伪微分算子理论的开创性文章。这是综合泛函分析、奇异积分算子理论与线性偏微分方程先验估计理论的重大成果。他觉得可以以此为研究偏微分方程理论的入门之径，便立即写信向王柔怀报告，很快得到了王柔怀的支持。张恭庆觉得，下面的路怎么走似乎逐渐明朗起来。

图 4–4　1964 年 8 月 9 日，中国数学会第一届全国泛函分析学术会议代表合影（前排左 6 关肇直，后排左 5 张恭庆，照片由张恭庆提供）

然而，早在 1963 年中共中央在全国城乡就开始了社会主义教育运动。这是一场规模较大的政治运动，又称"四清"运动，内容是清政治、清经济、清组织、清思想[①]。当时这场运动对全国科技事业也造成了冲击。1964年 1 月，北京大学开始派一些人到农村搞"四清"运动。数学力学系派的人有丁石孙、周民强、姜伯驹、林振宝等。[②] 张恭庆与系中大部分教师都仍在正常进行教学工作。

　　1964 年秋天，中央派工作组到北京大学领导"四清"运动。张恭庆预感到平静的生活快要结束了，于是抓紧时间做研究。他花了不少精力完成了一项与调和分析讨论班主题相近的工作《算子半群与 Besov-Taibleson 空间的内插性质》。从"大跃进"到"四清"运动这段岁月里，张恭庆只在很短的时期内能够系统地读书，研究工作也刚开始，但新一轮政治运动的冲击又使这些努力前功尽弃了。

　　1965 年 8 月下旬，张恭庆接到通知，到河北省正定县城关公社参加"四清"运动。去之前，他赶紧把论文稿件《算子半群与 Besov-Taibleson空间的内插性质》交给了老师程民德，请他指导。1966 年 4 月张恭庆由正定县撤回北京大学时，程民德也下乡去参加"四清"了。再等到程民德回到北京大学，"文化大革命"开始，还有谁可能去关心这篇稿件的下落。数年后，张恭庆偶然在 1967 年出版的国外期刊上发现法国数学家格里斯瓦尔德（P. Grisvard）发表了类似的结果。感慨之余，他想起幼时读过的一段课文："窗前一只蜘蛛，一口一口地吐着丝，慢慢地结成了一张网。一阵风吹来，网破了。蜘蛛又继续一口丝一口丝地吐着……"[③]

　　北京大学数学力学系的许多教师都参加了这场农村"四清"运动，同去的还有高年级学生，他们分散在正定县各个公社，张恭庆所在的是城关公

---

　　① 农村社会主义教育运动中目前提出的一些问题（中共中央政治局召集的全国工作会议讨论纪要，一九六五年一月十四日）。见：中共中央文献研究室编，《建国以来重要文献选编》第 20册。北京：中央文献出版社，2011 年，第 20 页。

　　② 丁石孙，袁向东，郭金海：《有话可说——丁石孙访谈录》。长沙：湖南教育出版社，2017 年，第 112 页。

　　③ 张恭庆：信念与抉择。见：丁伟岳，田刚，蒋美跃主编，《张恭庆的数学生活》。新加坡：八方文化创作室，2013 年，第 3 页。

社。"四清"队由解放军、地方干部和学校师生组成,组长是 63 军的一位师政治部主任徐洲。除张恭庆外,来自北京大学数学力学系的还有教师袁守诚、沈燮昌、陈怀惠、吴良芝,高年级学生李树芳。组长徐洲是一位很有经验的解放军干部。他充分调动大家的积极性,张恭庆在他的领导下,积极投入,努力工作。

张恭庆刚到这个"四清"队时,贯彻的政策是 1963 年 5 月毛泽东主持制定的《关于目前农村工作中若干问题的决定(草案)》,即"前十条"。后来"四清"的政策改为王光美的《关于一个大队的社会主义教育运动的经验总结》,即"桃园经验";以及 1964 年 9 月中共中央修改的《关于农村社会主义教育运动中一些具体政策的规定(草案)》,即修改的"后十条"。根据这两个文件,"四清"运动批斗范围扩大,除了批斗贪腐干部外,还大抓地主、富农、反革命分子和其他坏分子。在经济困难时期,许多人出去做小买卖,在这次运动中都被说成是"投机倒把"。最后,又以 1965 年 1 月 14 日中共中央印发的《农村社会主义教育运动中目前提出的一些问题》为"四清"的政策。这份文件因内容有 23 条,被简称为"二十三条"。"二十三条"明确提出:"这次运动的重点,是整党内那些走资本主义道路的当权派,进一步地巩固和发展城乡社会主义的阵地。"[1] 因而,一般群众中的问题就不搞了。张恭庆与其他"四清"队员在最基层,一切听从上级指示与安排,主要工作是联系群众,调查情况,整理材料,同时也和群众一起劳动。

1966 年 3 月,河北邢台发生地震。正定县离邢台不远,有强烈的震感,一些破旧的房屋摇摇欲坠。上级要求除老弱病残者外,其他村民晚间都转移到室外田野上睡觉。有一段时间,张恭庆和其他"四清"队员在村子里日夜守护着没有转移的人员,必要时进入室内把他们背出房屋。有一次,张恭庆还和几位"四清"队员在正定县城内一座据说是南北朝时盖的古塔下开会,地震突发,古塔左右摇晃,塔周喷出陈年尘土,像是一条土龙,

---

① 农村社会主义教育运动中目前提出的一些问题(中共中央政治局召集的全国工作会议讨论纪要,一九六五年一月十四日)。见:中共中央文献研究室编,《建国以来重要文献选编》第 20 册。北京:中央文献出版社,2011 年,第 17—27 页。

突然数层塔楼轰然倒下，他们幸好没被砸中。

由于毕业班的学生要进行毕业教育，1966 年 4 月北京大学要求数学力学系的全体师生撤回学校。当时数学力学系已迁至十三陵附近的昌平分校（又称 200 号）。张恭庆被安排到昌平分校给五年级泛函分析专门化学生讲授傅里叶分析。每周一，张恭庆乘坐学校的班车到昌平分校，周六再搭班车回家。

风云突变与彷徨

1966 年 5 月 16 日，中共中央政治局扩大会议通过了"五一六通知"，这标志着中国开始进入"文化大革命"时期。5 月 25 日下午 2 时许，北京大学哲学系党总支书记聂元梓和宋一秀、夏剑豸、杨克明、赵正义、高云鹏、李醒尘在学校大饭厅东墙上贴出了题为《宋硕、陆平、彭珮云在文化大革命中究竟干些什么？》的大字报，点了北京市委大学部副部长宋硕，北京大学党委书记兼校长陆平、党委副书记彭珮云的名字，攻击他们是"三家村"黑帮分子，"负隅顽抗，妄想坚守反动堡垒"，以"加强领导，坚守岗位"的指示来破坏"文化大革命"。[1] 6 月 1 日晚上，中央人民广播电台播放了这张大字报的全文。[2] 随后，北京大学领导机构瘫痪。面对这样的政治形势，张恭庆不知所措。他想：形势越不明朗越不能说话，只能多听、多看。

6 月 4 日，中共北京市委派出以张承先为首的工作组到北京大学领导"文化大革命"。[3] 先是批斗陆平"黑帮"，随后以揭"阶级斗争盖子"的方式展开运动。数学力学系全系师生被安排到昌平分校去搞揭发、批

---

① 北京大学七同志一张大字报揭穿一个大阴谋："三家村"黑帮分子宋硕陆平彭珮云负隅顽抗妄想坚守反动堡垒。《人民日报》，1966 年 6 月 2 日。

② 丁石孙，袁向东，郭金海：《有话可说——丁石孙访谈录》。长沙：湖南教育出版社，2017 年，第 119 页。

③ 张树军：《图文共和国年轮》第 2 册。石家庄：河北人民出版社，2009 年，第 1038 页。

判。作为系领导，程民德是运动揭批的重点对象。张恭庆所在的数学分析与函数论教研室的教师都被认为是程民德的"嫡系"，遭到铺天盖地的大字报围攻。张恭庆也被多次点名，说他是"白专"典型、受到程民德的重用，在批判程民德的几次大会上，他也常被捎上几句。好在张恭庆经历过反右派斗争，又刚参加过"四清"运动，还能够沉着应对。只是发生的这些事情让他感到：有些人总想利用政治运动来达到自己不可告人的目的。

7月26日晚，此时数学力学系师生又已从昌平分校回到本校，中央文革小组在北京大学东操场召开的大会上突然宣布撤销工作组。次日，数学力学系在学生二食堂召开全体师生大会，选举系文化革命委员会。7月28日晚，数学力学系教师董怀允在宿舍内自缢身亡。董怀允毕业于清华大学数学系，毕业后留校任教，1952年全国高等学校院系调整时调入北京大学数学力学系任教。[①] 他曾是张恭庆大学一年级数学分析习题课的老师，经常和张恭庆等学生谈数学。后来他曾担任过高等数学教研室主任，还被抽调到学校去担任理科科研的管理工作。7月28日上午张恭庆见到董怀允时还特意告诉他，外文书店来了一本他关注的新书。但万万没有想到当天晚上会发生那样的事。董怀允的去世对张恭庆震动很大。

1966年8月1—12日，中共八届十一中全会在北京召开。会议通过《中国共产党中央委员会关于无产阶级文化大革命的决定》，正式确认了"文化大革命"的指导方针。[②] 会议结束后，全国出现了红卫兵运动，北京大学校园也不例外。但在北京大学教师队伍中，张恭庆尚属青年，没有历史问题，学问上也不够当权威，更没有当过干部，所以不是运动的对象。每天上班时，他到教研室去"天天读"，读《毛主席语录》《毛泽东选集》等，刻蜡版传抄中央首长讲话；有时还下周边农村去参加体力劳动或在校内打扫卫生，当一名"革命群众"。

此后，形势愈来愈乱，一直发展到武斗。张恭庆和教研室部分教师

---

① 唐逸民：未名湖，我心中永远的痛——怀念我的舅舅董怀允。见：孙兰芝等主编，《告别未名湖》2。北京：九州出版社，2014年，第518—519。

② 巢峰：《毛泽东思想大辞典》。上海：上海辞书出版社，1993年，第1012页。

就当起了"逍遥派"。他利用空闲时间读了一些过去想读而没有时间读的数学书，仔细地慢慢品读，还写了不少笔记。这样做并没有任何具体目的，只是为了消遣，也是一种逃避现实的方式。因为他不知道，这个运动还要进行多久、国家将走向何方、运动后学校会怎样，他感到前途渺茫，心中苦闷。

1968年7月27日，工宣队进驻北京大学。9—12月，在工宣队领导下，北京大学开展了"清理阶级队伍"运动。当时规定全体教师按教研室集中住进集体宿舍。数学力学系数学分析与函数论教研室的闵嗣鹤、庄圻泰等老先生也与包括张恭庆在内的青年教师合住一室。每个教研室都有学生进驻，由工宣队领导，一天三段都要在一起学习与批判。

张恭庆和妻子文丽不在同一教研室，晚上分住不同的男女宿舍，女儿随文丽住。张恭庆和她们只有在食堂吃饭时才能见面。当时文丽已怀有二胎，为了让女儿早晨在家里喝到热牛奶，她每天早晨都急匆匆地骑着一辆自行车，带着女儿从北京大学水塔旁的下坡路顺势冲下，吓得路人躲让不及。"清理阶级队伍"运动期间，张恭庆更加小心谨慎，一切都随大流。一天之中他唯一的安慰就是在食堂吃饭的时候能看见文丽和女儿。

干 校 生 活

1969年3月，中苏边防部队在黑龙江省珍宝岛等地区接连发生武装冲突，双方多人伤亡，顿时战争阴云密布。[1] 北京大学的"清理阶级队伍"运动略有缓和。10月18日，中央军委副主席、国防部长林彪发出了"一号命令"[2]，要求加强战备。此后，全国备战的气氛愈来愈浓。北京大学学生陆续

---

① 陈扬勇：新中国成立后毛泽东对战争与和平的思考和应对——读《毛泽东年谱（1949-1976）》。见：毛泽东思想生平研究会，中央文献研究室第一编研部，《从〈毛泽东年谱（1949-1976）〉看中国道路》。北京：中央文献出版社，2017年，第379页。

② 雷勇：《慈云桂传》。长沙：国防科技大学出版社，2018年，第225页。

毕业离校。除少数教师因老弱病残、政治上特别可靠或需照顾子女等原因留下外，10 月下旬，数学力学系其他教师被一分为三离开校本部：数学专业教师下放江西南昌鲤鱼洲"五七"干校，"接受贫、下中农再教育"去建农场；计算数学专业教师到昌平分校建造计算机；力学专业教师到陕西汉中 653 基地（北京大学汉中分校），从此力学专业从数学力学系分离出去。①

按照规定，张恭庆下放到鲤鱼洲"五七"干校。他和其他下放的教师出发前被告知：要有一辈子留在农场当"鲤鱼洲老祖宗"的准备。由于第二个孩子才半岁，妻子文丽暂留北京，准备待农场有条件后再去。当张恭庆正准备去鲤鱼洲"五七"干校时，突然肾结石急性发作，送医院治疗，未能随大队同行。一周后，他的病情稍缓，便只身带了 40 服中药赶赴江西，开始了一年战天斗地的干校生活。鲤鱼洲"五七"干校的所有成员均按军事编制。北京大学数学力学系在鲤鱼洲"五七"干校的人员被编在 4 连，每人都是"五七"战士，连队的指导员是 8341 部队的干部。

在干校的集体生活中，全体人员都睡大通铺，个人没有一点隐私，一周中最多只给半天时间处理个人"生活问题"。其余时间一切行动都听从指挥。夜间常搞战备演习，睡到半夜突然大喇叭里吹起集合号，人们快速套上衣鞋，随着队伍，在没有一丝光亮的田埂上漫无目的地跟随前面的脚步奔跑。年轻人身体素质较好，腿脚灵活，还能跟上前面的步伐；老年人身体衰弱，行动缓慢，跟上很吃力。有一次老教授徐献瑜就掉下了田埂，把脚崴了。

鲤鱼洲"五七"干校的生活极为艰苦，劳动相当重。张恭庆刚到鲤鱼洲时，那里是一片荒滩，他们的衣食住行全靠双手。上百人住在一间大草棚内，下雨时草棚漏雨，冬天草棚被寒风吹透。在伙食上，除粮食充分供应外，没有副食，不仅数月不知肉味，前半年连蔬菜都很少见，一直到半年后，才自力更生种出少量蔬菜，长期以盐泡蒜头（以盐为主）就米饭为

---

① 北京大学数学学科创建百年庆典筹备委员会，北京大学数学学科创建百周年筹备工作小组编：《北京大学数学学科百年发展历程（1913-2013）》。北京：北京大学数学科学学院（内部交流），2013 年，第 28 页。

餐。在干校，除了参加政治学习、"斗私批修"外，主要就是劳动。农闲时打柴、修路、搬运、修堤；农忙时育种、灌水、插秧、收割。"双抢"①时，他们一夜只能睡三四个小时，夏天睡觉时顾不上蚊虫疯狂叮咬，倒头就睡。张恭庆参与了种水稻的全过程，从育秧到收割，再到颗粒归仓。和他在一起的北京大学数学力学系教授廖山涛喂过猪，程民德一直在养牛。

鲤鱼洲"五七"干校的劳动既艰苦又危险。1969年秋冬之际，农忙已过，张恭庆和教研室的青年教师们组成打柴班，每天拖着一只木船沿着湖岸，外出打柴。收工时，把柴火装到船上，再把船拉回住地。12月下旬的一天，他们正把满载柴火的小船沿着湖边往回拉时，遇到了强劲的逆风，难以前行。只能留下两人在船上把舵，其他人都下水沿岸边，像纤夫一样拉船前行。当时大雨倾盆、寒风凛冽，岸边湖底尚有苇根、荆棘为阻，顶风逆行了三个多小时，才把船拖回驻地。

1970年8月7日，张恭庆和连队里其他部分教师的经历更为惊心动魄。这是一个炎热的夏日。天不亮，他们就起床，行军到十余公里以外同在鲤鱼洲的清华大学农场，支援插秧。大田早已放满了水，田垄边堆放着待插的秧苗，人们分为两拨，多数人下田插秧，剩下的用扁担和箩筐到秧田去起秧、运秧。中午前后，天气异常闷热。人们疲惫不堪，但仍强打精神，一边插秧，一边呼喊口号："下定决心，不怕牺牲，排除万难，去争取胜利"，并不停地喝水，不停地出汗。午间酷热，有人中暑，有人虚脱，剩下的人继续弯着腰，一撮一撮地把秧苗往水田里插，一直忙到下午六点。尽管太阳尚未西沉，但人们早已精疲力竭。收工的口哨吹响了，人们正准备撤离时，突然天色大变，晴空飘来好几片怪异的云朵，顿时云层好像着了火一般，黑云之间透露出炽热的光芒，呈现出一幅恐怖的天象。

眼见暴风雨将临，领队紧急吹哨集合整队返回。但因为有数名中暑病号，又考虑到人们已劳累了十四五个小时，北京大学农场派船来接。于是

---

① 中国南方种双季稻，此时在同一块田上，先抢收，后抢种。

队伍扛着红旗，朝鄱阳湖畔码头行进。张恭庆则肩挑装有饭盆、水杯的箩筐尾随于队。突然天昏地黑，狂风大作，飞沙走石迎面而来。红旗被吹跑，队伍被吹散，身体站不直，双眼睁不开。猛然又从侧面吹来一股狂风，把张恭庆连人带箩筐吹到路旁一个简易大砖房的边上。这是安置刚招来第一批工农兵学员的临时住房。顾不上箩筐，他本能地往屋里躲，突然一声巨响，犹如重磅炸弹爆炸，巨大冲击波瞬间便把砖房震塌。他慌忙从窗口爬出。外面下着倾盆的大雨，天上响起震耳的雷鸣，打着耀眼的闪电，空气中夹杂着微弱的人声。周围一片漆黑，只有狂风暴雨、惊雷闪电，似乎到了世界末日。

为防止尖端放电，张恭庆和其他人不顾旁边的深水泥潭，紧紧趴在地上，一动不动。他们这样持续了将近一个小时，渐闻人声呼叫。原来砖房里还睡着新来的学员，他们被砸压在倒塌的屋顶之下，身负重伤，痛苦呻吟。此时，张恭庆他们听到：有呼唤救命的，也有高喊口号"一不怕苦，二不怕死"的。又过了半个多小时，雨渐小，风渐弱，闪电渐稀，雷声渐远，他们起身在风雨中赶忙救人，把压砸在人们身上的砖墙挪开并将伤者转移到较为安全的地带。又持续了一个多小时，带队的人打着手电，把人群聚集起来列队走向码头，只见北京大学农场派来接人的船早已被飓风刮到岸边，几经冲撞，已砸成几块碎片。人们顾不得一天的劳累，又列队赶夜路走回北京大学驻地。一路上张恭庆在想：如果我们早几分钟到达码头并已登舟，也许此时都已随破船沉溺湖底，北京大学数学力学系也就……①

在夏日汛期，鄱阳湖水位高出鲤鱼洲十余米，如若堤坝冲塌，全洲居民将尽喂鱼鳖，所以农业"双抢"季节，鲤鱼洲"五七"干校的战士们白天要在大田劳动，晚上还要挑灯护堤。此外，身处血吸虫疫区，在水田工作的人们随时都有被感染的风险。事实上，张恭庆此时已被感染，患上了血吸虫病。

---

① 张恭庆：文革浩劫。2021 年 8 月 23 日，未刊稿。资料存于采集工程数据库。

返 校 工 作

1970 年 11 月，鲤鱼洲"五七"干校领导宣布：廖山涛、张恭庆、滕振寰、石青云等几位北京大学数学力学系[①]教师从干校结业，回北京大学参加"斗、批、改"教育革命。这是张恭庆连做梦都没想到的事，而让他最高兴的是能和家人团聚了。

此前，北京大学军宣队、革命委员会与清华大学党委、军宣队、革命委员会于 1970 年 3 月向中共中央提交了《北京大学、清华大学关于招生（试点）的请示报告》（简称《请示报告》）。5 月 27 日，北京大学和清华大学又联合提出了《北京大学、清华大学招生（试点）具体意见（修改稿）》，其中在学生条件中规定，招收具有三年以上实践经验、年龄在 20 岁左右、有相当于初中以上文化程度的工人、贫下中农、解放军战士和青年干部，还要招收一些有丰富实践经验的工人、贫下中农。6 月 27 日，中共中央批准了《请示报告》。[②] 此后，北京大学数学力学系招收了第一批工农兵学员。

张恭庆由鲤鱼洲"五七"干校回到北京大学时，这一批工农兵学员已经入校，正需要这些被抽调回来的教师上课。他兴冲冲地到数学力学系"教改"组报了到。"教改"组由王卫华、邓东皋主持，他们告诉张恭庆：数学力学系虽已招生，但培养目标、课程设置等都不明确，要到社会需求中去探索。

当时要去"探索"是有相当难度的。"大跃进"时代，数学就因"理论脱离实际"而遭到批判；"文化大革命"开始，北京大学数学力学系又有不少教师认为学数学没有前途。此时压倒性的意见是认为除了计算数学

---

① 自 1969 年力学专业分出至 1979 年更名为数学系，北京大学数学力学系实际仅有数学专业。

② 中共中央关于北京大学、清华大学招生（试点）的请示报告的批示（1970 年 6 月 27 日）。见：陈大白主编，《北京高等教育文献资料选编：1949 年–1976 年》。北京：首都师范大学出版社，2002 年，第 934–935 页。

外，其他数学都没有用；还有人认为应该把数学力学系改办成自动化系或信息系，甚至取消数学力学系。

正当他们一筹莫展之际，传来了华罗庚普及和推广统筹法、优选法颇有成效，很受中央重视的消息。一天下午，段学复带领邓东皋、张恭庆到华罗庚家去"取经"。华罗庚向他们展示和宣读了毛泽东肯定和鼓励他的信，接着就建议他们和自己一起推广优选法。

段学复回到北京大学向工宣队领导汇报后，工宣队并不同意，认为"我们是要搞教育革命，不是去做成果推广"。当时"六厂二校"[①] 的经验被作为"斗、批、改"经验的典型在全国推广。[②] 1971 年，工宣队派张恭庆到"六厂二校"中的北京化工三厂去。一方面，让他继续接受工人阶级的"再教育"；另一方面，让他一边推广优选法，一边探索教学改革的路。北京化工三厂地处北京东南郊，因为工厂离家太远，张恭庆便住到工厂的工人集体宿舍。他跟着工人们一天三班倒：跟一个班参加劳动，再跟一个班的时间学习与推广优选法，剩余 8 小时睡觉。一天之中，他的工作时间长达 16 个小时。

推广优选法时，遇到的实际问题很复杂，往往不能直接用 0.618 来解决。张恭庆有时用统计分析，有时用多因素优选法，有时用正交设计方法，有时综合起来运用，解决了不少与生产有关的数学问题。在北京化工三厂的日子里，张恭庆过得比较愉快。一来，他不需要参加学校的运动。二来，工人们看他劳动时不怕苦、不怕累，并不把他看成需要改造的资产阶级知识分子。尤其是当他们看到张恭庆能用数学方法帮他们解决一两个实际问题时，更愿意在北京大学领导的面前表扬他，给他减轻了不少政治压力。三来，也是张恭庆最看重的，工人们从不认为张恭庆看书是"名利思想"。在这种情况下，张恭庆利用推广优选法的时间读了几本最优化的

---

① 指北京新华印刷厂、二七机车车辆厂、南口机车车辆机械厂、北京针织总厂、北京北郊木材厂、北京化工三厂，以及清华大学和北京大学。

② "六厂二校"经验，指进驻这些厂、校的 8341 部队和首都工人毛泽东思想宣传队的经验。参见张树军主编：《图文共和国年轮》第 2 册。石家庄：河北人民出版社，2009 年，第 1236 页。

新书。[1]

那个时期，北京大学接受了一些与数学有关的国家任务，这些任务大都以计算的形式下达。张恭庆的政治条件不够，没资格参加。有一次在劳动休息的时候，数学力学系教师滕振寰对张恭庆说，他们接受了一个国家任务，要通过确定几十个参数来设计一条曲线。他们已经在电子计算机上算了几个月，但总是达不到要求。他请教过几位老教授，一直没能找到好办法。他问张恭庆有没有确定许多参数的好办法。张恭庆把他的问题弄清楚后，考虑了几天，建议他把这个问题换一个提法试试看：先提成一个逼近问题，再转换成一个极小极大问题，最后转化为数学规划问题（最优化问题的一种），这样就可以用标准程序去计算了。滕振寰和其他参与这项任务的同事按此建议去做，果然算出了满意的结果，顺利地完成了这项任务。几年以后，在1976年春天，张恭庆忽然接到通知，要他去外地某单位用半个月时间专门介绍这个方法，培训那里的技术人员。

这件事促使张恭庆重视计算方法，也促使他到北京的一些工厂中寻找最优化问题，并萌生了找机会到电子计算机上去算题的想法。在北京大学，由于上级领导要求搞"开门办学"，教师要带领学生到工厂去，边参加生产劳动边学习，还要求课程与工厂的生产劳动相结合，不能搞"课堂搬家"。这对于数学学科是相当困难的。数学力学系"教改"组要求系里下工厂的人提出具体建议。为此，张恭庆找到了北京608厂。这是一家光学工厂，前身是北京眼镜二厂[2]，1972年更改为608厂[3]。厂内有一个全国电影镜头会战组，集中了全国光学界的主要设计力量，搞电影光学镜头设计。当时国际上光学镜头都采用自动设计，也就是根据对镜头提出的各个指标的合理要求，让计算机自动计算出每个镜头的参数。这是一个典型的最优化问题，必须用电子计算机计算。张恭庆向会战组负责人作了自我介

---

① 张恭庆：回顾我的数学研究工作。见：丁伟岳，田刚，蒋美跃主编，《张恭庆的数学生活》。新加坡：八方文化创作室，2013年，第28-29页。

② 郭景云：《中国电影电教办公机械指南》。秦皇岛：机械工业部秦皇岛视听设备技术研究中心（内部交流），1986年，第1页。

③ 北京市经济委员会编辑处：《北京工业43年大事记（1949年-1991年）》。北京：北京出版社，1992年，第182页。

绍，了解到会战组已有一位程序人员按照国际上通用的方法编制了程序，他们正希望有数学方面的人能从方法上帮助提高。张恭庆向学校"教改"组作了汇报，经过段学复和邓东皋的同意，1972 年春张恭庆被派到会战组上班。

当时除了数学方法外，张恭庆几乎什么都不懂，不懂光学设计，不懂 algol 语言，不会编程，连一台成型的电子计算机也没见过。他虚心向会战组的专家学习，细心琢磨，认真研究，勇于实践，在学会编写程序以后，开始向使用者了解对于程序的要求以及已有程序的缺陷。他逐渐形成了编制一种人机互动程序的想法：把设计中的一些硬指标要求作为约束，称为"墙"，而一些软指标要求作为在约束条件下优化的目标。优化目标达到后，通过人的介入，"墙"可以逐步推进。以此基本思想设计算法，并将其称为"围墙法"。程序编成后，就要通过上机作计算检验。学校给他开了政审证明，可以到中国科学院计算技术研究所的"109 乙"大型通用晶体管计算机上计算。不过那时程序编完后，还要在纸带上穿孔，在机器上检查，每次只能申请到 5~10 分钟的上机时间，一个星期最多也就轮到一两次。北京大学数学力学系又派来计算数学专业的孙绳武教张恭庆在纸带上穿孔，在计算机上调试。中国科学院计算技术研究所三室的姚伟民也经常帮张恭庆在计算机上操作和检查错误。调试程序往往需要花费很多的等待时间。这时张恭庆就利用中国科学院计算技术研究所和数学研究所在同一幢大楼办公的便利，抽空到数学研究所图书馆去看书。后来北京大学数学力学系的姜伯驹、石生明也加入了会战组，与张恭庆一起组成了一个最优化小组。"围墙法"的程序运转后，又经过设计人员在使用中的实践和多次修改，最终被正式推广使用。

会战组对最优化小组的工作非常满意。除了编制"围墙法"程序外，还要求他们进一步把目标函数从对几个像差做评价，改为以综合的 $W(Z, Y)$ 与 M.T.F 做评价。1973 年初，最优化小组又应会战组的要求，编写了《最优化方法》和《Fourier 分析及其在光学中的应用》等讲义，并在北京 608 厂举办了讲习班。作为"开门办学"的一个举措，1974 年 10 月底至 11 月初，这个小组被邀请到中国科学院长春光学精密机械研究所去参加全国光学交流会。

1974 年，张恭庆回到学校数学力学系，承担 1974 级工农兵学员的教学任务。一直到 1976 年，他讲授过数学分析、数理方程、最优化方法等课程。在最优化方法课程中，他将编写的《最优化方法》作为讲义的一部分。

恢复理论研究

1971 年"九一三"事件后，北京大学在鲤鱼洲"五七"干校的教师陆续回到学校，学校继续招收工农兵学员，教学秩序逐渐恢复。自 1972 年 7 月起，国务院总理周恩来多次在不同场合，提醒要注意基础科学的教学和科研工作。[①] 7 月 2 日，周总理在会见美籍华人物理学家杨振宁时，对杨振宁提出的目前在中国应加强基础理论研究和交流的建议表示赞同。7 月 14 日，周总理会见正在中国参观、探亲的美籍华人学者参观团[②] 和美籍华人学者访问团全体成员。在谈话中，周总理提出应在马克思主义世界观指导下，在广泛实践的基础上，加强国内自然科学基础理论研究工作。同时，周总理再次称赞杨振宁不久前提出的关于应加强基础理论研究和交流的意见，并对参加陪同的周培源说：你回去要把北京大学理科办好，把基础理论水平提高，这是我交给你的任务。有什么障碍要扫除，有什么钉子要拔掉。[③]

周培源时任北京大学革命委员会副主任，是学校的一位负责人。1972 年 10 月 6 日，周培源在《光明日报》发表文章《对综合大学理科教育革

---

① 樊洪业：《中国科学院编年史：1949-1999》。上海：上海科技教育出版社，1999 年，第 212-213 页。

② 团长是美国约翰斯·霍普金斯大学应用物理学研究中心副主任、微波物理学家任之恭，副团长是美国麻省理工学院流体力学、天文物理学家林家翘。

③ 中共中央文献研究室：《周恩来年谱（1949-1976）》下卷。北京：中央文献出版社，2020 年，第 520-524 页。

命的一些看法》。文章指出："在学校中基础课的教学工作一定要做好，这是最根本的""在整个国家计划中花在基本理论研究上的力量只能给较小的比重，但综合大学理科要对基本理论的研究给予足够的重视"。①

周总理的指示和周培源的这篇文章，使我国还想从事自然科学基础理论研究的人看到了一线希望，张恭庆也很受鼓舞。但周总理的指示和周培源在此文中提出的意见在北京大学并未广泛落实。张恭庆明显地感到中国科学院和北京大学的反应不同。中国科学院各研究所都恢复了原来的基础研究，而在北京大学数学力学系，只宣布廖山涛关于微分动力系统研究是基础理论研究，其他人则继续搞实际任务。

1973 年春在毛泽东、周恩来等国家领导人的支持下，邓小平主持全面整顿，全国出现了新气象。张恭庆从事光学设计的同时，自己也在业余开始恢复数学的理论研究工作。他到中国科学院图书馆查阅了"文化大革命"前关注过的伪微分算子理论的有关文献，抽时间开始了这方面的研究。运用当年在程民德主持的调和分析讨论班上学过的知识，他经过半年多时间写成《伪微分算子的 L^p 连续性》（On the L^p Continuity of the Pseudo-Differential Operators）一文。程民德帮他将这篇论文投稿到刚复刊的《中国科学》，于 1974 年发表。②

尽管论文发表了，但北京大学数学力学系只是把它当作张恭庆的业余活动，并没有认同他就此可以从事基础理论研究，但也没有批判。他的教学工作、与工厂联系、继续探索教育革命的任务一项也没减少，相反地，由于联系实际，与外界接触多，一些工厂、研究所以及一些实际部门的科技人员经常向他请教各种数学问题。开始时，他还来者不拒，后来实在应接不暇，连正常的生活和休息都不能保证。张恭庆一直希望有一天领导在教学工作之外，能让他也以基础理论研究为主要任务。然而现实并不如愿。在发表了一篇伪微分算子的文章以后，他便去调研这个理论的研究动态，发现国际上这方面的研究进展很快，十年过去了，早已今非昔比；尤

① 周培源：对综合大学理科教育革命的一些看法.《光明日报》，1972 年 10 月 6 日第 1 版。

② Chang Kung-ching. On the L^p Continuity of the Pseudo-Differential Operators. Scientia Sinica，1974,17（5）：621-638.

其是文献资料缺乏，还只能抽业余时间来搞研究，追不上了。于是，他放弃了继续研究伪微分算子理论的念头。

正在此时，张恭庆偶遇中国科学院高能物理研究所的何祚庥。他和黄涛正在为中国物理学家提出的基本粒子的层子模型建立理论基础而发展复合场理论。何祚庥向张恭庆介绍了他在复合场理论方面的工作，并提出了一个数学问题，希望张恭庆能帮助解决。张恭庆在大学毕业前曾到中国科学院数学研究所学习过量子场论，后来他又曾顺着这条路读过一系列数学物理方面的文献，包括怀特曼（A. S. Weightman）、哈格（Rudolf Haag）、吕埃勒（David Ruelle）、格利姆（J. Glimm）和贾菲（A. Jaffe）等人的关于"公理化量子场论"的文章，知道其中涉及很多分支的数学理论，特别是泛函分析、多复变函数论与群表示论。[①] 于是，为了回答何祚庥的问题，张恭庆利用公理化量子场论的框架，写了一篇《复合场的渐近场论》作为何祚庥和黄涛工作的数学基础，投寄《数学学报》，于 1976 年发表。[②]

事实上，张恭庆沿着这条路线一直追踪到"构造性量子场论"，他很想了解国内物理学界对于这个方向的看法。"文化大革命"后期，他结识了中国科学院物理研究所同辈人中的于渌、霍裕平、郝柏林等对数学有兴趣的物理学家，在与他们交谈中向他们请教，结果发现他们对构造性量子场论并不关心。有一次杨振宁到北京大学演讲，张恭庆趁机递上一张纸条，问其如何看待格利姆和贾菲的构造性量子场论。杨振宁并不认为那些工作对物理学家有多大影响。后来，张恭庆又去请教彭桓武，彭老对此更是毫无兴趣。于是张恭庆认为，数学和物理两方面都不支持的研究方向在国内当时那种环境下是不会有前途的，也就下定决心不再关心构造性量子场论方面的进展了。

"文化大革命"后期，由于政治运动不断反复，张恭庆又对前途感到迷茫。有一次，他向关肇直情绪低落地说，自己这辈子不大可能有机会搞理论研究了，不如多读些书。关肇直安慰他说，多读书当然好，但有机会

---

① 张恭庆：回顾我的数学研究工作。见：丁伟岳，田刚，蒋美跃主编，《张恭庆的数学生活》。新加坡：八方文化创作室，2013 年，第 31 页。

② 张恭庆：复合场的渐近场论。《数学学报》，1976 年第 19 卷第 1 期，第 12—29 页。

还是要做。还鼓励他说，不一定老要跟着别人，要做自己的东西，要有独创精神。这些话对张恭庆很有启发。[①]

当时中国科学院物理研究所在建造受控热核装置。科研人员中庆承瑞原是北京大学技术物理系的教师。她和几位科研人员在设计计算中需要数值求解一个非线性偏微分方程，但因常常不收敛来找张恭庆讨论。1974 年下半年，张恭庆把数学模型搞清楚以后，发现这是一个自由边界问题，用简单的迭代方法求解很难收敛。这个方程在参数的一个范围内有一个解，但在参数的另一个范围内可能有两三个解。这个理论上的结论对于计算很有帮助。

为了把理论分析严格写出来，张恭庆想起了关肇直的话，不去跟随当时国际上对待自由边界问题采用变分不等式的套路，而是跟随自己突发的灵感：为什么不把这个自由边界问题化为带间断非线性项微分方程的固定边值问题去处理呢？凭借自己的泛函分析基础和偏微分方程知识，张恭庆花费了几个月时间写成文章，于 1976 年初以简报形式《等离子体磁面方程自由边界问题的解》投寄《科学通报》，于同年发表[②]；随后又以《带间断非线性项的椭圆型方程的多重解》为题，将全文投寄《中国科学》，于 1977 年发表。[③]后来张恭庆和姜礼尚在研究石油开发中的稳态水锥问题时，也把这个自由边界问题类似地化归为带间断非线性项的椭圆型方程去处理。这样一来，张恭庆下一步的研究方向也就明确了：针对这类问题系统发展出相应的泛函方法。

1976 年 5 月 3—27 日，根据中央批准的 1976 年中美交流项目，以中国科学技术协会名义接待的美国纯粹与应用数学代表团对中国进行了访问和专业考察。代表团共 11 人，其中有 9 位数学家，团长是美国科学院副

---

① 张恭庆：永远怀念敬爱的关肇直老师。《系统科学与数学》，2019 年第 39 卷第 2 期，第 143 页。

② 张恭庆：等离子体磁面方程自由边界问题的解。《科学通报》，1976 年第 5 期，第 225–227 页。

③ 张恭庆：带间断非线性项的椭圆型方程的多重解。《中国科学》，1977 年第 5 期，第 415–430 页。

院长、芝加哥大学数学教授麦克莱恩（S. MacLean）。[①] 5 月 7 日和 8 日，代表团访问了北京大学。北京大学安排张恭庆、周培源和黄永念（合作）、李学增（代表计算专业 1971 级工农兵学员冲击波计算组）、应隆安和郭仲衡（合作）向代表团作了学术报告。张恭庆所作报告是《关于等离子体平衡方程自由边界问题的多重解》。[②] 当时"文化大革命"尚未结束，张恭庆能被安排去作报告，表明了在政治上组织对他的信任，同时，在科研上他在北京大学也崭露了头角。

---

① 1976-04-0024，美国纯粹及应用数学代表团访华接待计划（附美国纯粹及应用数学代表团成员名单）。见：接待美国纯粹与应用数学代表团访华专卷。存于中国科学院档案馆。

② 中国科学院档案列有这次北京大学向美国纯粹与应用数学代表团所作报告的人员和题目，其中除这 6 人外，还有廖山涛。但代表团在这次访问后撰写的报告中介绍了这 6 人的报告，未提及廖山涛的报告。由此可推测，中国科学院的这份档案应是事先的人员和报告安排，但当日廖山涛未作报告。参见 1976-04-0024，北京大学向美国数学团作的学术报告题目。见：接待美国纯粹与应用数学代表团访华专卷。存于中国科学院档案馆；Anne Fitzgerald, Saunders Maclane. Pure and Applied Mathematics in the People's Republic of China：A Trip Report of the American Pure and Applied Mathematics Delegetion. Washington D. C.：National Academy of Sciences，1977：27-59.

第五章
从迎来人生转折点到初访欧美

迎来人生转折点

1976 年 1—9 月，周恩来、朱德、毛泽东相继去世，举国悲痛。10 月 6 日，在决定中国前途和命运的关键时刻，华国锋、叶剑英等代表中共中央政治局对"四人帮"实行了隔离审查。[①] 由此，"四人帮"垮台，"文化大革命"结束。党和国家机构转入正常运行，教育、科技、文化工作重新走向正轨。中国历史从此揭开了崭新的一页。

"四人帮"垮台前，在"批邓、反击右倾翻案风"的运动中，中央政治局于 1976 年 4 月 7 日通过决议撤销了邓小平的党内外一切职务。[②] 1977 年 5 月 12 日，即将复出的邓小平约见中国科学院党的核心小组副组长方毅和李昌时，指出实现现代化，关键是科学技术要上去，为此，要尊重知

---

① 当代中国研究所：《中华人民共和国史稿》第 3 卷（1966-1976）。北京：当代中国出版社，2012 年，第 282-303 页。

② 同①，第 333 页。

识，尊重人才。7 月 16 日邓小平正式复出，任中共中央副主席、国务院副总理等职务，分管科技和教育工作。① 8 月 8 日，他在科学和教育工作座谈会上强调：

> 就今天的现状来说，要特别注意调动教育工作者的积极性，要强调尊重教师。我国科学研究的希望，在于它的队伍有来源。科研是靠教育输送人才的，一定要把教育办好。我们要把从事教育工作的与从事科研工作的放到同等重要的地位，使他们受到同样的尊重，同样的重视。②

张恭庆看到新中国政治形势的明显好转，党和国家重新重视教育和科研工作，便放心大胆地从事渴望已久的数学理论研究了。经过冷静思考，他认识到："'文革'前关注过的许多问题有的已经解决，有的经多年发展已经望尘莫及，而我对非线性偏微分方程的研究才刚刚起步，有些想法还可以继续，因此不妨先沿着这条路走下去。"③ 于是，他抓紧时机去发展带间断非线性项的偏微分方程的理论。他不仅与姜伯驹合作发展集值映射串的拓扑度理论，与姜礼尚合作研究石油开采中的稳态水锥的自由界面问题，还陆续将当年文献中使用其他方法研究的一些自由边界问题纳入这个框架，以凸显这个理论的特色。他在原有的泛函分析和偏微分方程理论基础上，凭着一股勇气和突发的灵感，把自由边界吸收到非线性项中去，由此独立地走出了一条研究一类自由边界问题的新路径，发展出了一套新的理论。

1978 年 3 月 18—31 日，全国科学大会在北京召开。在 3 月 18 日的开幕式上，邓小平作了重要讲话，讲了对科学是生产力的认识问题、关于建设"又红又专"的科技队伍问题、在科学技术部门中怎样实现党委领导下的分工负责制问题。这次大会提出"向科学技术现代化进军"的战略决策，确立了"科学技术是生产力"的论断，明确了绝大多数知识分子是工人阶级的

---

① 樊洪业：《中国科学院编年史：1949-1999》。上海：上海科技教育出版社，1999 年，第 239-241 页。

② 关于科学和教育工作的几点意见（一九七七年八月八日）。见：邓小平，《邓小平文选（一九七五～一九八二）》。北京：人民出版社，1983 年，第 47 页。

③ 张恭庆：赴美进修。2021 年 9 月 1 日，未刊稿。资料存于采集工程数据库。

图 5-1　1977 年，张恭庆一家在北京大学西校门合影（张恭庆提供）

一部分。[①]中央委员会主席华国锋在大会上发出"要极大地提高整个中华民族的科学文化水平"的号召。[②]在 3 月 31 日的闭幕式上，有 826 个先进集体，1192 个先进个人，7657 项优秀科技成果的完成单位和个人受到表彰，体现了党和国家在行动上对广大科技工作者的尊重和关怀。[③]这次大会充分调动了广大科技工作者的积极性。随后，全国兴起科教兴国的热潮。

在全国科学大会表彰的科技成果中，张恭庆的《等离子体磁面方程自由边界问题的解》、他与姜礼尚合作的科研成果《稳态水锥的自由边界问题》，获得全国科学大会奖。令他十分激动的是，1978 年在北京大学举行的 80 周年校庆大会上，学校负责人周培源突然宣布："张恭庆、姜伯驹、裘锡圭由助教破格提拔为副教授。"4 月 29 日，北京大学教师职称评议委员会和北京大学革命委员会在"提升张恭庆为副教授的意见"中，对张恭庆的教学和科研工作给予了较高的评价：

---

① 袁振东：1978 年全国科学大会：中国当代科技史上的里程碑。《科学文化评论》，2008 年第 5 卷第 2 期，第 37-56 页。

② 华国锋：提高整个中华民族的科学文化水平（一九七八年三月二十四日在全国科学大会上的讲话）。《人民日报》，1978 年 3 月 26 日。

③ 同①，第 52-53 页。

自 76 年起，在"带间断非线性项椭圆型方程及其应用"方面，他自己发表了一篇（论文——作者注），与姜伯驹合作论文两篇（即将发表），与姜礼尚合作论文一篇（即将发表），运用泛函分析和拓扑学来解决这一类问题，建立了具有自己特点的方法，得到了重要的理论结果，达到了世界先进水平。部分结果在受控热核装置设计中得到了应用，并解决了石油开发中提出的某些问题，这项工作在科学大会上受奖。[①]

获得全国科学大会奖与被破格提拔为副教授，张恭庆事先都不知情，因而都是他的意外之喜。这两件事在他的人生中具有特殊意义：它们使得多年来套在他头上的"白专"典型的紧箍咒瞬间湮灭。从此，他迎来人生的转折点。

1978 年 8 月，复旦大学谷超豪教授发起并组织在四川成都峨眉山举办的全国现代偏微分算子学术会议。[②] 张恭庆应邀参加并作了学术报告。会后，他和部分参会者从山脚徒步登上了三千多米高的金顶。站在峨眉山之巅，乌云过后，天空下起了一阵雨。雨过天晴，一抹彩虹挂在天边，像一束七彩的大环由这边的山升起，到那边的山落下。放眼望去，连绵山脉尽在脚下，巍巍壮观，幻如仙境。张恭庆的心情豁然开朗。

图 5-2　1978 年，张恭庆和姜伯驹被越级提拔为副教授后合影（资料来源：《人民画报》1978 年第 8 期）

---

① 36001，高等学校确定与提升教师职务名称呈报表。见：干部人事档案。存于北京大学档案办公室。

② 张剑，锻炼，周桂发：《一个共产党人的数学人生：谷超豪传》。北京：中国科学技术出版社，2014 年，第 298 页。

赴 美 进 修

"文化大革命"结束后，为了加快实现现代化的步伐，缩小在科技方面与发达国家的差距，中国急需大量高级科技人才。由于国内科技水平落后，只有大量派遣人员（尤其是具有一定专业水平的科技人员）到科技发达的国家学习，由他们归国后担当科技工作的重任，才能尽快提升中国科技水平，使中国早日实现现代化。1978 年全国科学大会后，中共中央十分重视对外派遣留学生问题。6 月 3 日，邓小平作出指示：

> 我赞成留学生的数量增大，主要搞自然科学。留学生的管理方法也要注意，不能那么死。跟人家搞到一块，才能学到东西。这是五年内快见成效，提高我国水平的重要方法之一。要成千成万地派，不是只派十个八个。教育部研究一下，花多少钱值得。……
>
> 现在我们的格格太小，要千方百计加快步伐，路子要越走越宽。我们一方面要努力提高自己大学的水平，一方面派人出去学习，这样也可能有一个比较，看看我们自己的大学究竟办得如何？①

为了落实邓小平的指示，7 月 11 日教育部在初步摸底的基础上，就 1978 年选派留学生的人数、来源、选拔方法和条件，派往国家、派出留学生所学专业的原则、留学生出国前和出国后期回国学习的安排意见，以及关于留学生管理机构的问题，向国务院副总理方毅和邓小平呈送了报告。②

然而，对于派遣本科生出国留学，许多著名科学家、大学教师和一些外籍学者纷纷表示反对。主要理由有三个：一是外国大学本科的教学水平并不比国内学校高，本科的内容在国内可以学到；二是花钱太多，培养一

---

① 邓小平同志谈清华问题时关于派遣留学生问题的指示。见：李滔主编，《中华留学教育史录：1949 年以后》。北京：高等教育出版社，2000 年，第 365 页。

② 教育部关于加大选派留学生数量的报告。同①，第 366-369 页。

个留学生的费用相当于国内培养二三十个大学生的费用；三是大学生年纪轻，对资本主义影响的抵抗力较低。国家科委常务副主任蒋南翔认为这些情况是存在的。他在1978年8月12日写给邓小平和方毅的报告中提出："今后在一般情况下，派遣留学生以研究生和进修人员（包括教师、工程师、科研人员）为主是应该的。这样做，费用省，见效快，更为有利。"邓小平表示同意。[①] 8月18日，教育部在呈送给邓小平的关于派遣出国留学生工作的请示中说明了当年应大大压缩派出大学生的比例，将派遣的重点放在进修生及研究生上的方针。[②] 1979年和此后几年，我国留学生的派遣工作遵循了这一方针。1979年8月6日，教育部、外交部、国务院科技干部局在呈送国务院的关于改进出国留学人员工作的请示报告中，指出："留学人员的学习方式，以进修人员和研究生为主，从1981学年起逐步加大研究生的派出人数。"[③]

美国是"文化大革命"后中国留学生的主要派往国家之一。1949年新中国成立后，中国和美国断交，学术交流基本中断。1972年2月美国总统尼克松（Richard Milhous Nixon，1913—1994）访华，改变了中美两国门户关闭的局势，开启了中美关系正常化的进程。1978年12月，经过双方就两国关系正常化问题的多次会谈，中美两国达成正式建交的协议。[④]

稍早，美国总统科技顾问普雷斯（Frank Press，1925—2020）博士率领代表团乘美国空军飞机于1978年7月抵达北京，得到邓小平的热情接见。他们谈到中国向美国派遣留学生问题。在邓小平的坚持下，普雷斯于华盛顿时间凌晨3点给美国总统卡特（James Earl Carter，1924—　）打电话，询问美国是否可以允许5000名中国留学生在美国的大学学习。卡特回答："告诉他，可以派十万。"[⑤] 10月7—22日，应普雷斯的邀请，中国

① 蒋南翔就派遣留学生问题给邓小平和方毅同志的报告。见：李滔主编，《中华留学教育史录：1949年以后》。北京：高等教育出版社，2000年，第370页。

② 教育部关于派遣出国留学生工作的几点请示。同①，第373页。

③ 教育部、外交部、国务院科技干部局关于改进出国留学人员工作的请示报告。同①，第380页。

④ 中共党史事件人物录编写组：《中共党史事件人物录》。上海：上海人民出版社，1983年，第468页。

⑤ Thomas H. Jordan. Frank Press, A Life of Magnitude. PNAS, 2020, 117（17）：9138-9140.

教育代表团访问了美国。代表团团长是中国科学技术协会代主席、北京大学校长周培源，顾问为中国教育协会副会长李琦。①

在美国期间，中国教育代表团同美国国家科学基金会主任阿特金森（Richard C. Atkinson）博士为首的美国教育代表团就中美互派留学生、研究生和进修人员的问题进行了会谈。双方在互相谅解和友好的气氛下，达成了 11 点口头谅解。在口头谅解中，明确了美国接受中国于 1978—1979 学年派出 500~700 留学生、研究生和访问学者（即进修人员），并同意两国的大学、研究机构和学者进行直接联系。同时，中国教育代表团建议 1978 年内第一批先派进修人员。派往的学校和研究机构不宜太分散，而要相对集中，拟以华盛顿地区、纽约地区、波士顿地区、旧金山地区为重点。首先派往对中国态度友好，且办学质量较高、较有名气的单位。②

中国教育代表团返回北京时，全国留学生选拔工作已经展开。自 1978 年 10 月 25 日起，教育部外事局出国处的干部们，主要根据全国留学生统考成绩、业务考评和考生登记情况，从考试基本合格者中选出 700~800 人的赴美国留学名单，再从中选拔出成绩最优异的 50 人，作为向美国派遣的首批访问学者。不晚于 11 月 14 日，经教育部批准，这批访问学者中加入了由北京大学直接派出的两位被破格提拔的副教授，即张恭庆和姜伯驹。③张恭庆后来说，自己和姜伯驹是加塞进入这批学者行列的，搭了"顺风车"。因此，这批访问学者共 52 人。

这 52 人中，女性 6 人④，男性 46 人；王志美、柳百成、施雁旸、吴葆桢、吴宁是领队。⑤与其他 50 人不同，张恭庆和姜伯驹赴美国前，已确定进修单位，没有在美国参加集训。张恭庆的进修单位是世界微分方程中心

---

① 中国教育代表团访美总结报告。见：李滔主编，《中华留学教育史录：1949 年以后》。北京：高等教育出版社，2000 年，第 411 页。

② 同①，第 411–412 页。

③ 钱江：《1978：留学改变人生：中国改革开放首批赴美留学生纪实》。成都：四川人民出版社，2017 年，第 64，99–109 页。

④ 这 6 人是王志美、王序昆、李祝霞、戴宗铎、吴宁、沈绿萍。

⑤ 我国首批赴美留学的访问学者离京。《人民日报》，1978 年 12 月 27 日。

之一——美国纽约大学柯朗数学科学研究所（简称"柯朗研究所"）。这是陈省身向他推荐的。陈省身（1911—2004），世界杰出的几何学家，时为美国加州大学伯克利分校数学系教授。他早年就读于南开大学数学系、清华大学理科研究所算学部，是我国首位数学硕士研究生。1936年，他获德国汉堡大学博士学位。1937年起相继任清华大学、西南联合大学、芝加哥大学、加州大学伯克利分校数学系教授，做过中央研究院数学研究所代理所长，是中央研究院院士、美国科学院院士。[①] 北京大学数学系老一辈数学家段学复、江泽涵等与陈省身有深厚的友谊。

1978年，陈省身回国到北京大学讲学，程民德派张恭庆和姜伯驹去作笔记。这样的安排，让他们与陈省身有了一些接触。等到北京大学数学力学系决定派他们到美国学习时，便请陈省身推荐。陈省身征求了他们本人的意见后，便介绍张恭庆到柯朗研究所跟随尼伦伯格进修，陈省身说这是国际上研究微分方程最好的机构，尼伦伯格教授是这个方向的一位学术权威。张恭庆此前也读过不少他的文章，当然非常高兴。尼伦伯格是加拿大裔美国数学家，1925年出生于加拿大安大略省的哈密尔顿，1945年获麦吉尔大学（McGill University）学士学位，1947年和1949年相继获纽约大学硕士和博士学位。1976—1977年，尼伦伯格做过美国数学会副主席。他的主要贡献是在线性和非线性偏微分方程及其在复分析和微分几何方面的应用等领域。[②] 他是20世纪最有影响的分析学家之一。[③]

经陈省身推荐，不久，张恭庆就收到了尼伦伯格寄来的邀请信，请他去做Visiting Scholar。张恭庆将此事报告了周培源。此时，周培源正在琢磨首批赴美学者的名称问题，看到Visiting Scholar一词很高兴，马上说："就用这个词"。这批访问学者出国前，教育部安排他们一起到王府井"红都"服装店，每人订做了两套西装和一件呢大衣。

为了出国学习，张恭庆必须尽快提高英语水平。但张恭庆的英语只学

---

① 张奠宙，王善平:《陈省身传》。天津：南开大学出版社，2011年，第441—461页。

② 尼伦伯格著，陆柱家译:《线性偏微分方程讲义》。哈尔滨：哈尔滨工业大学出版社，2011年，第62页。

③ C Robert V. Kohn, Yanyan Li. Louis Nirenberg（1925–2020）. Notices of the American Mathematical Society, 2021, 68（6）: 959.

到高中，更没有学过口语，除了会看英文的数学参考书外，听、说、写都不行。虽说必须抓紧补习英语，但那时连《英语 900 句》都没听说过，没有环境，无从补起，好不容易借到几盘英国口音的录音带《灵格风》来放着听就不错了。

1978 年 12 月 26 日上午，北京下着小雪。中国首批赴美访问学者 52 人在人民大会堂受到国务院副总理方毅的接见。陪同接见的有中国科学院副院长、中国科学技术协会代主席周培源，教育部副部长李琦。方毅勉励这批访问学者要刻苦学习美国的先进科学技术，为实现"四个现代化"出力。他说：你们要学习周总理等老一辈无产阶级革命家当年赴法时的求学态度，还希望你们为增进中美两国人民的友谊作出贡献。[1] 方毅讲话前，张恭庆还在思考：应该怎么做才能不辜负此行？听了方毅的讲话，下定决心：学好本领，报效国家。

当晚，张恭庆与其他 51 位赴美访问学者乘坐飞机飞往华盛顿。周培源、李琦和清华大学副校长张维、首都医院副院长方圻、美国驻华联络处主任伍德科克（Leonard Woodcock，1911—2001）和夫人，以及一等秘书唐占晞（John Charles Thomson，1930—　）到机场送行。[2] 飞机途经卡拉奇、巴黎、纽约，于当地时间 12 月 27 日晚抵达华盛顿。[3] 在巴黎转机时，令张恭庆惊喜的是：遇到了正在转机回国的老师关肇直。关肇直刚结束对北欧的学术访问，正要回国。这次访问，他还带了张恭庆的两篇论文去交流，一篇是他独立完成的《等离子体磁面方程自由边界问题的解》，另一篇是他与姜礼尚合作的《稳态水锥的自由边界问题》。关肇直叮嘱张恭庆到美国后要多学习、多交流。[4]

在巴黎，这 52 人等了 7 个小时才换乘美国一家航空公司的飞机飞往美国。在飞机上到了供餐时间，空姐上前递来菜单，很多人一时看不明白。尴尬之时，英语娴熟的领队吴葆桢医生站了起来，大声告诉大家，那菜单

---

[1]　我国首批赴美留学的访问学者离京.《人民日报》，1978 年 12 月 27 日。

[2]　同[1]。

[3]　我首批赴美进修学者抵华盛顿.《人民日报》，1978 年 12 月 29 日。

[4]　张恭庆：永远怀念敬爱的关肇直老师.《系统科学与数学》，2019 年第 39 卷第 2 期，第 144 页。

上按顺序排下来的是：牛肉、鸡肉、鱼等，飞机上的饮料都是免费的，大家可以随意索取。吴医生一语解惑，大家放松心情，各按口味点餐。①

飞机抵达华盛顿后，美国国际交流署署长莱茵哈特（John Edward Reinhardt，1920—2016）和中国驻美国联络处副主任韩叙等前来欢迎。莱因哈特代表美国政府向这批访问学者表示热烈欢迎，预祝他们在美国学习期间取得良好成绩。韩叙则与他们一一握手②，并说中国学者不但能有机会向美国学习先进的科学技术，而且还能为增强中美人民之间的友谊作出贡献。③

嗣后，张恭庆跟着大家快速通过美国海关，坐上一辆大轿车开往设在老温莎公园酒店（Windsor Park Hotel）的中国联络处。他们临时住在这里。除张恭庆和姜伯驹外，其他50人将从1979年1月开始在乔治敦大学和美利坚大学学习英文课程，④为期三个月。1979年1月1日，中国和美国正式建交。他们一行人为这个纪念日增添了花絮。

元旦假日一过，中国联络处的工作人员就通知张恭庆和姜伯驹，离开联络处直接去各自的进修单位。为此，工作人员给他们买好了火车票，还给他们每人带上一张几个月生活费的支票。由于人地生疏，英语也没过关，张恭庆离开中国联络处坐上开往纽约的火车时，一路上心里忐忑不安。他回忆说："我上了火车就离开了大伙，像只身进入了黑洞一样，周围的环境是陌生的，看到的面孔也都是陌生的，心里非常紧张，特别是还不知道：到纽约后去找谁？柯朗研究所在哪里？怎么才能找到柯朗研究所？"⑤

实际上，陈省身已经打听到张恭庆所乘火车到达纽约中央火车站的时间，提前安排了王浩去接站。王浩（1921—1995），生于山东济南，世界著名数理逻辑学家。1943年毕业于西南联合大学数学系，毕业后到清华大学哲学系做研究生。1946年赴美国留学，1948年获哈佛大学博士学位，后

---

① 钱江：《1978：留学改变人生：中国改革开放首批赴美留学生纪实》。成都：四川人民出版社，2017年，第295页。

② 同①，第118页。

③ 我国首批赴美进修学者抵华盛顿。《人民日报》，1978年12月29日。

④ 同②。

⑤ 张恭庆访谈，2021年9月3日，北京。资料存于采集工程数据库。

曾在欧美许多名校执教。1967 年，转入位于纽约的洛克菲勒大学任逻辑学教授。①

张恭庆在纽约中央火车站下车后，正在东张西望，不知所措时，一位华裔老先生向他走来。这就是王浩。他用汉语问道："你叫张恭庆？"。张恭庆答道："是"。随后王浩作了自我介绍，说明是陈省身先生安排来接站的。于是王浩开车将他带到位于纽约北部自己的家中暂时住了一晚。接下来一周，因柯朗研究所尚在放假，没人接待，王浩自己出钱为张恭庆在洛克菲勒大学订了一周的客房。这样就临时有了安排。

过了几天，尼伦伯格教授带着他的博士研究生倪维明来与张恭庆接洽。倪维明，1972 年获中国台湾大学学士学位。在台湾服满两年兵役后，在柯朗研究所读研究生，师从尼伦伯格，即将于 1979 年春季获得博士学位。他随尼伦伯格前来是为了充当翻译。他们告诉张恭庆，柯朗研究所已经为他安排好了住房，月租是 600 美元。但这个金额远远超过我国政府提供的标准，张恭庆当然无法接受，又没有其他办法，所以非常着急。等到一开学，他就早早来到柯朗研究所报到。此时，华裔数学家鲍永平主动过来用汉语询问他：有没有困难？要不要提供帮助？当他了解到张恭庆所处的困境后，便为他不停地打电话，经与多方联系，最终建议张恭庆暂时住进华人余宗敬和李醒嘉的公寓。

在这里住了一个月后，纽约大学为张恭庆安排了学校的一套公寓。月租 320 元，但也超过国家标准一倍多。尼伦伯格考虑到张恭庆付房租有困难，便介绍了一位正在柯朗研究所访问两个月的日本教授 Mizohata 与他合租。尼伦伯格建议 Mizohata 每月出 200 元，张恭庆只需交 120 元。考虑到两个月后中国还有访问学者要来柯朗研究所，那时还可以合租，张恭庆便欣然接受了。2022 年倪维明忆及此事时说：当年这样的公寓想住的人很多，能够为张恭庆找到这个公寓很不容易。②

张恭庆到纽约之初，除住房问题外，在生活上也遇到了不少新的困难。头一个月因为住地较远，每天上下班都要乘坐地铁，而纽约的地铁站

① 王浩。见：宋立志主编，《名校精英》。呼和浩特：远方出版社，2005 年，第 208–219 页。
② 倪维明访谈，2022 年 11 月 17 日，腾讯视频。资料存于采集工程数据库。

内有上下三层，路线纵横交错，像迷宫一般，转车时，稍有不慎就会走错。刚到美国，他甚至连超市是什么都不知道。每天早晨，他都穿上出国时制作的西服，外面套上黑呢大衣去上班。好在纽约是个光怪陆离的大都市，什么样的服饰都有，人们见怪不怪。

在纽约的前三个月，这批赴美访问学者中只有张恭庆一人住在纽约下曼哈顿地区。听说这里理发的价格不菲，他头发长了也不敢进理发馆；后来经申请，到中国驻联合国使团办事处内理发，按国人待遇缴费。办事处工作人员还告诉他：每周六可以到那里去吃一顿晚餐，只需交 1 美元。中美建交初期，两国尚未通邮，给家人寄信只能贴上国内的四分钱邮票，通过我国驻联合国使团的信使带往北京去投寄。家人来信再由信使带回纽约，自己到使团去取。一封信来回，一般都要一个多月时间。

纽约生活成本高，国家给的生活费每月仅 300 多美元，张恭庆只能非常节省地使用。他经常把当地的价格折合成人民币，想到家里妻子和孩子的生活费那么低，便想尽量节省一些，留点钱回国时买几件国内缺少的商品带回去。关于这段经历，张恭庆回忆说：

初到纽约，眼花缭乱，遇到的种种困难远非当年以及当今国人所能想象，但经过许许多多人的帮助，不久都基本克服了。这些人中除尼伦伯格与陈省身外，还有王浩、倪维明、鲍永平、周宝鎏、余宗敬和李醒嘉等。

三个月后的 1979 年 4 月，北京大学数学系的应隆安、中国科学院数学研究所的王靖华从华盛顿学完三个月的英语后也来到柯朗研究所做访问学者，与张恭庆三人合租这套公寓。他们在学业上都非常刻苦努力，相处融洽。后来，中国科学院数学研究所的李树杰也来到纽约跟随尼伦伯格进修。他们团结互助、谨言慎行，处处注意维护国人的形象。

初次出国必须过"语言关"。柯朗研究所给张恭庆提供了到纽约大学免费学习英语的机会。他选了听力、阅读与写作三门课。他自知听力最差，而这又最为重要，便想尽办法与人交谈。美中人民友好协会（简称"美中友协"）成立于 1974 年，是美国全国性民间对华友好组织。它的成员主要是美国人，也有少量华侨。张恭庆与应隆安、王靖华合住一所公寓后，美中友协派露丝（Ruth）、艾丽斯（Alice）和莱尔德（Laird），每周轮流到这所公寓来两次，和他们对话，以提高他们的听力和口语的能力。[①]除此以外，张恭庆还利用柯朗研究所的下午茶时间，到那里去听人聊天，也与人对话。坚持两三个月后，他的听、说能力逐渐得到了提高。

在柯朗研究所

柯朗研究所是负有盛名的世界数学研究机构之一，由犹太裔美籍数学家柯朗创办。柯朗 1888 年出生于今波兰的卢布林，1907 年在德国哥廷根大学成为数学家希尔伯特的助手，1910 年获该大学博士学位，1920 年柯朗任哥廷根大学数学教授。[②] 1924 年，他开始筹建哥廷根数学研究所，1929 年该研究所成立后，他担任所长。由于纳粹政府的迫害，1934 年他携家眷迁居美国，出任纽约大学访问教授。1954 年 11 月 29 日，柯朗研究所正式成立，当时的所名是纽约大学数学科学研究所，柯朗出任首任所长，直至 1958 年退休。[③] 柯朗退休时，为纪念他的贡献，纽约大学数学科学研究所更名为柯朗数学科学研究所。[④]

1979 年 1 月张恭庆到柯朗研究所做访问学者时，所长是匈牙利裔美国数学家、柯朗指导的博士研究生拉克斯。拉克斯研究偏微分方程，是双曲型偏微分方程的巨匠。

在柯朗研究所，张恭庆一心要学好本领，报效国家。然而，自身的条件和周围环境相比显示出巨大的差距：在柯朗研究所和他一起听课的大多是比他小近 20 岁的研究生；许多同龄人也都是事业有成，具有很高学术地位的大学

---

① 张恭庆：赴美进修。2021 年 9 月 1 日，未刊稿。资料存于采集工程数据库；应隆安访谈，2022 年 10 月 17 日，北京。资料存于采集工程数据库。

② 杜瑞芝：《数学史辞典新编》。济南：山东教育出版社，2017 年，第 276 页。

③ 张奠宙：《20 世纪数学经纬》。上海：华东师范大学出版社，2002 年，第 168-173、454 页。

④ 同②，第 1022 页。

教授，而他连研究生都没读过。身在异域，他不想让人小看中国，由此产生出一股强烈的为中华民族繁荣富强而奋斗的冲动。这可能是一种从个人自尊心扩大出来的民族自尊心和知识分子的责任感。当时张恭庆清醒地认识到：

> 虽然自己回到了理想中的人生轨道，但初始点却推迟了 20 年，而这 20 年的青春年华是数学家一生中最富创造力的宝贵时光，即使自己再拼命工作也难以实现当年的人生理想。所以不管情愿与否，我们这代人在科学上恐怕只能勉力前行，不会有太了不起的成就，希望在后辈。在中国现代化进程中，我们的历史使命应该是为后人"铺路搭桥"，只有我们尽最大努力让自己跻身数学研究主流，站到数学研究前沿，才能使后来者少走弯路。①

张恭庆在柯朗研究所每天都如饥似渴地听课、听讲座、上讨论班，每晚都要工作到深夜。在此期间，他系统地听了 3 门课，分别是尼伦伯格的非线性泛函分析专题、拉克斯的泛函分析、莫泽的动力系统，非常有

图 5-3　1988 年，张恭庆重返柯朗研究所在办公室外的阳台留影（张恭庆提供）

---

① 张恭庆：赴美进修。2021 年 9 月 1 日，未刊稿。资料存于采集工程数据库。

收获。

此外，尼伦伯格还经常把刚收到的文章预印本给张恭庆读，让他读后报告给自己听。往往在张恭庆把该文的主要结论介绍完，准备讲证明时，尼伦伯格会让他稍停一下，自己却在紧张地思索，有时接着就能给出自己的证明，这个证明往往比原来的那篇文章更简洁，甚至思路完全不同。这说明他除了学识渊博外，思想还极为敏锐，在他那里学问不仅是丰富的、鲜活的、不断发展的，而且相互之间是有机联系着的。这是张恭庆跟他学习的最大收获，终身受益。关于尼伦伯格的授课，张恭庆回忆说：

> 我不是尼伦伯格教授的正式学生，而是 20 世纪 70 年代末他在柯朗数学科学研究所指导的一名访问学者。在柯朗数学科学研究所，我听了他开设的课程非线性泛函分析专题。在课上，他自然地弥合了抽象理论方法和专门研究特定方程的著作之间的间隙。他的风格与我读过的著作大不相同。它在很大程度上改变了我做数学的方法。我从他的教学中受益匪浅。[1]

通过听课，张恭庆对拉克斯的学术水平也极为佩服。在泛函分析课上，拉克斯经常会出其不意地对人们认为需要花大力气去证明的结果给出一个意想不到的简单证明。有一次，拉克斯讲完泛函分析中的一个基本定理——逆算子定理时，突然指出：计算数学中"近似格式的收敛性和稳定性是等价的"，随后用几行文字就把证明写了出来，令人赞叹不已。

2009 年 10 月 23 日，张恭庆作题为《课程改革与教材建设中的探索与实践》的报告时，述及他在柯朗研究所学习这 3 门课的收获与启发：

> 这几门课使我眼界大开，也找到了差距和改革的方向。这些课的教师有极高的学术水平，掌握本学科前沿的动向，同时又对数学中的有关分支了如指掌。他们常常从一个并不很高的起点切入，用独特的

---

① Robert V. Kohn, Yanyan Li. Louis Nirenberg（1925-2020）. Notices of the American Mathematical Society, 2021, 68（6）：971.

方式，较快地将听课人带到发展的前沿。他们讲授的基本内容虽然都是经典的，但常常用一种与众不同的，把许多不同学科内容有机地融合在一起的观点来处理，应用和例子则根据当下的热点与重要的进展不断更新。这样的课程不仅提高了听众的数学修养，而且还给人以数学生动活泼、不断发展的感觉。[①]

张恭庆在柯朗研究所访问期间，非线性分析的研究热潮正在兴起。它融合微分方程和泛函分析的理论和方法来解决非线性问题，不少泛函分析学者纷纷进入这个崭新的领域。张恭庆出国前研究过偏微分方程自由边界的经历为他赶上这股潮流作了准备。尤其因为"带间断非线性项偏微分方程的理论"是他提出来的，欧美微分方程界觉得有些新意，请他去作报告，他因此得到了许多交流的机会，这也便于他寻找新的主攻方向。

与此同时，张恭庆抓紧时间做研究，于 1979 年 5 月完成了论文《障碍问题与带间断非线性项的偏微分方程》（The Obstacle Problem and Partial Differential Equations with Discontinuous Nonlinearities）。这篇论文把当时人们关心的障碍问题纳入带间断非线性项方程的理论框架，得到了一些前人未能得到的新结果。尼伦伯格建议把它投稿到国际著名数学期刊《纯粹与应用数学通讯》（*Communications on Pure and Applied Mathematics*，CPAM），并让他在柯朗研究所的分析讨论班上作了学术报告。张恭庆作报告那天听众很多，柯朗研究所的几位大师也都来听讲。张恭庆从问题的实际来源、方法和创新点等几个方面来突出其特色，博得了热烈的掌声。1980 年 3 月，这篇论文在《纯粹与应用数学通讯》发表。[②]

柯朗研究所是世界微分方程中心之一。在此领域取得最新重要成果的数学家都以能来柯朗研究所演讲为荣。威斯康星大学麦迪逊分校的拉比诺

---

① 张恭庆：课程改革与教材建设中的探索与实践。2009 年 10 月 23 日，未刊稿。资料存于采集工程数据库。

② K. C. Chang. The Obstacle Problem and Partial Differential Equations with Discontinuous Nonlinearities. Communications on Pure and Applied Mathematics，1980，33（2）：117-146.

维茨（Paul H. Rabinowitz）证明了一类哈密顿系统能量面上闭轨的存在性，这是哈密顿系统闭轨研究中的第一个整体结果，成为该领域的重要突破。他使用的工具是他和意大利数学家安布罗赛蒂（A. Ambrosetti）用拓扑变分理论中的极小极大原理发展出来的山路（Mountain Pass）引理。这个引理还被应用于非线性偏微分方程。1979 年 4 月，拉比诺维茨应邀到柯朗研究所作了 4 次系列讲座。张恭庆听了他的讲座后，感到这是拓扑变分理论的一个重要进展，值得密切关注。

拉比诺维茨访问柯朗研究所期间，张恭庆与他交谈了一次，介绍了自己在国内的工作。拉比诺维茨对此很有兴趣，邀请他以后有机会到威斯康星大学麦迪逊分校去访问。

1979 年 6 月下旬，坐落在美国西海岸的加州大学伯克利分校为陈省身退休举行了盛大的整体分析与整体几何国际研讨会，历时一周，出席者有 300 余人[①]，云集了当代几何与分析方面的世界大师。征得中国驻美国大使馆同意后，张恭庆也从纽约飞往西海岸参会。在会上，他遇到了国内数学家吴文俊、廖山涛、谷超豪、胡和生等人。

尼伦伯格是这次研讨会的大会报告人之一。他在综述椭圆型偏微分方程的最新进展时，介绍了张恭庆用集值映射拓扑度理论研究障碍问题的工作，还把他的名字大大地写在了黑板上。后来美国不少大学陆续邀请张恭庆去介绍自己的学术成果。其中，有罗格斯大学（Rutgers University）、麻省理工学院（Massachusetts Institute of Technology）、马萨诸塞大学阿默赫斯特分校（University of Massachusetts Amherst）、布朗大学（Brown University）、伦斯勒理工学院（Rensselaer Polytechnic Institute）、俄亥俄大学（Ohio University–Athens）、密歇根州立大学（Michigan State University）、韦恩州立大学（Wayne State University）、西北大学（Northwestern University）、马里兰大学（University of Maryland）等。这在一定程度上表明有人开始关注张恭庆的成果了，令他十分兴奋。但同时他也清醒地认识到："所有这些邀请者中，除真正的同行外，有些人是华裔，

---

① 张奠宙，王善平：《陈省身传》。天津：南开大学出版社，2011 年，第 451 页。

请我去作报告是出于他们对故国的怀念，并非我自己真有多大能耐。对此应该心中有数。"[①]

1979 年，国内报刊上经常载有我国学者在科学上取得新成果的报道。这次大会的情况陆续传到国内，学校几次来信，要求张恭庆提供出国后取得的研究成绩。但他认为：来到美国时间不长，还没能研究出真正新的东西，尼伦伯格在会上所说的这项工作是在国内原有基础之上的发展。现在能有机会到美国来学习，只有在新的基础上作出新的成绩，才对得起此行。

此前不久，张恭庆刚好读过美国作家巴赫的短篇小说《海鸥乔纳森》。故事的主人公是一只拟人化的海鸥，他认为对于海鸥而言，重要的是飞行而不是觅食，生活的目的在于追求尽善尽美。"飞得最高的海鸥，看得最远。"张恭庆非常喜爱这篇小说，欣赏其中的许多段落。特别是当他在研究工作中遇到困难的时候，或是当他的内心不能得到平静的时候，他会想起乔纳森，在心里对自己说"高飞，高飞，再上一个高度！"每当他聚精会神于"再上一个高度"时，一切内心的干扰也就逐渐离他远去。

暑假期间，张恭庆在图书馆看到了一篇非光滑分析的最新文献，把微商概念推广到了不可微的局部李普希茨函数（Lipschitz function），他立刻意识到这种推广的概念非常重要。那时他正在学习安布罗赛蒂与拉比诺维茨的工作，于是他抓住时机，利用他所熟悉的泛函分析知识和熟练的技巧，经过几个星期的分析与推演，便把安布罗赛蒂与拉比诺维茨发展起来的变分理论从可微泛函推广到了局部李普希茨泛函。所得结果正好可以用来研究带间断非线性项的微分方程，成为它继集值映射拓扑度理论之后的又一理论支柱。这项工作发表后引发了许多后继工作，40 余年来势头不减。

尼伦伯格学识广博，对椭圆型偏微分方程的现代理论作出了奠基性贡献，始终活跃在这个领域研究的最前沿。国际数学界同行在这方面取得了最新成果时，往往在正式发表之前都把预印本寄给他看。他很快消化之

---

① 张恭庆：赴美进修。2021 年 9 月 1 日，未刊稿。资料存于采集工程数据库。

后就把这些内容吸收到他的课堂上和讲学中。他还经常把收到的预印本分发给柯朗研究所相关学者阅读，让他们读后报告给他听。那年他收到了阿曼和赞德的预印本《一类非共振问题的非平凡解与在非线性微分方程中的应用》(Nontrivial Solutions for a Class of Non-Resonance Problems and Applications to Nonlinear Differential Eequations)。文章中在一个关键处用到了康利指标（一种新的推广的莫尔斯指标），还用到了许多新的概念和拓扑学的结果，一时难以读懂。张恭庆拿到这篇文章后，一直努力想把它读懂。张恭庆想改变思路，又试了许多不同的方法，都没有成功；憋了很久，正在山穷水尽疑无路时，他突然灵机一动，想到"能不能直接用莫尔斯不等式来试试？"因为此前他在研究受控热核装置时，遇到过一个微分方程有多个解的问题，为了寻找拓扑上的工具来判定不同的解，他曾去读过莫尔斯不等式。于是，他花了不少时间去尝试，已将其转化为可应用莫尔斯不等式的形式，但条件还差一些。此时已经到了年底，张恭庆即将离开柯朗研究所，要去下一站——加州大学伯克利分校。

转校访问与学术报告

按照原计划，张恭庆应该在柯朗研究所进修两年。由于派遣出国前我国政府不了解：到国外去进修的人有可能从国外相应机构得到生活资助。所以联系派遣时，都承诺了由政府提供生活费。随着我国获得国外奖学金去读博士学位的人数逐渐增多，国内舆论对于有高级职称的人还依靠政府的生活费留学不无意见。张恭庆感受到了舆论的压力。这时，拉比诺维茨邀请他第二年去威斯康星大学麦迪逊分校访问，并提供资助。陈省身知道后，认为威斯康星冬天太冷，便邀请他先到加州大学伯克利分校访问三个月，也为他提供资助。为此，他向北京大学和使馆打了报告，获准后，1980 年新年伊始，张恭庆就由柯朗研究所先后转入这两校访问。从美方拿到第一个月的生活资助后，他立即把我国政府给予访问学者的生活费的余额全部寄还使馆。

到了加州大学伯克利分校后，张恭庆继续研究在柯朗研究所未完成的工作。经过多日的反复推演与计算，终于能够应用莫尔斯不等式完成了所要的证明（见第 9 章），并立即打电话去向尼伦伯格报告。1980 年 2 月，尼伦伯格应邀在普林斯顿高等研究院所作的外尔（Hermann Weyl，1885—1955）讲座上介绍了这项成果。几个月后，张恭庆将这个方法又应用到其他几个问题中去，一并写成论文《用莫尔斯理论得到的渐近线性算子方程的解》（Solutions of Asymptotically Linear Operator Equations via Morse Theory）。经尼伦伯格推荐，于 1981 年发表于《纯粹与应用数学通讯》。[①] 至此，张恭庆意识到：这是一条通向研究偏微分方程多重解的道路。这是一篇莫尔斯理论在非线性微分方程中崭新应用的论文，实现了斯梅尔（Stephen Smale）、尼伦伯格、施瓦兹（J. T. Schwartz）、伯格尔（M. S. Berger）等数学家多年来的期望，也是后来人们所称的张恭庆的成名之作。

陈省身知道了张恭庆将莫尔斯理论应用于偏微分方程的这项成果后，非常高兴。在他筹备 1980 年 8—9 月在北京召开的第一届国际"双微"（微分方程、微分几何）会议（DD-1）时，便把这篇论文推荐到了会上。国际"双微"会议是陈省身为振兴中国数学而倡议举办的大型系列国际数学会议。第一届会议在这个系列会议中意义特别重大，因为这是"文化大革命"后中国与西方第一次重大的数学交流活动。陈省身担心国内接待力量不够，提出要张恭庆暂时回国参加接待工作。张恭庆通过程民德请示教育部，经批准，于 1980 年 8 月暂回北京参加这次会议。由于这次会议的主要内容是请国外专家系统地介绍这个领域的重要成果，留给国内学者进行交流的场次不多，名额很有限制。张恭庆的成果虽被推荐，但国内偏微分方程界的学者大多不认同他的这个成果是偏微分方程方面的工作。陈省身便亲自出面介绍这项工作的意义，于是张恭庆还是被安排在会上作了报告。两个月后，张恭庆又返回了美国。

---

① K. C. Chang. Solutions of Asymptotically Linear Operator Equations via Morse Theory. Communications on Pure and Applied Mathematics，1981，34（5）：693-712.

陈省身是一个很有人格魅力的人。在伯克利的日子里，张恭庆经常能见到他，和他聊天，对于他的治学精神和待人之道都十分敬佩，深受其感染。除了学问之外，陈省身也常跟张恭庆谈振兴中国数学的想法，听取其意见。张恭庆对于在国外如何与人交往等问题，也多次向陈省身请教。

在加州大学伯克利分校访问期间，张恭庆参加了由勒维（H. Lewy）与加藤敏夫（T. Kato）主持的偏微分方程讨论班。在一次讨论班上，张恭庆作了一场关于带间断非线性项微分方程的报告。在讨论班下，他与加藤敏夫有较多接触，讨论过感兴趣的问题。张恭庆还应樊𰋀教授邀请到加州大学圣芭芭拉分校（University of California，Santa Barbara）去作了一场学术报告。樊𰋀（1914—2010），1936 年毕业于北京大学数学系，1939 年赴法国深造，师从泛函分析的奠基人弗雷歇，1941 年获法国国家博士学位。1965 年任加州大学圣芭芭拉分校数学教授，1964 年当选台湾"中央研究院"院士，1978—1984 年连任两届台湾"中央研究院"数学研究所所长。樊𰋀的研究领域广泛，在非线性分析、不动点理论、凸分析、集值分析、数理经济学、对策论、线性算子理论和矩阵论等方面都有重要贡献。[1] 他是华人中在泛函分析领域最有影响力的数学家。

因为有一个凸集值映射的不动点定理是以樊𰋀命名的，张恭庆在加州大学圣芭芭拉分校的报告就把带间断非线性项偏微分方程的理论建立到这个不动点定理之上。樊𰋀听了非常欣赏，问他还有什么新作。张恭庆向他介绍了关于局部李普希茨泛函变分理论的成果。樊𰋀听完后就主动提出可以把该文推荐到《数学分析与应用杂志》（*Journal of Mathematical Analysis and Applications*，JMAA），不久，这篇文章就发表了。[2]

1980 年 4—12 月，除其中有两个多月回国参加第一届国际"双微"会议的接待工作外，其余时间张恭庆受拉比诺维茨邀请，访问了坐落在麦迪

---

① 张奠宙：樊𰋀。见：《科学家传记大辞典》编辑组编辑，《中国现代科学家传记》第 6 集。北京：科学出版社，1994 年，第 72–84 页。

② Kung-Ching Chang. Variational Methods for Non-Differentiable Functionals and Their Applications to Partial Differential Equations. Journal of Mathematical Analysis and Applications, 1981, 80：102–129.

逊的威斯康星大学数学研究中心（MRC）。这里的同行都比较年轻，其中拉比诺维茨、康利、柯兰道尔（M. Crandall）、特纳（R. Turner）等都和张恭庆年龄相差不多，他们大都为人和气，彼此关系也很融洽。张恭庆很快就融入了他们的集体，在自由、轻松的环境中相互交流。

在威斯康星大学数学研究中心访问期间，张恭庆作了一场关于应用莫尔斯理论于偏微分方程多解问题的报告。此后，他下决心认真学习代数拓扑，利用他自己的泛函分析背景发展无穷维空间的莫尔斯理论。他查阅了前人在这方面的工作，还花了不少时间学习拉比诺维茨及其合作者们的工作，为建立莫尔斯理论与临界点理论中的极小极大原理之间的联系做准备。

由于张恭庆在美国数学界已崭露头角，美国芝加哥大学非线性泛函分析大师布劳德（Felix Browder）、密歇根大学斯莫勒（Joel Smoller）等都先后邀请他去作学术报告。1980年6月，他还应邀参加了在美国得克萨斯州阿灵顿（Arlington）举行的"数学科学中的非线性现象"（Nonlinear Phenomena in Mathematical Sciences）会议并作了学术报告。在这次会议上，他结识了不少非线性分析界的国际同行。特别是，他见到了国际上研究孤立临界点莫尔斯理论的先驱罗特（E. Rothe）。那时，罗特已是一位老者，快要退休。他跟张恭庆谈得很愉快，会后还把自己有关论文的复印件全都寄给了张恭庆。

拉比诺维茨不仅学术水平高，而且为人谦逊，关心他人。他看到张恭庆远离亲人，便每逢节假日多请张恭庆到家中聚会或一起郊游，还经常开车带张恭庆到校外参加学术会议。在拉比诺维茨的影响下，张恭庆和他们非线性分析组的同事相处得非常融洽，也与拉比诺维茨建立了深厚的友谊。

由于中途回国服务，张恭庆在美国访问的计划顺延了三个月。1981年1—3月，尼伦伯格为张恭庆申请到了资助，再次邀请他回到柯朗研究所。在这三个月里，张恭庆撰写了关于非线性波方程和非线性樑方程多解的论文，受邀到宾夕法尼亚大学（University of Pennsylvania）、加拿大的蒙特利尔大学作学术报告，还应蒙特利尔大学格兰纳斯教授的邀

图 5-4　1997 年，张恭庆与拉比诺维茨在北京大学参加学术会议期间合影（张恭庆提供）

请出席了在舍布鲁克（Serbrook）一个庄园里召开的非线性分析研讨会（Nonlinear Analysis Workshop）。在会上，张恭庆又遇到了樊壝。他们都作了学术报告。

图 5-5　1981 年，张恭庆与尼伦伯格在柯朗研究所（张恭庆提供）

初 访 欧 洲

1981 年张恭庆归国前，陈省身推荐他访问法国高等科学研究所（IHES）。尼伦伯格知道张恭庆有去欧洲的计划后，又把他介绍给了好几个欧洲的同行。经北京大学批准，同年 4 月初—6 月中旬，张恭庆受邀出访了法国、意大利、德国、瑞士的 12 所大学和研究所。

欧美之间最便宜的机票属于纽约与伦敦之间的航班。为了省钱，张恭庆购买了纽约与伦敦之间的往返机票，再乘船通过英吉利海峡往返于伦敦与巴黎之间。这样他就有机会到伦敦去观光。早晨到了伦敦，他走马观花地浏览了市容，走进了海德公园，看到了白金汉宫，还参观了大英博物馆 [①]，晚上抵达巴黎。

在欧洲，他访问了法国高等科学研究所、巴黎第六大学（Université Paris Ⅵ）、巴黎第七大学（Université Paris Ⅶ）、里昂高等师范学校（École Normale Supérieure de Lyon）、意大利比萨高等师范学校（Scuola Normale Supériore di Pisa）、佛罗伦萨大学（Università degli Studi di Firenze）、帕维亚大学（Università degli Studi di Pavia）、瑞士苏黎世联邦理工学院（Eidgenössische Technische Hochschule Zürich，ETH Zurich）、苏黎世大学（Universität der Zürich）、洛桑联邦理工学院（École Polytechnique Fédérale de Lausanne）、德国马克斯·普朗克数学科学研究所（Max-Planck-Institut für Mathematik in den Naturwissenschaften）、波鸿鲁尔大学（Ruhr-Universität Bochum）等。他在巴黎第六大学、巴黎第七大学、里昂高等师范学校、比萨高等师范学校、佛罗伦萨大学、帕维亚大学迪尼研究所（Instituto di Dini）、苏黎世大学、洛桑联邦理工学院、波鸿鲁尔大学都作了学术报告。

在这两个月里，张恭庆收获颇丰：

---

① 张恭庆去巴黎时，先飞往伦敦，经过英吉利海峡进入欧洲大陆。

一是走访了比萨高等师范学校、苏黎世联邦理工学院、马克斯·普朗克数学科学研究所和帕维亚大学等欧洲高等学府和研究机构。

二是结识了布莱基斯（Haim Brezis）、阿曼、赞德、希尔德布兰特（Hildebrandt）、特曼（R. Temam）、马季尼斯（Magenes）、斯图尔特（C. A. Stuart）等欧洲很有实力的同行。一方面，张恭庆把两年来的研究成果都宣讲了出去，博得了令他鼓舞的评价；另一方面，在与他们的交流中也了解到欧洲同行们的研究成果和特色。在巴黎，他还遇到了我国在巴黎做访问学者的李大潜和史树中。史树中告诉张恭庆，他的论文《用莫尔斯理论解渐近线性算子方程》和《不可微泛函数的变分方法及其对偏微分方程的应用》（Variational Methods for Non–Differentiable Functionals and Their Applications to Partial Differential Equations）[①]的预印本都在布莱基斯的讨论班上作了介绍。张恭庆对于欧美间学术交流之迅速感到吃惊，同时也产生过一种"自立于世界之林"的感觉。

三是通过初访欧洲开阔了眼界，见识了一些反映西欧近代文明的场所，如白金汉宫、大英博物馆、凡尔赛宫、巴黎圣母院、凯旋门、科隆大教堂、比萨斜塔、乌菲齐美术馆等。

在回国的飞机上，张恭庆回顾这两年多的国外生活，深深感到个人与国家的命运休戚相关。他体会到国内政治气氛的舒缓和国家政策的改变带来了个人发展的机会。这两年多来，他从在封闭的学术环境中孤军奋战，到深入欧美名校，结识众多学界名人；研究工作从零敲碎打，到打开局面、有所突破；学术地位也从默默无闻到小有名气。想到与国外学界的差距以及今后努力的方向，此时的他对于前途信心满满，准备为振兴中国的数学事业大干一场。

1981 年 6 月，张恭庆回到北京大学后，人们都说他的精神状态和过去大不一样，明显更加乐观、更加自信了。

---

① Kung–Ching Chang. Variational Methods for Non–Differentiable Functionals and Their Applications to Partial Differential Equations. Journal of Mathematical Analysis and Applications，1981（80）：102–129.

第六章
组建研究团队、组织讨论班与学术交流

组建研究团队和组织讨论班

经过两年多在国外的进修和访问，张恭庆对国际数学发展趋势和动向有了一定的了解，认识到非线性分析确实是一个值得研究并可能取得重要进展的研究领域。于是，1981 年从欧美归国后，除了在北京大学进行正常的教学和研究工作外，他还满怀热情地计划在国内发展非线性分析。为此，他的首要任务是组建这个领域的研究团队。但一上来，他就被泼了一盆冷水。因为当时国内绝大多数偏微分方程界的学者不认同非线性分析属于偏微分方程，而泛函分析界的学者又不认同这个领域属于泛函分析。因此，组建研究团队的困难很大，无奈之下，只能另起炉灶。

1981 年秋，他给教育部科技司写了一份《开展非线性分析研究的意见》。在这份意见中，张恭庆说明了非线性分析是近二十年来研究分析学中非线性问题形成的一个新领域，非常值得注意。这方面的研究对数学物理、微分几何以及应用数学的许多方面的发展都有战略性的重要意义。为了有效地开展分析中的非线性问题的研究，争取在未来十年内做出具有独特风格的开创性成果，他在这份意见中还提出要开展与分析中的非线性问题有关各分支的理论与应用的研究，培养较高水平的研究人才。这需要注意四个方面：第一，重视数学各分支学科之间的联系，加强分支间的交流；第二，填空补缺，加强薄弱环节；第三，改革研究生培养办法，打宽基础；第四，贯彻"双百"方针，提倡实事求是的学风。①

在前三个方面，张恭庆基于自己对国际数学发展趋势与国内数学发展存在问题的认识，都作了详细说明。在第一个方面，他写道：

> 数学是一个有机整体，它的各个分支是血肉相通的，一些分支的区分往往只是由于研究侧面的不同，非线性问题难度大，几个数学分支的相互配合能够相得益彰，取得突出的进展。目前我国分科专业的学术会议较多，而综合若干分支围绕共同课题的会议较少，希望在分支学会之外，有适当组织机构支持这类学术交流。②

在第二个方面，张恭庆指出：拓扑学（代数、微分）、微分几何与代数几何的理论对于分析中非线性问题的研究日趋重要，而这些分支学科当时在我国的队伍很小，方向残缺，有的甚至完全空白，长此以往，不仅非线性分析不能得到发展，而且整个数学队伍必将陷于畸形的困境。③

在第三个方面，张恭庆指出：国内现行的研究生培养办法过早强调论文的创造性与质量，而对必修和选修课程的门数和内容并没有足够的相应规定。知识面窄将不易于适应当前多种分支学科相互交织、相互渗透的蓬勃发展局面，更有碍于开创性新思想的产生。在规划 1990 年、2000 年我国科学宏图的时候，有意识地加宽新一代数学工作者的知识面，扩大他们的眼界，必将产生深远的影响。④

---

① 张恭庆：开展非线性分析研究的意见。见：丁伟岳，田刚，蒋美跃主编，《张恭庆的数学生活》。新加坡：八方文化创作室，2013 年，第 273–275 页。
② 同①，第 274–275 页。
③ 同①，第 275 页。
④ 同①，第 275 页。

从事数学研究，首先要研读基本文献，而在那个时代，国内大多数大学和研究机构学术期刊不全，而国内外的论文预印本又不易得到，张恭庆便与周毓麟、孙和生、李大潜和叶其孝等人合作，从当时期刊上和预印本中选编出有代表性的文章，影印出版了8卷《非线性分析论文选集》（*Selected Papers on Nonlinear Analysis*），作为内部参考资料供学生和研究人员阅读，促进了这个领域在国内的发展。

自1982年起，张恭庆在组建研究团队方面有了起色。这一年他招收了硕士研究生田刚和李治平，将他们作为研究团队成员；还吸纳了中国科学院系统科学研究所博士研究生刘嘉荃，中国科学院数学研究所研究人员丁伟岳、博士研究生王志强。

刘嘉荃出生于1945年，本科就读于中国科学技术大学数学系，1968年毕业。此后被分配到东北一个煤矿的中学任教。1978年，他考取中国科学院数学研究所硕士研究生，由关肇直指导。1979年，他随关肇直转入新成立的中国科学院系统科学研究所。1981年张恭庆从欧美归国后，去看望关

图6-1　2006年5月，张恭庆与丁伟岳（中）、田刚（左）合影（张恭庆提供）

肇直时，汇报了这两年来的研究工作和国外见闻。当时关肇直的身体已经不好，但还是十分认真地听。他高兴地告诉张恭庆，中国科学院已于1979年成立了系统科学研究所，还提出要张恭庆到系统科学研究所兼职，帮他指导研究生刘嘉荃。张恭庆很想为关肇直分担一些责任，便爽快地答应了。

张恭庆协助关肇直指导了刘嘉荃的硕士学位论文。刘嘉荃毕业后，继续在系统科学研究所攻读博士学位。据刘嘉荃回忆，1981年张恭庆在中国科学院数学研究所讲过一个小型的课程，共4次，每次两三个小时，系统介绍了临界点理论，参加者有刘嘉荃、丁伟岳、李树杰等。刘嘉荃说：

> 当时张老师是国际上研究临界点理论的领头人。在他开课前，我根本没有接触过临界点理论。听过这门课，我掌握了临界点理论的基本方法，自己可以找这方面的文章看了。这4次课对我后来从事临界点理论研究非常关键。[1]

1982年11月12日，关肇直不幸病逝。嗣后，中国科学院系统科学研究所正式聘张恭庆为兼职研究员。张恭庆作为刘嘉荃的第二导师，指导他完成了博士学位论文。1983年，刘嘉荃获得博士学位。[2] 从此，他一直与张恭庆紧密合作，成为他们研究团队的重要成员。刘嘉荃为人忠厚，学问好，解题能力非常强，是做理论研究的高手。1994年，刘嘉荃调入北京大学数学系。

丁伟岳出生于1945年，是一位能力强、目光深远的数学家。他本科就读于北京大学数学力学系，1968年毕业。毕业后有8年多先后在青海省西宁的光明化工厂、四川泸州火炬化工厂当工人的经历。1978年，我国恢复招考研究生。丁伟岳参加了中国科学院数学研究所历史上规模空前的有1300余人应试的硕士研究生招生考试。这次考试只录取30余人，丁伟岳是其中之一。被录取后，他师从王光寅研习微分方程。1981年毕业留所工作。1986年，丁伟岳获得了中国科学院试点给在职研究人员授予的博

---

① 刘嘉荃访谈，2023年5月23日，北京。资料存于采集工程数据库。

② 中国科学院数学物理学部第九次常委会会议纪要（一九八三年十月十七日）。见：中国科学院办公厅编，《中国科学院年报（1983）》，1984年，第421页。

士学位。丁伟岳早期致力于常微分方程周期解存在性的研究，硕士研究生阶段在北京大学丁同仁的影响下，发表了一篇关于庞加莱－伯克霍夫不动点定理的出色文章。1981 年张恭庆归国前，丁同仁把这篇文章托人交给他，请他帮助在国外交流。张恭庆找了几位同行，文章都得到了很高的评价。1982 年，丁伟岳加入张恭庆的研究团队，此后一直是其中的重要成员。1997 年，丁伟岳当选为中国科学院院士。2000 年，他调入北京大学数学科学学院。同年 5 月，他被任命为北京大学数学研究所所长。中国科学院数学与系统科学研究院同时保留了他的职务。①

王志强是中国科学院数学研究所李树杰的硕士研究生。张恭庆与李树杰在柯朗研究所和威斯康星大学数学研究中心，都有过很愉快的合作，结下了深厚的友谊。归国后他们仍保持密切的联系。在硕士研究生阶段，王志强跟随李树杰在临界点理论方向工作。获得硕士学位后，他考取了中国科学院数学研究所博士研究生。但那时李树杰还不是博士研究生导师，他便推动中国科学院数学研究所聘请张恭庆为兼职研究员，指导王志强的博士学位论文。随后，王志强加入张恭庆的研究团队，并取得了优秀的成果。

1982 年后，张恭庆又陆续招收了硕士研究生陈斌、张东、邹恒辉、庆杰、蒋美跃、杨学锋、姜明等；自1985 年起招收了博士研究生张克威、王宏玉、蒋美跃、姜明等。这样一来，张恭庆的研究队伍逐渐壮大，至20 世纪 80 年代中期已初具规模。在给研究生讲课时，张恭庆编写了讲义《临界点理论及其应用》。这本油印的

图 6-2　张恭庆编写的《临界点理论及其应用》封面（任燃提供）

---

① 1998 年，中国科学院数学研究所、应用数学研究所、系统科学研究所、计算数学与科学工程计算研究所组建为数学与系统科学研究院。

讲义被国内好几个大学采用。上海科学技术出版社来人约稿，答应尽快出版。为此，张恭庆把讲义稍作增加，扩充成书，于 1983 年交稿。不料出版社领导换人，一直拖到 1986 年书才面世。[①] 此书一直被国内同行作为教材使用，延续多年。

1982 年，张恭庆开始组织以临界点理论及其对偏微分方程的应用为主要内容的非线性分析讨论班。他把重要的文献和新收到的论文预印本分发给研究团队成员阅读，并让他们读后在讨论班上报告。后来，田刚、刘嘉荃、王志强、蒋美跃、杨学锋等对莫尔斯理论都作出了很有意义的贡献。田刚回忆说："老师张恭庆组织的讨论班很有启发性。他还让我读一些非线性分析变分方法的文献。我对这些资料很感兴趣，入学后第一学期就解决了山路点的拓扑刻画问题，成果发表在《科学通报》。"[②] 对于一位硕士研究生来说，这是很不容易的。[③]

在此期间，张恭庆继续发展无穷维莫尔斯理论的研究，以同调群为基础建立了临界群和格罗玛尔－迈耶（Gromoll–Meyer）对的概念，证明了孤立临界点的同调群具有同伦不变性，把莫尔斯分解定理推广到了巴拿赫－芬斯勒（Banach–Finsler）流形，还将原来无穷维莫尔斯理论中关键的帕莱－斯梅尔条件放宽到具有形变性质，扩展了这个理论的应用范围。

加拿大蒙特利尔大学"高等数学讲习班"

1983 年初的一天，张恭庆收到加拿大蒙特利尔大学格兰纳斯教授寄来的邀请信。格兰纳斯出生于波兰，在苏联刘斯铁尔尼克院士指导下获得博士学位，早期研究拓扑学不动点理论，后来侧重于微分方程的研究，是当时加拿大数学界的一位重要人物。邀请信的内容主要是请张恭庆在蒙特

---

① 张恭庆：《临界点理论及其应用》。上海：上海科学技术出版社，1986 年。

② 田刚：关于 Mountain–Pass 引理。《科学通报》，1983 年第 14 期，第 833–835 页。

③ 田刚访谈，2022 年 9 月 18 日，北京。资料存于采集工程数据库。

利尔大学一年一度举办的"高等数学讲习班"上（1983年6月27日—7月15日）作10次讲演，系统介绍莫尔斯理论。邀请信中还说明可以带一名助理同去，帮助整理笔记，他们不仅提供张恭庆的往返机票，而且还为助理提供部分资助。张恭庆决定接受邀请，并让田刚作为助理参加这次会议。他习惯于自己整理笔记，并不打算让田刚花时间去做琐碎的事，主要是想让田刚开阔眼界，立大志，勇于到世界数学前沿去拼搏。

不久，张恭庆又收到陈省身发来的邀请信。在邀请信中，陈省身说他已经出任伯克利数学研究所（美国国家数学研究所）第一任所长。这个研究所的第一个学术年（1983年）是偏微分方程年。陈省身邀请张恭庆去工作4个月。统筹之下，张恭庆决定5—8月访问伯克利数学研究所，中间去加拿大参加蒙特利尔大学的"高等数学讲习班"。

因为知道包括尼伦伯格、拉比诺维茨、布莱基斯、樊㙓、默威（Jean Mawhin）[①]、伯格尔在内的不少国际上很有影响的数学家，以及在非线性分

图6-3 1983年，张恭庆（右）与陈省身夫妇在陈省身伯克利家中合影（张恭庆提供）

---

① 默威，比利时数学家，当时已是比利时皇家科学院院士。

析方向很有前途的青年才俊，如巴瑞（Abbas Bahri）、柯洪（Jean Michel Coron）、霍弗（Helmut Hofer）、斯特鲁威（M. Struwe）和田刚等，都要参加蒙特利尔大学的这次"高等数学讲习班"，所以这 10 次讲演对张恭庆是一次大的挑战：该怎么讲？拿什么时间来准备？平时在国内，他的工作虽然很多，但还是挤出了时间在这方面继续做了不少研究工作，问题是：没有时间来准备这次讲演。只能等到达伯克利数学研究所之后，利用会议之前的一个多月来撰写这次"高等数学讲习班"的讲义。

实际上，1983 年 5 月张恭庆一抵达伯克利数学研究所就把主要精力完全投入到这次会议讲义的撰写工作中去。他思想高度集中，一边吸收几位先驱者的思想建立一个统一的、系统的、便于应用的无穷维莫尔斯理论框架，一边整理这几年来自己在莫尔斯理论及其在微分方程应用方面所得到的结果。

很巧，在他动身赴美国前夕，突然收到康利和赞德解决环面上阿诺德（Arnlod）猜测的预印本。他粗略看了一下结论，就用自己发展起来的无穷维莫尔斯理论给出了一个新的、简单的证明。到达伯克利不久，陈省身过去的学生威因斯坦（A. Weinstein）教授，辛几何专家，来问张恭庆知不知道康利和赞德新近的工作。张恭庆说知道，自己还有一个不同的证明。威因斯坦很高兴地说他也有一个，于是约定时间改日交流。交流完毕，威因斯坦说："还是你的证明简单清楚。"张恭庆随之将自己的简单证明纳入蒙特利尔大学"高等数学讲习班"的讲义（内容见第九章）。

由于这个讲习班在夏季举行，田刚没有跟张恭庆一起先到美国，而是在会议召开前夕与张恭庆在美国旧金山汇合后，一同直接飞往加拿大。[①] 张恭庆在这个讲习班上的讲演非常有吸引力。讲习班前后共三周，不少人原只打算参加前一两周就回去。然而，默威、伯格尔等自始至终都在听他的讲演。最后一次报告也还有不少听众。会后，与会者的讨论也很热烈。

张恭庆回到北京大学后，北京大学校刊记者采访张恭庆对于这次会议的感想，他说：

----

① 田刚访谈，2022 年 9 月 18 日，北京。资料存于采集工程数据库。

在那个年代我们在电视上经常看到中国的体育健儿们在世界体坛上为国争光，取得优异的成绩。当看到他们站在领奖台上，伴随着国歌的演奏，五星红旗冉冉升起的场景，我的内心都会十分激动；逐渐地，我在心中把中国学者在国际数学讲坛上作演讲与此类比。每遇到在重要的国际会议上看到中国人在作报告时，五星红旗也在我的心里冉冉升起。①

在这个讲习班上，还有一个小小的插曲。参加讲习班的巴瑞是法国数学家布莱基斯的学生，1981 年张恭庆访问巴黎时，出席了他的博士学位论文答辩会。在巴黎期间，巴瑞和布莱基斯的其他几个学生轮流陪同张恭庆参观过许多巴黎的名胜。后来巴瑞先后在法国巴黎高等工科学校（École Polytechnique）和美国罗特格斯大学任教。在这次会议上，田刚与巴瑞就一个学术问题发生激烈的争论，互不相让，突然巴瑞对着张恭庆半开玩笑地叫道："张教授，快来，你的学生好厉害！"关于这次争论，田刚回忆说他跟巴瑞的争论很有意思，大家都是年轻人，对一个问题有各种角度的理解，有的时候可能还没搞懂，或者觉得讲得还不全面，就可以去讨论。②

张恭庆这 10 次讲演的讲义《无穷维莫尔斯理论及其应用》（*Infinite Dimensional Morse Theory and Its Applications*）于 1985 年由蒙特利尔大学出版社出版。③ 这部讲义是该专题第一本公开出版的著作，为张恭庆在这个领域的学术地位奠定了基础。

这个讲习班对张恭庆的学术生涯极为重要：正是这个讲习班的刺激，促进了他去加紧发展无穷维莫尔斯理论；也正是这个讲习班，引起了同行对这项工作的关注。这个讲习班还帮他把讲义公开发表，使得他有关的工作得到广泛的认可。事实上，自张恭庆 1981 年回国后，虽然在这方面的工作一直在继续，但当时处于改革开放初期，向国外投稿手续相当复杂，所

---

① 张恭庆致郭金海电子邮件，2023 年 7 月 26 日。

② 田刚访谈，2022 年 9 月 18 日，北京。资料存于采集工程数据库。

③ Kung-Ching Chang. Infinite Dimensional Morse Theory and Its Applications. Montréal：Les Presses de l'Université de Montréal，1985.

以在那段时间他得到的结果都发表在国内期刊上。而那时国内的英文期刊即使在国外能够查到，也得不到众人的重视，国外学者大多不知道。而在这份讲义中，张恭庆把这些年在国内发表的结果都整理出来收集了进去，既便于国外同行阅读，又扩大了影响。

在这个讲习班之后，张恭庆返回伯克利数学研究所，在由布劳德组织的非线性泛函分析会议上作了题为《同调论对一些微分方程问题的应用》的学术报告。后来又受伯格尔之邀在纽约州奥尔巴尼（Albany）召开的美国数学会年会上作了另一个题目的学术报告。会后张恭庆绕道波士顿，去看望了在哈佛大学做访问学者的丁石孙。

为了让田刚尽快成长，张恭庆在这个讲习班后安排他到伯克利数学研究所待了几天。由于恰逢偏微分方程年，世界各地在这个领域的许多优秀年轻数学家会聚于伯克利数学研究所。田刚在那里与他们交流，进一步开阔了眼界。这次出国的经历，使田刚看到国内在数学水平和工作条件上与国外的差距，萌生了将来要出国留学的想法。

1984 年，在张恭庆的指导下，田刚在北京大学获得硕士学位。此后，田刚赴美国留学，师从丘成桐，1988 年获得哈佛大学数学博士学位。田刚致力于微分几何、辛几何、几何分析、数学物理等领域的研究，解决了一系列几何及数学物理中的重大问题，特别是在凯勒－爱因斯坦（Kähler-Einstein）度量研究中做了开创性工作，引进了 K- 稳定性的概念，证明了在费诺（Fano）空间上 K- 稳定性与存在凯勒－爱因斯坦度量的等价性，并证明了著名的丘－田－唐纳森（Yau-Tian-Donaldson）猜想。[①] 田刚与他人合作，首次证明了量子上同调的可结合性，构造了辛流形的 GW 不变量，建立了量子上同调理论和 GW 理论的数学基础。田刚还在高维规范场数学理论研究中建立了自对偶杨－米尔斯（Yang-Mills）联络与标度几何间的深刻联系，启动了用几何分析方法研究双有理几何的解析极小模型纲领。田刚于 2001 年当选中国科学院院士，2004 年当选美国人文与科学院外籍院士，2020 年出任中国数学会理事长。他分别于 1990 年与 2002 年受邀在国际数学家大会上作 45 分钟分组报告和 1 小时大会报告。他还于

---

① 陈秀雄、唐纳森（Simon Donaldson）和孙崧也证明了这个猜想。

1994 年获得美国国家科学基金委员会第十九届沃特曼奖，1996 年获得美国数学会韦伯伦奖。

1983 年参加蒙特利尔大学"高等数学讲习班"和伯克利数学研究所偏微分方程年活动时，田刚没有想到自己将来会成为卓有成就的数学家。而且令他难忘的是，2003 年他还应邀在伯克利数学研究所主办了微分几何年。回忆起此事，2022 年田刚感慨地说："没有 1983 年参加蒙特利尔大学'高等数学讲习班'的经历和伯克利数学研究所之行，我想我是否能留学美国，走上国际数学舞台，就很难说了。"①

几 何 分 析

张恭庆在柯朗研究所进修时，就发现许多偏微分方程专家都在关心几何问题。尼伦伯格本人就是几何分析的先驱，其博士学位论文研究的是几何中的外尔问题。他还和陈省身合作撰写过几何分析方面的重要文章。然而，由于自己在几何方面没有什么基础，张恭庆明知其重要，却无从下手。

1983 年，张恭庆参加伯克利数学研究所偏微分方程年的活动，明显地感到在偏微分方程研究中几何的味道愈来愈浓。一个新的分支——几何分析正在脱颖而出，于是，他开始关注这个方向的进展。回来后，便选择了涉及完全非线性椭圆、椭圆组以及一些与几何有关的偏微分方程的文章，放到讨论班上去读。

此时张恭庆面临一个矛盾：是继续发展无穷维莫尔斯理论及其在偏微分方程中的应用，一鼓作气，专注于自己的研究，还是带领学生们赶上几何分析正在兴起的这股潮流。面对矛盾，他考虑到自己的使命是要为后人"铺路搭桥"，便选择了后者优先。

1984 年，谷超豪给张恭庆发来邀请信，请他寒假后到复旦大学去讲一

① 田刚访谈，2022 年 9 月 18 日，北京。资料存于采集工程数据库。

门"几何中的偏微分方程选讲"的小课。对于张恭庆而言，这真是一次挑战，但也是一次难得的促使自己深入研习几何分析相关知识及其前沿成果的机会。他硬着头皮迎接了挑战。1984 年 2 月 20 日—3 月 8 日，张恭庆在复旦大学讲授了这门课程。讲授的内容是他在北京大学组织的讨论班上正在仔细研读的文章，涉及完全非线性椭圆方程、预定曲率方程和雅马比（Yamabe）等问题。

　　同年，张恭庆得到英国基金会的一笔研究经费去英国作学术访问三个月。他了解到英国华威大学（University of Warwick）数学系的伊尔斯（James Eells）教授是调和映射领域的权威，而调和映射也是当时几何分析的一个热点，于是决定秋季开学后去那里进修、学习。在访问期间，张恭庆向该系教师作了两次用莫尔斯理论研究多解问题的学术报告。报告后，伊尔斯告诉张恭庆，自己曾经考虑过用莫尔斯理论研究调和映射的多解问题，但未能成功，希望张恭庆能一起研究调和映射和极小曲面的非极小解问题。张恭庆欣然同意。于是就在读了伊尔斯的几篇文章之后，开始合作研究共边不稳定极小曲面的存在性。张恭庆知道自己在几何方面的知识不够，凡涉及几何上的问题都向伊尔斯虚心请教。经过一段时间的努力，他们终于得到了一些结果，联名将其发表在中国数学会的《数学学报》上。[①]有了这次经历，张恭庆增强了信心，想以调和映射作为进入研究几何分析的切入点。在此期间，张恭庆还顺访了英国的巴斯大学（University of Bath，霍弗邀请）、利兹大学［University of Leeds，伍德（Wood）邀请］以及比利时的新鲁汶大学（Catholic University of Louvain，默威邀请），报告了自己的成果。

　　1984 年冬天回国后，张恭庆便与丁伟岳商量在非线性分析讨论班上逐渐增加几何内容，如调和映射、极小曲面、预定曲率曲面、哈密顿系统（Hamiltonian system）等问题。丁伟岳本来就对几何分析有兴趣，两人一拍即合。

---

① Chang Kungching, James Eells. Unstable Minimal Surface Coboundaries. Acta Mathematica Sinica, New Series, 1986, 2（3）：233-247.

南开数学研究所"学术活动年"

陈省身 1979 年从加州大学伯克利分校退休，决定把自己的余生献给中国的数学事业。他把想法明确地告诉了南开大学的好友吴大任和知心的学生、朋友吴文俊。吴大任和吴文俊都建议他回到南开大学。南开大学副校长胡国定了解了陈省身有意回南开大学的想法后，请其担任将要成立的南开数学研究所所长，有职有权地负责研究所的工作。1985 年南开数学研究所成立，陈省身出任首任所长。① 根据陈省身的建议，由吴大任归纳，该研究所确定了办所宗旨："立足南开，面向全国，放眼世界"。实行这一方针的具体措施是组织"学术活动年"。②

"学术活动年"每年由南开数学研究所选择一个主题，聘请国内专家担任学术委员会成员，拟定邀请讲学该主题的国外专家名单，并提前在该研究所举行为期 3 个月到半年的学习班为听讲做准备。这样的"学术活动年"，硕士和博士研究生都可以参加，1985—1995 年连续举办了 11 年（共12 次）③。

1985 年秋—1986 年春，第一次"学术活动年"活动举行，主题是偏微分方程。陈省身指定王柔怀和张恭庆负责这次活动的学术组织工作。根据当时世界上偏微分方程发展的动向，以及我国偏微分方程界的实际状况，这次活动分四组进行：几何中的偏微分方程；微局部分析；椭圆型方程先验估计；发展型方程。

国内参加这次活动的有教授、副教授、讲师与硕士、博士研究生，共205 人。④ 因为人数多，学术水平参差不齐，王柔怀和张恭庆把活动分为两个阶段进行：一是预备性阶段，在这一阶段，开设一系列研究生专题课程，

---

① 2005 年 12 月 3 日，南开数学研究所更名为陈省身数学研究所。
② 张奠宙，王善平：《陈省身传》。天津：南开大学出版社，2011 年，第 227–237 页。
③ 同②，第 237 页。
④ 同②，第 238 页。

图6-4　20世纪80年代中期的张恭庆（资料来源:《张恭庆的数学生活》)

授课者都是国内专家，还围绕专题组织讨论班，请授课专家报告有关的前沿文献；二是正式专题阶段，在这一阶段，请国外专家来南开数学研究所作专题系列讲演，应邀前来的共有11位专家。

参加这样的盛会，国内外人员都兴致勃勃。国外一些专家明确表示，想不到他们相当专门的讲座，听众总是济济一堂，这是在世界上其他任何学府都找不到的，这使他们倍加兴奋，深感遇到了知音。国内师生深受长期封闭之害，更十分珍惜南开数学研究所替大家争取到的这次大好的学术交流机会。①

张恭庆负责几何中的偏微分方程组，由丁伟岳协助。受邀的国外专家是美国哈佛大学教授陶布斯（Clifford Henry Taubes，1954——　）和美国宾夕法尼亚大学教授卡兹丹（J. Kazdan）。陶布斯讲的是杨－米尔斯方程（Yang-Mills equations），这是当时国际上数学研究中的一个热点，但国内偏微分方程界对此方程知之甚少。考虑到国内偏微分方程界大多数人只是在偏微分方程内工作，很少涉及数学其他分支，张恭庆和丁伟岳不得不多花些力气，根据需要，介绍有关的几何预备知识。

陶布斯的讲演效果较好。一些听众能够比较好地吸收他介绍的内容，并沿着杨－米尔斯方程这个方向开展研究工作。张恭庆的博士研究生王宏玉便是其中一位。他听了陶布斯的讲演后，选择了研究杨－米尔斯方程的非极小解作为博士学位论文题目，并取得了较好的结果。卡兹丹的讲演更是激发了一些年轻人对几何问题的兴趣。

这一年的"学术活动年"中，几何组为国内偏微分方程界在以下几个方面的研究工作打下了一定的基础：预定数量曲率方程、调和函数、调和映射、极小曲面普拉托问题、黎曼流形上本征值估计等。②

第一次"学术活动年"之后，1986年夏天，南开数学研究所组织召开

---

① 张奠宙，王善平：《陈省身传》。天津：南开大学出版社，2011年，第238-239页。

② 同①，第239-240页。

了第七届国际"双微"会议（DD-7）。张恭庆又全身心地投入了这次会议的组织工作。1985—1986 年，由于忙于组织第一次"学术活动年"的活动和第七届国际"双微"会议，他没有时间也不可能静下心来做研究，致使研究工作处于暂时停顿状态。

全国数学研究生暑期学校

1978 年全国科学大会提出"向科学技术现代化进军"的战略决策后，随着国内高等学校和科研机构数学教育和数学研究工作的推进，国际数学交流活动的蓬勃展开，中国数学事业出现起色。然而，中国数学整体水平还很落后，一些非常重要的数学研究生课程，国内一般大学还没有能力开齐全，数学研究生培养的水平和质量也有很大的提升空间。

为了振兴中国数学，陈省身除了倡议举办包括国际"双微"会议在内的大型国际数学会议外，在 1983 年初联合六位知名的美籍华人数学家联名上书我国教育部，建议举办全国数学研究生暑期教学中心，并委派美国加州大学伯克利分校项武义专程来国内具体磋商。教育部多次召集有北京大学、南开大学、复旦大学、中国科学技术大学、吉林大学和中国科学院等单位的数学家参加座谈会，专门讨论这个问题。与会人员一致认为，陈省身等七位数学家的建议是一件具有战略意义的大事，也是一个切实可行的倡议，它关系到中国现代数学的发展和新一代数学人才的培养。因此，举办全国数学研究生暑期教学中心是非常必要的，应该办好。同时，与会人员提出要改变中国数学落后的状况，应该寄希望于青年一代，抓好新一代数学人才的培养。现在老一代数学家的精力不行了，中年一代可以承上启下，发挥很大的作用，但必须依靠下一代或两代人的努力，才能赶上或超过世界水平。[1]

在调研论证的基础上，教育部领导于 1983 年底批准建立全国数学研

---

[1] 严综：举办数学研究生暑期教学中心是加速我国数学发展和人才培养的一个行之有效的方法。《学位与研究生教育》，1985 年第 1 期，第 13 页。

究生暑期教学中心。这是中国引进国外智力、立足国内培养高层次人才的重要尝试。全国数学研究生暑期教学中心自 1984 年起举办，十年后，即 1994 年 12 月 31 日根据该中心领导小组和陈省身的建议，经国家教委领导批准，改为"数学研究生暑期学校"。①

1984 年，第一届全国数学研究生暑期教学中心由北京大学承办②，随后两届相继于 1985 年和 1986 年分别由南开大学和复旦大学承办③。这三届均全部聘请国外著名专家担任主讲，同时聘请国内中青年专家担任讲员，负责辅导并整理讲稿。

第四届全国数学研究生暑期教学中心于 1987 年由吉林大学承办。与以往三届只聘请国外专家作为主讲人不同，这届也请了张恭庆、葛墨林、冯克勤 3 位国内专家作为主讲人。葛墨林是理论物理学家，冯克勤是数论和代数学家，两人都是国内各自领域同辈人中的佼佼者。吉林大学数学系教授王柔怀提名张恭庆作为非线性分析课程的主讲人。收到吉林大学的邀请信后，张恭庆觉得义不容辞，不能辜负大家的厚望。这个暑期前的一个学期，张恭庆先在北京大学给研究生开设了同名课程，一边为这届暑期教学中心备课，一边编写讲义。

张恭庆在暑期教学中心的这门课从 1987 年 7 月 11 日开始至 8 月 7 日结束，每周 3 讲。在课堂上，张恭庆充分发挥从柯朗研究所学到的教学风格，竭力引导学生把学过的知识融合起来，内容上尽量联系到与当时国际上有关的研究热点，以提高听众的兴趣和求知欲。

这门课很受欢迎。不仅堂堂听众爆满，连教室过道的地上都坐满了人。上课时听众聚精会神听讲，下课后热烈讨论。听众的这种状态使本来就喜欢讲课的张恭庆更加激发起在讲课中的激情。这股激情也感染了听

---

① 国家教育委员会关于举办《数学研究生暑期学校》的通知。见：国务院学位委员会办公室，教育部研究生工作办公室编，《学位与研究生教育文件选编》。北京：高等教育出版社，1999 年，第 274 页。

② 严综：教育部举办第一期数学研究生暑期教学中心。《学位与研究生教育》，1984 年第 2 期，第 104 页。

③ 吴镇柔，陆叔云，汪太辅：《中华人民共和国研究生教育和学位制度史》。北京：北京理工大学出版社，2001 年，第 530，532 页。

众。美国密歇根州立大学李天岩教授是这届数学研究生暑期教学中心邀请来主讲的国外专家之一。他很有才华，因多项工作（其中一项是"混沌"）在国际数学界享有盛誉，此次应邀主讲计算数学。他自始至终都坐在台下专心听张恭庆讲课。到了课程结束时，他突然跑到台上对着学生们激动地说："这是一门世界水平的课！"由此，张恭庆会讲课的名声不胫而走。

1996 年，全国数学研究生暑期学校由北京大学承办。作为东道主的成员，张恭庆再次担任主讲教师，讲授了几何分析引论。

再 访 欧 美

通过 1980 年访问加州大学圣芭芭拉分校，1981 年共同出席了格兰纳斯在加拿大舍布鲁克的一个庄园里召开的非线性分析研讨会，以及 1983 年一起参加蒙特利尔大学"高等数学讲习班"，张恭庆与樊畿有了几次交往，十分钦佩这位前辈的学术成就。加上两人都是研究泛函分析出身，有更多的共同语言。1985 年 6 月 23—26 日，美国加州大学圣芭芭拉分校为樊畿举行隆重的退休纪念活动，召开非线性与凸分析（Nonlinear and Convex Analysis）会议。樊畿母校北京大学的张恭庆受邀参加纪念活动，并在会议上作学术报告。

樊畿对故国，尤其母校北京大学怀有特殊深厚的情感。他不仅主动邀请过张恭庆访问加州大学圣芭芭拉分校，也曾在家里接待过丁石孙。那是 1980 年，丁石孙作为中国代表团成员参加了美国教育协会。会后，丁石孙与中国代表团其他成员应樊畿邀请，去他家里拜访。丁石孙敬仰他的学问，1983 年访问美国期间去看望了他。[1] 1985 年张恭庆赴美国参加非线性与凸分析会议前，已任北京大学校长的丁石孙让他争取樊畿退休后回北京大学工作。张恭庆抵达美国后，一见到樊畿，就转达了丁石孙校长

---

① 丁石孙，袁向东，郭金海：《有话可说——丁石孙访谈录》。长沙：湖南教育出版社，2017 年，第 173-174，190 页。

图6-5　1989年5月，樊畿回到大陆后与程民德、张恭庆相聚（左起樊畿、程民德、张恭庆，照片由张恭庆提供）

的邀请。樊畿是一位做事很有原则并且感情丰富的人。当时他还兼任台湾"中央研究院"数学研究所所长，初次听到张恭庆转达的邀请时，并没有正面回答。到了招待宴会上，张恭庆又在所致祝词中真挚地欢迎他以后多回母校走走。他非常激动，抱住张恭庆哽咽着说："我是多么想回去啊，我是要回去的，但现在还不能。"①张恭庆安慰他说："什么时候回来都欢迎。"1989年5月，樊畿应邀回到了阔别50年的母校。6月3日，丁石孙亲自为樊畿授予北京大学名誉教授称号。②张恭庆在授予仪式上介绍了樊畿的学术成就。

　　1985年8月，张恭庆还应邀在捷克斯洛伐克布如诺（Bruno）召开的第六届国际微分方程会议（Equadiff 6）上作了学术报告。他接到这次会议的邀请信后，答应得很爽快。这主要是因为中国改革开放以后，他已去过不少西方国家，但一直没有机会去社会主义阵营国家，他想去看看那里

---

① 张恭庆：学术活动。2021年9月8日，未刊稿。资料存于采集工程数据库。

② 丁石孙，袁向东，郭金海：《有话可说——丁石孙访谈录》。长沙：湖南教育出版社，2017年，第233页。

的数学发展得怎么样，那里的人民生活得怎么样。事实上，这次捷克斯洛伐克之行，给他的印象不错。这个国家的数学家们对他都很友好，学生们对他的学术报告也很感兴趣，会后有不少人找他问问题。大学的教室和住宿条件都不比西方差，只是伙食看来并不那么好，而且每顿午餐都要排长队，从二楼餐厅一直排到一楼再排到街上，不知道那么多人从何而来。据说，有些是通过关系弄到餐券来吃饭的。饭后每人可以领到一只小小的苹果，只有沙果那样大。但布拉格的建筑确实雄伟，城市也很清洁美丽。会议组织去农场参观。大型旅游车满载着世界各地的参会者，大家高唱着各国的民歌，在欢快的节奏和友好的气氛中，人们向往着世界大同。

国际数学联盟（International Mathematical Union，IMU）是一个国际性的非政府、非营利性的数学组织。它以促进国际数学合作为宗旨，每 4 年组织召开一次国际数学家大会是其主要工作之一。1986 年 7 月 31 日—8 月 1 日，在美国加州奥克兰举行的国际数学联盟第十届会员代表大会上，中国数学会与位于中国台北的数学会作为一个整体代表中国加入国际数学

图 6-6 1986 年 8 月，部分中国数学家在美国加州大学伯克利分校参加国际数学家大会期间合影（右起：张恭庆、齐民友、谷超豪、程民德、吴文俊、王柔怀，照片由张恭庆提供）

联盟。这为中国将来申办国际数学家大会提供了必要条件。紧接着这次代表大会，第 20 届国际数学家大会于 8 月 3—11 日在美国加州大学伯克利分校举行，张恭庆躬逢其盛。这是他第一次参加国际数学家大会。

1987 年秋季开始，按北京大学的规定，张恭庆可以轮空一年，自行安排讲学和研究。此前，张恭庆制订了一个和夫人文丽一起出国的计划：赴美国游学，在威斯康星大学麦迪逊分校一个学期，在加州大学洛杉矶分校（University of California, Los Angeles）一个学季（3 个月），在柯朗研究所 2 个月，再赴欧洲游学，法国、荷兰、瑞士共 2 个月。

按此计划，1987 年 8—12 月，张恭庆应拉比诺维茨邀请，以访问教授的身份在威斯康星大学麦迪逊分校数学系开设了一门研究生专题课——无穷维莫尔斯理论及其应用。当时威斯康星大学麦迪逊分校有三四万学生，其中约三分之一是研究生，是美国研究生院排名前三的大学。它的数学学科教师阵容强大，在美国大学中排名第七。[1] 张恭庆被邀请到这里为数学系研究生开课，对他是一种学术荣誉，也表明他的数学工作得到了拉比诺维茨等教授的重视。

张恭庆开的是一个学期的课，使用了他在蒙特利尔大学"高等数学讲习班"上所作的 10 次讲演的讲义《无穷维莫尔斯理论及其应用》。上课的教室能坐三四十人，每次都坐满。拉比诺维茨不仅自己全程听了这门课，还让他的学生们都来选修，其中有他的博士研究生龙以明。龙以明原为天津师范学院数学系教师，1978 年考取南开大学硕士研究生，1981 年毕业。1983 年被公派赴美国威斯康星大学麦迪逊分校留学，师从拉比诺维茨攻读博士学位。申请该校时，张恭庆为龙以明写了推荐信。当时龙以明已经 35 岁，获得这次深造的机会非常不容易。因此，他一直感激在自己的学术生涯最开始的时候，张恭庆所给予的这种支持。

在拉比诺维茨的建议下，为了学习张恭庆讲授的课程和照顾张恭庆夫妇的生活，龙以明推迟了 1987 年夏季博士研究生毕业和到瑞士苏黎世联邦理工学院数学研究所做博士后的计划。关于张恭庆的这次讲课，龙以明

---

① 龙以明访谈，2022 年 11 月 14 日，腾讯视频。资料存于采集工程数据库。

有如下回忆：

> 那一学期张先生的课吸引了很多各国研究生参加，每次课都是座无虚席。张先生的课深入浅出，给出严格证明的同时，辅以精确的计算和许多例子，使艰深的内容易于被学生掌握。这也是他的教材能够成为此领域的经典著作的原因。借这一学期的机会，我系统地学习了张先生的这个课程，这部分内容事实上成了我后来三十年从事数学研究的重要基础之一。①

龙以明的照顾无微不至，他和夫人王征几乎每周都开车带张恭庆夫妇去超市购买食品，张恭庆夫妇与龙以明一家相处得非常融洽。他没有一点架子又和蔼可亲，给龙以明留下了深刻的印象。龙以明说，张恭庆就像家里的一位和蔼可亲的长辈，十分容易接近。1987 年冬天的一天，龙以明开车带爱人、女儿和张恭庆夫妇到麦迪逊西城的一个超市去购物。返回时，天上下起了大雪，道路非常滑，一踩刹车，汽车就像船在水面上一样滑行，与前面的车相撞的风险很大。龙以明开着车，心里非常紧张。张恭庆一直安慰他不要紧张。这次购物虽然惊险，但没有发生事故，他们终于顺利地回到住所。

1987 年 12 月底，张恭庆完成了一个学期的授课任务时，正赶上龙以明被授予博士学位的仪式。这个仪式原本安排在傍晚，但直到晚上才举行。尽管那时天寒地冻，但是张恭庆和文丽专程到学校去参加，向他祝贺，为他高兴，鼓励他进一步做好数学研究。有了这些经历，张恭庆与龙以明之间的友谊更加深厚。龙以明回到南开大学任教后，张恭庆和他经常合作组织学术活动。

在威斯康星大学麦迪逊分校数学系授课之余，张恭庆继续从事莫尔斯理论研究，将临界点理论中的各种极小极大原理纳入统一的莫尔斯理论框架，还把莫尔斯理论应用到更多的问题，得到不少有意义的结果。

---

① 龙以明：关于张恭庆先生的访谈预备稿。2022 年 11 月 9 日，未刊稿。资料存于采集工程数据库。

离开威斯康星大学麦迪逊分校后，1988 年 1—3 月，张恭庆应郑绍远的邀请，在加州大学洛杉矶分校开设了两门本科生课程：线性代数和线性规划。对张恭庆来说，教这两门课程比较轻松，还有时间研究调和映射的热流。在此期间，张恭庆夫妇与王柔怀夫妇合住同一套宽大的公寓，相处非常融洽。那时王柔怀虽然已经 62 岁，但每晚还工作到深夜。他的勤奋钻研精神，令张恭庆十分敬佩。

图 6-7　张恭庆在美国访问时与王柔怀夫妇、郑绍远交谈（右起：王柔怀、张恭庆、王柔怀夫人、郑绍远，照片由陈大岳提供）

应尼伦伯格的邀请，1988 年 4—5 月张恭庆再次访问了柯朗研究所。旧地重游，他感觉分外亲切。在柯朗研究所，张恭庆作了一场调和映射热流方面的报告，这是他在这半年中刚刚完成的工作。访问结束前，他还顺访了哈佛大学、宾夕法尼亚大学、罗格斯大学、密歇根州立大学、明尼苏达大学等。在这些大学，他也都报告了这个成果。这次顺访安排得非常紧凑。

离开美国后，张恭庆先应荷兰克莱芒（Clement）教授的邀请，和文丽一同访问了荷兰代尔夫特大学（University of Delft）。张恭庆在那里作了一场学术报告。克莱芒陪伴张恭庆夫妇参观了荷兰的水坝、在海水中用先进技术种植郁金香以及用注入淡水抵制海水入侵的壮观场景，使他们对荷兰人民与自然斗争的精神深为敬佩。

克莱芒夫妇热情地招待了张恭庆夫妇，安排他们住在自己家里。他们的小女儿一直等待张恭庆夫妇的到来，见到后，就大叫"K. C. Chang 来了"，还在他们的床上悄悄放了两块巧克力。

访问荷兰前，张恭庆已收到布莱基斯的邀请，去巴黎参加为庆祝利翁斯 60 岁生日召开的变分问题与相关论题会议（Variational Problems and Related Topics）。因此，结束荷兰的访问后，张恭庆夫妇就踏上赴巴黎的旅程。到了巴黎，他们在会议前顺访了巴黎高等工科学校。此时，巴瑞正在该校任教，他主动把自己的公寓让给张恭庆和文丽住。巴瑞所在的法国高等工科学校的教务长还邀请张恭庆共进午餐。在变分问题与相关论题会议上，张恭庆作了报告，也聆听了苏联数学家盖尔范德的学术报告。盖尔范德是张恭庆年轻时非常敬佩的一位数学家。他与希洛夫合著的《广义函数》是张恭庆早年精读过的专著，并以此起步研究。不过，此时盖尔范德所讲的内容，张恭庆一点也听不懂了。

应莫泽的邀请，张恭庆夫妇离开法国后访问了瑞士苏黎世联邦理工学院数学研究所。这是张恭庆第三次到这里访问，一切都很熟悉，到了之后马上就进入了研究状态。逢休假日，赞德夫妇常邀张恭庆夫妇外出旅游。有一次，四人晚间坐在高处俯瞰苏黎世湖，夜幕之下白色的游轮灯光通明，在平静的湖面上缓慢航行，像是黑色天鹅绒上一枚闪闪发光的钻石，平静安详，精美绝伦。张恭庆还非常欣赏瑞士人遵守时刻的习惯。每天他上班去乘有轨电车，从车站看望路口拐弯处的大钟，电车准时悠然而来，不差几秒钟。

在苏黎世联邦理工学院访问期间，张恭庆又遇到了已到那里做博士后的龙以明。赞德与他们都注意到比利时数学家威廉（M. Willem）等刚发表的关于复摆周期解的论文，便在一起讨论，并发现可以用不同的方法推广到很一般的情形。张恭庆观察问题十分敏锐，指出了拓扑相对筹数理论中一直有一个地方没写清楚，并严格建立了相对筹数理论。在此基础上，他们三人合作完成了论文《三重复摆的受迫震荡》（Forced Oscillations for the

Triple Pendulum）。此文后来发表在庆祝莫泽 60 岁生日的论文集中。[1] 赞德敬佩张恭庆的学术成就和国际影响力。张恭庆不在场的时候，有一次龙以明听到，赞德称张恭庆为 "Big Chang"。[2]

张恭庆在巴黎时，布莱基斯向他约稿，写一本关于莫尔斯理论及其应用的专著。因为已有蒙特利尔大学出版社出版的《无穷维莫尔斯理论及其应用》作基础，又有在威斯康星大学数学系教过一学期的经验，张恭庆对于完成这本书很有信心，便欣然接受了约稿。他还需要做的工作主要是将临界点理论中的各种极小极大原理纳入统一的莫尔斯理论框架，并将莫尔斯理论应用到更多的问题（特别是几何问题）中去，再加入田刚、刘嘉荃、王志强和蒋美跃等人在这个方向上的研究成果。

1988 年 8 月，张恭庆回到北京不久，程民德告诉张恭庆自己已退休，经数学系领导研究，准备让张恭庆担任北京大学数学研究所所长。张恭庆毫无思想准备，一听就竭力推辞，但无效。此后一年，张恭庆面临各方面的事太多太杂，一点时间都抽不出来，无法专心著述。

直到 1989 年 8 月下旬，张恭庆到意大利国际理论物理中心参加变分问题专题会议（Topical Meeting on Variational Problems），才又一次出国。考虑到学校已经停课，而书稿不能再拖了，张恭庆征得学校同意，请假到 11 月底，以便集中精力把专著写出初稿。

因为事先没有安排，临时要找地方专心工作并不容易，张恭庆只好利用与欧洲同行间的友谊就近先后在意大利的比萨高等师范学校（安布罗赛蒂邀请）和瑞士苏黎世联邦理工学院（赞德邀请）访问三个月专心著述。为了排除一切干扰，这次访问期间他不参加任何活动（除应邀访问一天德国的慕尼黑大学外），集中全力撰写书稿。他每天准时起床，准时三餐，准时休息，准时散步，把日程安排得像时钟一样准确。在比萨时，他 8 点吃完早饭就坐在比萨高等师范学校的办公室里撰写书稿，中午去食堂午餐，饭后围绕斜塔散步一周，下午一点半后继续写作，5 点休息，晚饭

---

① 龙以明：关于张恭庆先生的访谈预备稿。2022 年 11 月 9 日，未刊稿。资料存于采集工程数据库。

② 龙以明访谈，2022 年 11 月 14 日，腾讯视频。存地同上。

后回宿舍，修改这一天写下的内容。传说康德在哥尼斯堡每天准时外出散步，人们以他的出现核对钟表。张恭庆自嘲，在比萨时他散步的时间也一样准时。每天下午 5 点出发，走到火车站附近。火车站前有几棵大树，围绕大树有一圈座椅，一到下午此时，树上的鸟儿呱呱地吵叫，树下的人群也哇哇地喧闹。张恭庆每天来此欣赏人和鸟的欢快，也和时钟一样准确。书稿《无穷维莫尔斯理论与多解问题》几经修改，一年后付印，1993 年由瑞士博卡豪斯（Birkhauser）出版社正式出版。[①] 此后，张恭庆又与合作者们把无穷维莫尔斯理论应用到了一些几何问题中去。

数学组织与交流活动的进一步展开

1989 年因为某些原因，中国正常的国际学术交流活动受阻。陈省身、杨振宁和李政道等都积极地帮助中国学术界走出困境。为了打开局面，陈省身给张恭庆写信，建议在 1990 年组织召开一次国际偏微会议作为"双微"系列会议的延续。张恭庆明知那时很难请到国外数学家来中国参会，但为了突破这个困境，硬着头皮答应下来。经过大家讨论，由张恭庆与复旦大学李大潜、南开大学黄玉民共同牵头在南开大学组织召开这次会议。先把会议名称定为"非线性分析与微局部分析国际会议"（International Conference on Nonlinear Analysis and Microlocal Analysis），让两个不同分支的人都来参加，以壮声势。他们还给多位国外同行写信，邀请前来参会。但受邀者大都以各种理由，表示不能前来。只有一部分与国内数学家友谊深厚的人接受了邀请。此会一直拖到 1991 年 8 月 18—23 日才在南开数学研究所召开。从欧美和日本来了十多位数学家，我国老一辈数学家周毓麟、谷超豪，以及在美国工作的新秀田刚、林芳华等也都到会作了精彩的学术报告，提高了会议的水准。9 月 28 日，张恭庆在会后致信陈省身，汇

---

① Chang K. C. Infinite Dimensional Morse Theory and Multiple Solution Problems. Boston: Birkhäuser, 1993.

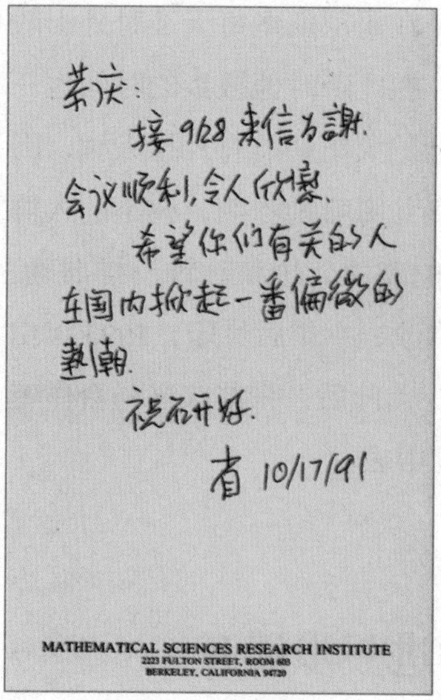

荣庆：
　　接9/28来信为谢.
会议顺利,令人欣慰.
　　希望你们有关的人
在国内掀起一番偏微的
热潮.
　　祝研好.
　　　　　省 10/17/91

MATHEMATICAL SCIENCES RESEARCH INSTITUTE
2223 FULTON STREET, ROOM 600
BERKELEY, CALIFORNIA 94720

图6-8　1991年10月17日，陈省身回复张恭庆的信（张恭庆提供）

报了会议召开的情况。10月17日，陈省身在复信中说："接9/28来信，为谢。会议顺利，令人欣慰。希望你们有关的人在国内掀起一番偏微的热潮。"[1]

20世纪90年代初是改革开放以来最困难的时期。除了与国外交流受阻外，中国经济也步入了转型期，国家的科教经费投入低，基础科学得不到足够的重视，知识分子待遇差，教师队伍不稳定，报考数学的大学生和研究生一度大幅下降，不少优秀的年轻学者纷纷出国不归。

这时张恭庆的非线性分析团队一度只剩下他和丁伟岳、刘嘉荃、蒋美跃。他们只能靠加强内部合作，多出成果，才能维持团队的活动。在这期间，张恭庆和刘嘉荃用莫尔斯理论对二维球面上预定曲率的尼伦伯格问题给出了一个令人满意的解答；他与丁伟岳、叶如刚合作对于二维调和映射热流找到了爆炸解，这是一个困扰人们多年的问题；他与蒋美跃合作完成了复射影空间的阿诺德猜测的证明。

他们还通过招收研究生和博士后以及吸收北京市同行学者来扩大研究队伍，朱小华、李嘉禹、王友德、张立群、史宇光、范辉军、保继光、马力、简怀玉等以及他们后来的学生们都逐渐加入这个团队。范辉军是张恭庆1994—1998年在北京大学指导的博士研究生。据范辉军回忆，他入学时老师张恭庆在北京大学组织了一个讨论班，是与刘嘉荃、蒋美跃合作组织的；同时，张恭庆还在中国科学院与丁伟岳合作组织了一个讨论班。这两个讨论班基本都是每周一次，每次两个小时。自博士研究生二年级起，他参加这两个讨论班。讨论班专注于研读数学前沿的研究成果，参加者积极性很高。在讨论班上，经常会有人自告奋勇地去作报告。只要有讨论

---

[1]　陈省身回复张恭庆的信，1991年10月17日。资料存于采集工程数据库。

班，范辉军就会参加。遇到刮风下雨或冬天严寒的天气，他也几乎从不缺席，且总是坐在第一排。①

后来张恭庆的社会工作愈来愈多，时间上常与讨论班冲突。此时丁伟岳在几何分析方面研究比较深入，与田刚合作在复几何上取得了重要的成果。于是，张恭庆建议把这两个讨论班合并，由丁伟岳负责。由于讨论班的内容愈来愈多涉及几何分析，索性就叫"几何分析讨论班"了。

这个讨论班成效显著，影响和造就了一大批年轻几何分析学者。其中，丁伟岳、朱小华都在国际数学家大会上作过 45 分钟报告，刘嘉荃、王志强、蒋美跃、李嘉禹、张立群、王友德、史宇光、范辉军等都是我国在这个领域的重要学术骨干。至于先后参加过这个讨论班的学者还有张克威、王宏玉、张东、邹恒辉、庆杰、杨学锋、姜明、保继光、杭风波、王晓东、金家顺、卢广存、简怀玉、马力等，也都在不同领域作出了贡献。

张恭庆还十分注意恢复正常的国际学术交流。1992 年 5 月 12—23 日，张恭庆和安布罗赛蒂在意大利西西里岛的埃里切（Erice）共同主持召开了"非线性分析中的变分方法"学术会议。张恭庆报告了二维球面上预定曲率的尼伦伯格问题的解。埃里切小镇位于 800 米高的小山上，那里保留着中世纪风格的建筑。会议在一个古代的修道院内举行，与会者都住在僧侣的修道室内。领到会议发的餐券，可以到小镇上任意一家餐馆去用餐。红酒装在大木桶内，如同饮用水一般，随时免费供应。利用这次机会，作为组织者，张恭庆有一定的名额，邀请国内同行学者去参会交流。

1991 年底，张恭庆当选为中国科学院学部委员（院士）。1993 年 9 月初，他又迎来了两件惊喜（详见第九章）：一件是被授予第三世界科学院数学奖，另一件是应邀将在 1994 年召开的国际数学家大会上作 45 分钟报告。这些荣誉，一方面给他带来了不少学术交流的机会，另一方面也从此给他增添了许多额外的工作，学术评审、学术组织、社会工作、社会活动接踵而来。例如，1993—2008 年，他当选第八、九、十三届全国人大代

---

① 范辉军访谈，2021 年 10 月 21 日，北京。资料存于采集工程数据库。

表。在学位评审工作方面，1993—2008 年他被国务院学位委员会指定为数学评议组的第一召集人。

为了发展我国基础理论研究，国家科委在 1995 年 4 月中旬召开了香山会议，邀请基础理论各个学科的学者提出建议，张恭庆被指定作关于数学的主题报告，他讲的题目是《对我国数学发展的浅见》。1998 年，国家科技部①正式推出"国家重点基础研究发展计划"（"973"计划）后，他又被指定组织编写数学方面的发展计划草案。1998—2003 年成为"基础理论发展规划纲要"专家顾问委员会委员。

不仅如此，1996—1999 年，张恭庆担任中国数学会理事长；1996—2011 年担任高等学校数学研究与高等人才培养中心的主任之一；2001—2004 年担任国家自然科学基金委员会数学天元基金学术领导小组组长；1997—2020 年担任何梁何利基金评选委员会委员。

要做好这些事很花时间，使他的研究工作被一再挤压。例如，自完成调和映射热流工作后，他一直想与刘嘉荃合作把这个方法运用到极小曲面普拉托（Plateau）问题上去，但在技术上遇到了一些新的困难。面对越来越多的社会工作，他一直没能静下心来去做，直到 1998 年申办国际数学家大会的工作告一段落后（见第七章），才得以将这项工作完成。

从 1992 年到 2009 年，张恭庆尽量利用国际交流的机会到国外去做研究。1995 年秋，他作为访问教授，访问了加拿大不列颠哥伦比亚大学（University of British Columbia）为研究生讲授无穷维莫尔斯理论课程，并与古苏布（Nassif Ghoussoub）合作，建立了莫尔斯理论与康利理论的关系。1997 年，他作为奥德韦访问教授，在美国明尼苏达大学做了奥德韦讲座。2000 年 3 月 13—17 日，英国剑桥大学牛顿研究所与国立新加坡大学联合在新加坡召开了"基础科学国际会议：数学与理论物理"（International Conference on Fundamental Science：Mathematics and Theoretic Physics），张恭庆在会上作了大会报告《临界点理论的回顾》。2006 年 6 月，他参加在波兰伯德洛（Bedlow）召开的"非线性问题中的拓扑方法"

---

① 1998 年 3 月国家科委更名为中华人民共和国科学技术部，即国家科技部。

（Topological Method in Nonlinear Problem）会议并作学术报告等。

意大利国际理论物理中心

意大利国际理论物理中心由巴基斯坦物理学家、诺贝尔物理学奖获得者萨拉姆（Abdus Salam，1926—1996）于 1964 年创立，隶属于联合国教科文组织。该中心致力于最高水平的基础科学问题的研究，促进与发展中国家科学家的积极接触，通过科学发展国际合作。它位于特里雅斯特（Trieste）市，濒临亚得里亚海，位于威尼斯与米兰之间。风景优美，夏日是避暑胜地。

20 世纪 80 年代中期，伊尔斯出任意大利国际理论物理中心数学部主任（兼职），邀请张恭庆担任学术咨询委员。张恭庆第一次去该中心，是在 1988 年 1 月。当时他应伊尔斯的要求，与意大利数学家安布罗赛蒂、法国数学家埃克朗（I. Ekland）在该中心共同主持了 "变分问题学院"（College on Variational Problems），会期一周，目的是推动临界点理论及其在非线性微分方程中应用的发展。除了在会上作了学术报告外，张恭庆还向伊尔斯介绍了自己关于调和映射热流工作的思想。

为了提高发展中国家的数学家的水平，意大利国际理论物理中心数学部经常组织高水平的学术活动，邀请世界著名学者讲学。凡是希望有机会到国外做研究的中国数学家，只要数学水平不错，张恭庆都会向伊尔斯推荐。张恭庆也把自己的博士研究生刘嘉荃、蒋美跃、姜明等推荐到该中心去做博士后。

20 世纪 90 年代初，伊尔斯离开了意大利国际理论物理中心，印度代数几何学家纳拉锡汉姆（Narasimham）继任数学部主任。就任不久，他就给张恭庆发了邀请信，希望张恭庆每年都去该中心访问，时间稍长些。任务是参与商定该中心数学部每年博士后与访问学者的名单，并在该中心组织学术活动。

考虑到当时中国对外学术交流还没有恢复到 1989 年以前那么通畅，而意大利国际理论物理中心对于数学和物理都在一定程度上提供了改变这种状况的机会，张恭庆想：如果每年中国都能从该中心得到一定数量的博士后以及访问学者的名额，那么一些在国内获得博士学位的学者就有可能到这里来安心地做研究，还可以从这里再到欧洲各国去访问交流。于是，他便答应每年在该中心工作一个月左右。

在张恭庆履约期间，经他推荐，我国每年至少有十多名数学方面的学者从意大利国际理论物理中心得到资助去做研究。张恭庆自己也在该中心组织过好几次学术活动：1993 年 8 月 16—20 日，组织召开了"几何与物理中的变分问题"（Variational Problems in Geometry and Physics）会议；1995 年 8 月 21 日—9 月 1 日，他与贾昆塔（Mariano Giaquinta）联合主持召开了"偏微分方程及其对几何的应用会议"（Conference on PDE and Applications to Geometry）；1996—1998 年，他与安布罗赛蒂组织举办了三期"非线性泛函分析与应用"（Nonlinear Functional Analysis and Application）培训班。作为组织者，他提名邀请了不少我国在这个方向上的优秀学者与会报告。

20 世纪 90 年代末，国内政治、经济情况好转，基础科学研究经费得以增加。张恭庆促成国家自然科学基金委员会与意大利国际理论物理中心数学部签订合作协议，每年由国家自然科学基金委员会固定资助若干名国内学者到该中心访问。

第七章
为中国数学事业当好"值日生"

北京大学数学研究所与数学及其应用重点实验室

教学和科研相结合是保障大学办学成效的一种重要方法，因为教学不是简单的讲解书本，而是需要有创造性。[①] 这种创造性的获得，除了教学经验积累外，主要依靠科学研究，对学科的充分理解和认识。1952—1979年，北京大学虽然提出过以教学和科研作为两个中心的办学方针[②]，许多教师怀有科研热情，但对于数学学科来说，科研一直处于从属地位，只是在完成教学任务的前提下才能考虑。这27年间，北京大学数学专业一直没有研究编制（除1972年以后廖山涛教授外），科研时间和条件得不到稳定的保障。

---

① 苏步青：略论数学人才的培养。见：苏步青，《苏步青文选》。杭州：浙江科学技术出版社，1991年，第116–119页。

② 20世纪60年代初，陆平任校长时，北京大学提出了"两个中心，以教学为主"的办学方针。"两个中心"即教学和科研。参见张恭庆：北京大学数学所二三事。丁伟岳，田刚，蒋美跃主编，《张恭庆的数学生活》。新加坡：八方文化创作室，2013年，第264页。

1976 年"文化大革命"结束后，北京大学逐步恢复正常运转。1978 年 3 月，全国科学大会的召开使广大科技工作者从事科研工作的积极性普遍提高。12 月，以中国共产党十一届三中全会的召开为标志，中国进入改革开放时期。此后，全国上下出现思想活跃、努力研究新情况，解决新问题的生动气象①，中国的国际学术交流明显增多。在这种情况下，北京大学数学系存在两个突出的问题：一是在学术水平上与国外名校普遍存在差距；二是系里从事接待工作的人手不足。

在这样的背景下，程民德建议成立数学研究所，得到了数学系和学校领导的支持。1980 年，经教育部批准，北京大学数学研究所成立。它是新中国成立后的第三个数学研究所②，挂靠在北京大学数学系。程民德任首任所长，黄敦、姜礼尚任副所长。程民德为人宽厚，数学成就卓著，有学术领导才能，当所长深孚众望。黄敦，流体力学家，出生于 1928 年，1948 年毕业于清华大学机械系，1951 年被选派到苏联莫斯科大学力学数学系读研究生，1956 年获物理数学类副博士学位，同年回国任教于北京大学数学力学系。姜礼尚出生于 1935 年，1954 年毕业于北京大学数学力学系，后任教于北京航空学院。1957 年回到北京大学数学力学系读研究生，师从周毓麟，1961 年毕业后留系任教。他长期从事非线性偏微分方程理论及其应用的研究，在自由边界研究方面做了重要工作。③

北京大学数学研究所的研究人员来自数学系。进入数学研究所的教师，教学任务少，但必须教一门数学基础课。1981 年 6 月张恭庆从欧美归国后，未回教研室，而是直接进入数学研究所。为了完成教数学基础课的任务，1981 年秋季张恭庆为数学系本科生开设了泛函分析 I。课余，他一边从事无穷维莫尔斯理论及其应用方面的研究，一边致力于在国内发展非线性分析队伍。1983 年 12 月 24 日，他和黄敦被中共北京大学委员会和北

---

① 当代中国研究所：《中华人民共和国史稿》第 4 卷（1976-1984）。北京：人民出版社，2012 年，第 2 页。

② 第一个是 1958 年成立的复旦大学数学研究所，第二个是 1978 年成立的吉林大学数学研究所。

③ 陈化，洪家兴，黄飞敏，等：姜礼尚先生简介。《中国科学：数学》，2024 年第 54 卷第 3 期，第 1-2 页。

京大学任命为数学研究所副所长。① 对于张恭庆来说，这是他第一次担任行政职务。

张恭庆的实际任务不多，只是协助程民德接待国外来访学者。所以在担任副所长后，张恭庆还能继续在无穷维莫尔斯理论及其应用方面陆续发表新成果，也有机会到欧美国家去访问和讲学。他还参加了组织南开数学研究所的偏微分方程年活动、全国"双微"会议的活动，以及在全国数学研究生暑期教学中心担任讲课任务。在这些活动中，张恭庆在国内外数学界的声望日益提高。1988 年 8 月，张恭庆从欧洲访问归国不久，程民德突然找他谈话。程民德说："我已经 70 岁了，将辞去数学研究所所长职务，经数学系领导研究，决定让你担任所长。"张恭庆考虑到自己行政工作经验不足，担心遇到困难无法解决，还考虑到担任所长需要做大量行政工作，必将分散做研究的精力，而自己还有一大堆研究计划，需要集中精力完成，于是竭力推辞。在座的有 1987 年刚从数学系主任岗位退下来的邓东皋，他对张恭庆说："遇到困难，你不要怕，我做你的副所长，和你一起解决困难。"在程民德和数学系领导的一再坚持下，最终张恭庆不得不接受这个决定。1988 年 11 月 18 日，北京大学任命张恭庆为数学研究所所长，邓东皋为副所长。② 20 世纪 90 年代初，邓东皋因健康原因调往中山大学，郭懋正、程乾生接任数学研究所副所长，任满后张继平、谭小江接任。

张恭庆担任了北京大学数学研究所两届所长，1999 年冬卸任。其间，北京大学数学系于 1995 年扩建为数学科学学院。上任伊始，张恭庆就认识到数学系教学任务重，抽一部分人进数学研究所，实质上加重了不进所的教师的教学负担。针对这一问题，他和数学研究所领导班子其他成员根据数学学科特点和数学系的实际情况，参照世界各研究型大学数学系的模式，提出一种以科研流动编制为主、其成员两年一轮换的制度。当系里教师要特别集中精力做研究时，可以凭研究计划申请到数学研究所工作。经数学系（或后来的数学科学学院）和数学研究所协商批准，进数学研究所

---

① 36001，中共北京大学委员会党发［83］218 号文件。见：干部人事档案。存于北京大学档案办公室。

② 36001，北京大学校发［88］148 号文件。见：干部人事档案。存地同上。

的教师可在一两年内不教书，专心做研究。两年后，如有特殊需要，还可申请延长，一般情况，则是两年后轮换出所。北京大学数学系（或数学科学学院）的博士后由数学研究所管理。此外，数学系的教师若有国内外合作者来访，可以把接待工作交由数学研究所管理。张恭庆任所长期间，北京大学数学系的学术骨干和大部分青年教师都具有在数学研究所工作的经历。这充分提高了数学研究所科研编制的效率。①

张恭庆认识到办数学研究所的目的是出人才、出成果，他提出要"育杰出人才，出原创成果"②，但困难很大。因为当时大批优秀青年人才外流，留在国内的还受到工作条件、生活待遇、学术气氛和社会环境诸多方面的负面影响，不能专心致志做研究。

针对这一情况，张恭庆首先考虑的是为大家尽量争取稍好一些的工作条件。那时北京大学数学系全系只占学校一院的多半个小楼。各教研室十几个人共用一间十几平方米的办公室，数学研究所一度也只剩下一间办公室，以致大家只能在家工作，这不仅严重影响系里教师之间的正常学术讨论③，而且来了外宾也只能到宾馆里去进行交流。为了争取生存空间，张恭庆直接去找吴树青校长，先后借到北京大学法学楼和老化学楼的几间办公室。稍事装修后，不仅教师们有了学术交流的场所，而且还解决了一些数学研究所青年教师和博士后因居住条件差、孩子小，晚上工作困难的问题。

其次，张恭庆尽量稳住数学研究所的研究队伍，给优秀人才创造工作条件。他规定：到数学研究所工作的唯一优越条件是不需担任基础课教学（当然也就领不到教学津贴），而前提必须是有一项明确的研究计划。在数学研究所期间，只要能自筹路费与生活费就可以申请出国去学术交流。文兰、王诗宬、张继平都在数学研究所工作过，学术成果都很突出，

---

① 张恭庆：北京大学数学所二三事。见：丁伟岳，田刚，蒋美跃主编，《张恭庆的数学生活》。新加坡：八方文化创作室，2013 年，第 264 页。

② 同①，第 266 页。

③ 北京大学数学学科创建百周年庆典筹备委员会，北京大学数学学科创建百周年筹备工作小组编写：《北京大学数学学科百年发展历程（1913-2013）》。北京：北京大学数学科学学院（内部交流），2013 年，第 34 页。

后来都当选为中国科学院院士。文兰1970年毕业于北京大学数学力学系。1978年考取该系硕士研究生，师从廖山涛。1981年，文兰毕业后到山东大学工作一年。1982年赴美国留学，1986年获得美国西北大学博士学位。1988年到北京大学数学系做博士后。[①] 王诗宬于1978年考取北京大学数学力学系硕士研究生，师从姜伯驹。1981年毕业后，留在北京大学数学系工作。1983年赴美国深造，1988年获得加州大学洛杉矶分校博士学位。1989年归国后继续在该系工作。张继平于1981年从山东大学数学系毕业，考取北京大学数学系硕士研究生，师从段学复。1984年毕业后，在该系继续师从段学复，攻读博士学位。1987年获博士学位，留系任教。1989年起，张继平先后赴美国、法国、德国从事研究工作。此外，徐明曜、朱小华、田青春等学术骨干也都在数学研究所工作过，张恭庆也尽可能地为他们创造工作条件。

第三，张恭庆注重扶植优秀青年人才，张继平是其中之一。[②] 1994年，张恭庆在瑞士苏黎世举行的第22届世界数学家大会期间，遇见了正在美国工作来此参会的张继平。当时张继平解决了有限群论中的布饶尔39、40问题，势头很猛。在会议期间，张恭庆向他谈了北京大学及数学系的困境，希望他能早日回校共闯难关。1995年，张继平提前从美国回到北京大学数学系工作。张恭庆提名他担任北京大学数学及其应用教育部重点实验室（简称"数学及其应用重点实验室"）副主任，得到批准。这个实验室与北京大学数学研究所属于同一个实体（数学研究所所长兼任重点实验室主任）。后来张恭庆还提名他担任数学研究所副所长，也得到批准。由于张继平除卓越的研究能力外，还表现出很强的组织能力和行政能力。1999年学院换届时，张恭庆向学校推荐张继平担任数学科学学院院长。对此，张继平有如下回忆：

---

① 王涛，付晓青：廖山涛与微分动力系统：文兰院士访谈录。《科学文化评论》，2021年第18卷第6期，第90-92页。

② 张炳升：张继平：拒绝平庸追求高远。《光明日报》，2002年7月16日；张继平访谈，2022年10月19日，北京。资料存于采集工程数据库。

1994 年在瑞士苏黎世举行的国际数学家大会上，张恭庆先生是 45 分钟报告人，我是会议参加者。他专门找到我，说现在国内数学发展急需我们这些人来挑大梁，希望我能够早点回来，与他一起建设北京大学数学研究所和数学及其应用重点实验室。本来我可以在美国再待一段，再看一看，但在张恭庆先生的催促下，1995 年我就从美国提前回来了。回来之后，我觉得他特别注重我在学术上的发展和全面的发挥作用。我虽然不是他的学生，但是我的全面发展与他分不开[①]

朱小华 1995 年自杭州大学获得博士学位后到北京大学做博士后，博士后由数学研究所管理。他在数学研究所期间的导师是张恭庆。张恭庆很关心他的成长。此后，他在几何分析方面工作出色：曾与田刚合作《凯勒－里奇孤立子的唯一性》(Uniqueness of Kähler-Ricci Solitons)，2000 年在国际著名数学刊物《数学学报》上发表。[②] 2022 年，他成为 29 届国际数学家大会的一位 45 分钟报告人。

田青春在吉林大学获得博士学位后来北京大学做博士后。他研究的方向是代数数论，那几年自法尔廷斯 (Gerd Faltings) 之后，这个方向发展迅猛，北京大学无人能指导他。但他非常顽强，坚持不懈，还主动给学生开课。生活条件艰苦，也阻拦不了他对数学的热情，他经常到学生中去，和他们一起讨论学问。21 世纪初出现了北京大学的"黄金一代"，田青春功不可没。

第四，规定数学研究所定期组织学术活动。一种活动是每周一次的全系学术报告会，演讲者大都是校内外的知名学者。特别地，在 1994 年英国数学家怀尔斯 (Andrew Wiles, 1953—) 证明了费马 (Pierre de Fermat, 1601—1665) 大定理以后，数学研究所组织了一场 200 人以上的大型演讲会，请丁石孙介绍了这项历时 350 余年的问题的解决过程。另一种活动是自 1991 年起每年暑假都组织的学术研讨会，主讲者大都是活跃在国际数

---

① 张继平访谈，2022 年 10 月 19 日，北京。资料存于采集工程数据库。

② Tian Gang, Zhu Xiaohua. Uniqueness of Kähler-Ricci Solitons. Acta Mathematica, 2000, 184 (2): 271-305.

学研究前沿的我国留美杰出人才，如田刚、林晓松、林芳华、夏志宏、鄂维南、许进超、罗锋、阮勇斌、李岩岩等。数学研究所利用他们回国探亲的机会，请他们来做主讲者。在当时困窘的物质条件下，这些学者都不计报酬，不讲待遇，作出了无私的奉献，而北京大学数学研究所则得以在当时的困境中不仅始终坚持学术活动，还加强了与这些活跃在国际数学研究前沿的优秀人才的联系。此外，数学研究所也为全院（系）教师组织的大小学术会议提供服务，刊印论文预印本。

以上几条是任何一所研究型大学都应该做的日常工作，还有些是由于过去北京大学数学系实行的是"教学为主"，没有科研编制，有了以后，该做的事还没有规范。有些则是出于国家处于转型期，教育经费严重匮乏，为了稳住师资队伍、保存科研实力，不得已而为之的一些临时措施。

第五，设立"特别数学讲座"。这是为了实现"育杰出人才，出原创成果"这一目标提出来的计划。要把数学研究水平真正提上去，就必须广纳天下英才作为学术带头人。当时各大学和研究机构在吸引杰出数学人才的激烈竞争中，北京大学数学科学学院的优势仅仅在于其历史地位和优秀的毕业生。然而，就运行经费和人员待遇而言，数学科学学院的竞争力与国外发达国家的大学和研究机构不能相提并论，即使与国内某些研究机构相比也有不小差距，经费太少，"巧妇难为无米之炊"。那时要去争取真正优秀的人才来北京大学工作真是难上加难！为此，必须先通过一些措施联系、了解、选择他们。再等待时机，及时出手去实现这一计划。

1997 年 7 月 4 日，为庆祝香港回归，香港城市大学举办了"在一国两制下的大科学"（Great Sciences under One Country and Two Systems）国际论坛。讨论的主题是如何利用香港的经济实力和内地的人力资源，在科技上达到共同繁荣。[①] 参加论坛的有杨振宁、曼福德（David Bryart Mumford，代数几何学家、人工智能专家、菲尔兹奖获得者，时任国际数学联盟主

---

① 张恭庆：北京大学数学所二三事。见：丁伟岳，田刚，蒋美跃主编，《张恭庆的数学生活》。新加坡：八方文化创作室，2013 年，第 266 页。

席）[①]、利翁斯（法国著名数学家，国际数学联盟前任主席）[②]、斯梅尔（菲尔兹奖获得者，著名拓扑学与动力系统权威），以及香港各著名大学校长等。张恭庆是内地唯一的应邀参加者。在接到邀请时，他十分犹豫。因为他从来没有在这种场合讲过话，但又没有理由拒绝参会，于是不得不做些准备。在准备时顾虑重重，既怕讲话内容不符合国家的政策，又怕不切实际。

在发言中，张恭庆分析了在当时形势下国内基础科学所面临的困境：一方面，数理科学方面部分海外优秀人才被吸引到华尔街和计算机行业去工作；另一方面，国内的学生又不愿报考基础科学。他提出了应急的建议："香港企业家在内地几所知名大学捐款设立教授席位和研究席位支持基础科学。这些钱不是用来盖大楼，而是用来发工资，要使一些杰出教授的工资得以与他们的海外同行相匹配。这将有助于海外的中国科学新星们回归祖国，也有助于鼓励年轻学子重新燃起对于基础科学的热情。"张恭庆在会上谈到的愿意报考基础科学人数下降的现象引起了与会者们的关注。当时他没有想到：一年后，香港李嘉诚先生捐款设立了"长江学者计划"，由教育部实施。被评为"长江学者"的海外精英，在其为国内服务期间，享有较高的岗位津贴。

1997年冬，北京大学筹备百年校庆之际，张恭庆听说学校从国外筹得了几笔用于学科发展的基金。他向陈佳洱校长提出了在数学研究所设立"特别数学讲座"的建议：从数学科学学院建设的需要出发，聘请几位活跃在当时热点研究最前沿的专家、学者担任讲座教授，每年来数学研究所工作几个月；对讲座教授的要求是，选择具有根本重要性的几个方向开设专题系列讲座，并参与青年教师和博士后的培养与指导；在待遇上讲座教授虽然不能与国外相比，但应有津贴，不会因其来数学研究所工作而过于受损。陈佳洱听后十分赞同，让张恭庆去物色人选，并将措施具体化。[③]

---

① 1995-1998年，曼福德任国际数学联盟主席。

② 1991-1994年，利翁斯任国际数学联盟主席。

③ 张恭庆：北京大学数学所二三事。见：丁伟岳，田刚，蒋美跃主编，《张恭庆的数学生活》。新加坡：八方文化创作室，2013年，第266-267页。

1998年，经过半年多的酝酿与筹备，北京大学数学研究所开始设立"特别数学讲座"，邀请田刚主持。第一批讲座教授有林晓松、许进超等人①，讲座效果很好②。此后，每年数学研究所都举办"特别数学讲座"活动③，选择若干活跃的领域，邀请水平很高的旅美数学家从高年级本科生和低年级研究生可以接受的内容开始，一直讲到最新的研究前沿。张恭庆认为："通过这些讲座，不仅使大家了解到国际最新的研究成果，而且北京大学一些现有的年轻教师还可以与他们合作研究。"④随着"科教兴国"战略的实施，国家在科教上，特别是人才引进上投入的力度加大，2005年，以"特别数学讲座"为基础的北京国际数学研究中心在北京大学成立。随着北京国际数学研究中心的发展与壮大，北京大学数学研究所也就逐渐地完成了它的历史使命。

北京大学数学及其应用重点实验室，是为获得世界银行支持中国的基础科学研究贷款"重点学科发展项目"于1989年建立的。这个项目在程民德任北京大学数学研究所所长期间立项，20世纪90年代初经费下达，总金额30万美元，在当时是一笔不小的数字。这笔经费一半用于购买计算机，另一半用于补订急需书刊。此后，每年教育部拨给10万元运行费。⑤ 1993—2005年，张恭庆担任北京大学数学及其应用重点实验室主任。因为国家各级行政部门对于重点实验室有一套管理办法，特别是经常要进行评比，优胜劣汰：优胜单位能够得到经费的奖励，后进的单位要被"亮黄牌"，所以北京大学校行政部门经常要检查重点实验室的工作。

由于数学学科的特点，北京大学数学及其应用重点实验室与其他学科的重点实验室在性质上有许多不同点，因此也难以对上统一的考核指标。张恭庆坚持一切从实际出发，按学科自身规律办事，对准世界研究前沿，

① 张恭庆：北京大学数学所二三事。见：丁伟岳，田刚，蒋美跃主编，《张恭庆的数学生活》。新加坡：八方文化创作室，2013年，第267页。

② 丁石孙，黄泰岩等：赤子丹心报效祖国。见：群言杂志社编，《名家论道》。北京：群言出版社，2015年，第137页。

③ 同①。

④ 张恭庆："2000年北京大学重点实验室主任工作会议"上的讲话。同①，第261页。

⑤ 同④，第260-261页。

坚持高标准，努力工作，把"出成果，出人才"作为基本出发点，并执行"流动，开放，联合"的方针，鼓励国内外，校内外的合作。他慎重选聘学科带头人，注重保持学科发展和建设的持续性。[①]

同时，张恭庆特别注意如下 5 个方面：一是让研究人员开阔眼界，做重要问题，在世界上争地位。二是创造宽松的环境，戒骄戒躁。对此，张恭庆说："我们不主张搞人为的竞争，那样只能是制造内耗；相反，在宽松、和谐的环境中，能充分交流思想，冲撞出火花。我们考查一个人的研究成果时，看的是有没有真正的开拓和创新以及它在该学科当今的位置。逼出来的东西如果不是泡沫的，至少也是肤浅的。我们就是要让年轻人沉得住气，不能浮躁。"[②] 三是注重论文质量，反对拼凑篇数。张恭庆认为在研究成果方面，重要的不是数量，而是质量，拼凑篇数不仅浪费研究人员的精力，而且还会败坏学术风气。为了鼓励学术交流，他要求实验室抓论文预印本建设，并在网上发送。四是不"拔苗助长"，让优秀成员在国际竞争中自然涌现。关于这点，张恭庆坚持只有当实验室成员发表的研究成果被同行在文献中认可后，才把它作为成绩给予肯定，但不炒作。五是办事公正，要"雪中送炭"，不"锦上添花"。这是指对已得到国家奖励或资助的杰出青年，不再"锦上添花"，而是把实验室有限的经费支持那些还没有成名，但正在努力工作而又没有经费的人。对于刚从国外归来、还没有申请到基金的年轻人，实验室也给予支持，使他们尽快投入研究工作。[③]

2000 年，数学及其应用重点实验室在国家科学技术部委托国家自然科学基金委员会组织的数理类重点实验室评估中被评为优秀，名列当年数理口第三。2004 年 11 月，数学及其应用重点实验室在教育部组织的重点实验室评估中再次被评为优秀。

---

① 张恭庆："2000 年北京大学重点实验室主任工作会议"上的讲话。见：丁伟岳，田刚，蒋美跃主编，《张恭庆的数学生活》。新加坡：八方文化创作室，2013 年，第 259–260 页。

② 同①，第 261–262 页。

③ 同①，第 261–262 页。

中国数学会：从副理事长到理事长

中国数学会成立于 1935 年，是中国数学工作者的全国性学术团体。1983 年 10 月，张恭庆参加了中国数学会在武汉召开的第四次全国代表大会，应邀作了大会学术报告，并当选为理事，负责学术交流委员会的工作。1985 年是中国数学会成立 50 周年，12 月在上海召开了庆祝大会，会上张恭庆也作了报告。1991 年，中国数学会第五届理事会换届。当时张恭庆已是跻身非线性分析国际研究主流的知名数学家。8 月，在中国数学会第二次会议和第六届理事会第一次会议上，杨乐当选为第六届理事会理事长，张恭庆与石钟慈、严士健、胡和生、潘承洞当选为副理事长。[①] 这届理事会任期是 1992 年 1 月—1995 年 12 月。

1995 年中国数学会第六届理事会换届前，各理事单位准备提名，程民德约张恭庆谈了一次话，说北京大学准备提名他担任第七届理事会理事长。但他一听就摇头，因为新中国成立后，自 1951 年中国数学会完成重新筹组至 1995 年，华罗庚、吴文俊、王元、杨乐相继担任中国数学会理事长，而他们都任职于中国科学院。张恭庆以为第七届理事会理事长也还会出自中国科学院，自己被提名只能是去"陪榜"。但程民德明确地告诉他："不是要你去'陪榜'，的确是希望选你。"原来在数学会换届之前，数学会领导层内一些人之间有过一些酝酿，准备对过去的做法作些改革，理事长不再局限于在中国科学院内挑选。他们委托程民德来通知张恭庆，并做他的工作。如果同意了，那么就可以作为北京大学数学系的提名，再拿到全国数学会代表大会上进行投票选举。听了程民德的解释和开导后，张恭庆考虑的是：中国数学会第七届理事会的主要任务是去申办国际数学家大会，在这个年龄段的人中，自己出国较早，在学术交流活动中结交了一些国际数学界的知名人物，此外，他在 1994 年国际数学家联盟大会上还

---

① 任南衡，张友余：中国数学会大事记。见：杨乐，李忠主编，《中国数学会 60 年》。长沙：湖南教育出版社，1996 年，第 62—63 页。

被选为发展与交流委员会（CDE）委员，去搞申办工作或许可以发挥些作用。最终他接受了程民德的意见。不过后来他意识到自己当初还是低估了申办工作的难度。①

1995 年 5 月，张恭庆当选为中国数学会第七届理事会理事长。任期是 1996 年 1 月—1999 年 12 月。除了许多学会日常工作，张恭庆在任期内的中心工作就是申办 2002 年国际数学家大会。早在 1981 年，时任国际数学联盟秘书长的利翁斯在和杨乐的通信中明确提出，20 世纪应该在北京举办一届国际数学家大会。但由于中国还不是国际数学联盟的成员国，这只能是一种愿望。1986 年，中国在国际数学联盟拥有了席位，② 这才使中国举办国际数学家大会成为可能。1993 年 4 月 29 日，丘成桐在美国给正在香港科技大学访问的中国数学会理事长杨乐打电话表示，现在时机和条件已经成熟，中国应该申办 1998 年的国际数学家大会。③ 5 月，陈省身和丘成桐在接受中共中央委员会总书记、国家主席江泽民接见时，建议中国争取在 20 世纪末或 21 世纪初，举办一次国际数学家大会。④

此后，中国数学会讨论了中国申办国际数学家大会的问题。⑤ 参加讨论的有前几任中国数学会正、副理事长和在任中国数学会的常务理事。与会者一起分析了申办国际数学家大会的利与弊。不少人认为条件尚不成熟，不主张申办，理由是：在经济上，中国正处于转型期，财力、物力都有困难；在学术上，中国的数学水平也不够高，如果在大会上没有邀请报告，那么影响就会很不好，还不如不开。另一种意见是从中国的实际情况出发，主张申办，理由是：一方面，改革开放以来中国数学事业得到空前的发展，一批非常优秀的中青年数学家正在脱颖而出；另一方面，尽管中国面临着经济问题，存在着科技、教育经费投入低，知识分子待遇差，对基础学科不够重视等现象，但这些都只是暂时的困难。如果提出申办，反

---

① 张恭庆访谈，2021 年 10 月 8 日，北京。资料存于采集工程数据库。

② 杨乐，杨静：《数海沧桑：杨乐访谈录》。长沙：湖南教育出版社，2018 年，第 230–231、286 页。

③ 同②，第 286 页。

④ 张奠宙，王善平：《陈省身传》。天津：南开大学出版社，2011 年，第 354 页。

⑤ 杨乐，李忠：《中国数学会 60 年》。长沙：湖南教育出版社，1996 年，第 65 页。

图7-1　中国数学会七届一次理事会会议参会人员合影（右3李大潜、右4张恭庆、右5林群，照片由张恭庆提供）

而能激发起全国数学家的研究热情，引起政府和公众对数学的重视，并可能争取到国际数学界的广泛支持，使正在兴起的良好势头得以保持和发展。这两种意见都有道理，问题在于如何趋利避害。当时中国数学界非常团结，尽管看问题的角度不同，目标却是一致的。经过充分交换意见之后，最终大家倾向于申办。①

1994年初，在我国数学界春节茶话会上，与会者对中国是否应该申办国际数学家大会又进行了比较热烈的讨论。一种意见主张要办，认为这是展示中国实力，促进国际交流的盛事，可以让整个国内数学界对国际数学的发展趋势和潮流有直接的了解；反对的意见则认为，东道国需要提供100万美元会议经费，相当于人民币八百多万元。这笔经费用在一次国际会议上未必会取得多大的效果，不如用在培养年轻人、资助优秀的年轻人出国深造来得更实际。作为当时的中国数学会理事长，杨乐认为这两种意见都有道理。但有一点很明确，如果不举办国际数学家大会，国家不会凭空拨出100万美元的经费，让数学界自由支配。经过反复讨论，大家达成

---

① 张恭庆：振兴中国数学（下）。2021年10月5日，未刊稿。资料存于采集工程数据库。

的意见倾向于争取机会申办国际数学家大会。①

按照国际数学联盟的规定，国际数学家大会的申办国应于申办年的5年之前将申请书递交国际数学联盟，由选址委员会根据申办国的申请进行投票；然后，再在下一年国际数学联盟代表大会上通过投票确定大会会址。由于不了解这一规则，中国数学会当时就准备申办1998年国际数学家大会。直到1994年正式提出申请时，才知道这届大会一年前已被推荐在德国柏林召开，只差国际数学联盟代表大会表决通过了。因此，中国数学会最早只能申办2002年第24届国际数学家大会（简称"2002年国际数学家大会"）。1994年，中国数学会在国际数学联盟代表大会上公开表明了中国申办2002年国际数学家大会的意愿。在国际数学联盟中，中国数学会和位于台北的数学会是统一在一个中国之下代表中国的数学组织，因此要在北京召开国际数学家大会还必须事先做好台北同行的工作，幸好陈省身先生早就和台湾方面打了招呼。在申办过程中，中国数学会也一直十分注意这方面的沟通。

1995年5月，中国数学会成立了2002年国际数学家大会申办小组，进行申办准备。1996年1月张恭庆出任中国数学会理事长时，申办工作已箭在弦上。因此，他很快将主要精力投入主持申办大会的工作中去。这些工作有不少是程序性的，比如上报我国政府，请其对国际数学联盟作出在资助大会的经费、办理与会者的入境签证等方面的承诺；向国际数学联盟提交举办2002年国际数学家大会的申请书，其中包括有关会场、周边设施、接待能力等的说明；以及递交我国有关领导致国际数学联盟的邀请函等。1996年11月，中国数学会正式向国际数学联盟执行委员会提交了申办材料。②

当时不少国外数学家对中国还不太了解。他们中有些人并无恶意地问过张恭庆："中国为什么要申办国际数学家大会？""中国有没有能力办好

---

① 杨乐，杨静：《数海沧桑：杨乐访谈录》。长沙：湖南教育出版社，2018年，第287–288页。

② 张恭庆：中国数学会第七届理事会工作报告。见：丁伟岳，田刚，蒋美跃主编，《张恭庆的数学生活》。新加坡：八方文化创作室，2013年，第234页。

这样的大会？"还有一些友好人士说："现在条件不成熟，我建议你们晚几年，申办 2006 年国际数学家大会。"在这种情况下，张恭庆认识到要成功申办国际数学家大会，除了程序性的工作外，十分重要的是舆论准备。于是，在中国数学会的总体安排下，中国科学院、北京大学、南开大学、复旦大学、清华大学等单位邀请国际数学联盟执行委员会委员、前几任主席以及有影响的国际数学界头面人物到中国来访问，让他们与中国数学家，特别是青年数学家直接接触，了解改革开放以来中国数学发展的势头。这些单位还带他们去参观学校或研究机构，让他们了解中国在科学、教育、经济建设上的进步，进一步向他们说明：召开这样的大会是有着巨大潜力的中国数学家自己的愿望，并且中国有能力开好这届大会。[①]

同时，我国数学界的许多人通过个人交往，和国际数学界有影响的人深入交谈，争取他们的支持。我国一些在海外工作的学者还通过他们的同事关系、师生关系或合作关系，主动地与这些人沟通。特别是，陈省身在关键时刻运用他在国际数学界的影响力给一些人打电话，表明他是北京申办国际数学家大会的支持者。

张恭庆也利用参加各种学术活动的机会，向国外数学家介绍中国数学的现状和申办国际数学家大会的意愿。1996 年欧洲数学会在布达佩斯召开代表大会，欧洲数学会会长布吉尼翁（Jean-Pierre Bourguignon）邀请张恭庆参加。张恭庆便利用去希腊雅典参加第二届世界非线性分析大会的时机，绕道匈牙利去介绍中国数学的现状。

中国数学会的申办工作首先得到了境内外绝大多数中国数学家的关心和支持。后来又争取到了日本、韩国、菲律宾、越南、新加坡等周边国家数学会领导人的支持和承诺。张恭庆和中国数学会其他一些领导人还先后与美国、英国、法国、德国、意大利、比利时、瑞士、加拿大等西欧、北美国家，印度、巴西、埃及等发展中国家的数学会，以及非洲数学联盟的负责人接触，交换了对我国申办国际数学家大会的看法。[②]

---

① 张恭庆：振兴中国数学（下）。2021 年 10 月 5 日，未刊稿。资料存于采集工程数据库。

② 张恭庆：团结、自信建成"数学大国"。见：丁伟岳，田刚，蒋美跃主编，《张恭庆的数学生活》。新加坡：八方文化创作室，2013 年，第 362 页。

按照程序，确定 2002 年国际数学家大会的会址，需要在 1997 年由国际数学联盟召开选址委员会，就申办国进行表决，提出推荐意见，再到 1998 年国际数学家代表大会上对被推荐国进行表决，通过表决的被推荐国才能正式成为下一届的举办国。1997 年 5 月，国际数学联盟选址委员会开会推荐 2002 年国际数学家大会会址的前几天，张恭庆从意大利国际理论物理中心赶到瑞士去见莫泽，因为他做过国际数学联盟主席[①]，其意见会对选址委员会产生直接影响。在苏黎世联邦理工学院共进午餐时，莫泽问张恭庆："中国为什么要申办这届大会？"张恭庆说："这些年中国数学发展势头很好，有一批年轻数学家很想了解世界数学的前沿动态。"他又问张恭庆："陈（省身）是什么态度？"张恭庆说："他不仅是支持者，还是倡议者。"莫泽想了一会儿，又说："我已卸任了，能做些什么呢？"张恭庆说："你在国际数学联盟里有影响，请你支持我们。"莫泽又考虑了一会说："好，请你先回办公室等我。"张恭庆在办公室等了十几分钟后，莫泽打来电话说："我已经给利翁斯打了电话，支持你们。"为了争取国外数学家的支持，张恭庆还做了许多类似的事情。不少国外数学界的朋友还因此友好地说张恭庆学会了游说。[②]

李大潜、马志明、丁伟岳、刘应明、林群、侯自新等数学家也都利用各种机会争取国内外数学同行的支持。例如，李大潜在法国进修时跟随利翁斯做访问学者。此时，他为了争取利翁斯支持中国申办这届大会，对利翁斯也做了许多工作。当选址委员会刚一通过推荐北京为 2002 年国际数学家大会会址时，李大潜就将这个好消息通过电子邮件告诉了张恭庆。

得知这个消息，张恭庆知道申办成功有了希望，心中喜悦之情油然而生。然而，此时 1993 年有关申办利弊的讨论仍一直萦绕在他心头。他知道：中国经济已经开始起飞，在财力、物力上的顾虑可以打消了，但是如果在大会上中国被邀请的报告真的很少，大会只是热闹一阵，那么开这样的大会对中国究竟是利大还是弊大呢？这是必须面对的问题。他也认为改革开放以来中国数学得到了蓬勃的发展，国内确有一批中青年数学家做出

---

① 1983-1986 年，莫泽任国际数学联盟主席。

② 张恭庆：振兴中国数学（下）。2021 年 10 月 5 日，未刊稿。资料存于采集工程数据库。

了非常优秀的成果，论实力应该有资格受到邀请。但中国开放的时间还不长，其中有些人也才刚刚崭露头角，在国际上的知名度还不够高，最终能否受到邀请并不十分有把握。

1997年7月1日香港回归祖国，张恭庆到香港参加城市大学举办的庆典活动。在美国时，他听说有些华人不赞成中国申办2002年国际数学家大会。7月3日下午，城市大学教授王世全邀请国际数学联盟主席曼福德、哈佛大学教授萧荫堂（Yum-Tong Siu）和张恭庆一起喝咖啡，交换对中国申办的意见。张恭庆仍像往常一样重申中国申办大会的目的。萧荫堂开门见山地对曼福德和张恭庆说，他不赞成2002年国际数学家大会在北京召开，理由是：如果会上的报告人都是海外来的，那么国内的数学家就会受到挫伤。对此，张恭庆向他们解释了中国大陆这几年已经涌现出一批优秀的年轻数学家（并列举了几项优秀的成果），还说，如能举办这届大会，一定能激发他们做出更好的成绩。同时，张恭庆认为萧荫堂的话也十分中肯。

1998年8月15日，国际数学联盟在德国历史名城德累斯顿（Dresden）举行成员国代表大会。来自59个国家与地区的129名数学会代表和30名观察员与会。张恭庆与中国数学会副理事长李大潜、前任理事长杨乐代表中国出席会议，秘书长李文林列席。确定2002年国际数学家大会会址是会议的一项重要议程。既然中国已被选址委员会确定为唯一推荐的候选国，那么在这次会上中国成为2002年国际数学家大会的主办国应毫无悬念。不料议程一开始，挪威代表就以2002年正值挪威数学家阿贝尔（Niels Hanrik Abel，1802—1829）诞生200周年为由，提出不打算放弃申办，要求作为候选国一起参加投票。挪威代表的发言得到了丹麦、瑞典等国代表的支持。经过长达一个多小时的辩论后，休会。下午2时，会议继续举行。采用无记名投票方式决定举办国，表决结果：中国99票，挪威23票，弃权6票。当大会主席曼福德宣布中国当选为2002年国际数学家大会举办国时，全场响起了长时间的热烈掌声。①

---

① 李文林：IMU成员国代表大会投票表决ICM-2002举办国现场纪实。《数学通报》，1999年第1期，第6-7页。

张恭庆认为这届大会申办成功有多方面的原因，其中最根本的是我国综合国力的加强和国际地位的提高，以及改革开放以来我国数学的巨大进步。前者提供了会议的物质条件和政治环境保障，后者则是学术背景的基础。特别是，一批活跃于国际数学前沿的中国优秀的中青年数学家的涌现，显示了中国数学的巨大潜力，使得国际同行看好中国的数学前景。正如曼福德所说："我是在北京召开 2002 年国际数学家大会的支持者……，如果中国的学生们得到好的培训的话，那么下一代人的中国显然将成为数学领导国之一。"①

国际数学联盟代表大会闭幕后，数学家们转移到柏林去参加 1998 年第 23 届国际数学家大会。来到在柏林参加大会的各国数学家纷纷向中国数学家表示祝贺。中国驻德使馆则设宴招待中国数学会的代表，并派车带领大家去游览柏林市容，特别是去参观了最能代表德国历史的勃兰登堡门，还参观了第二次世界大战胜利前夕美、英、苏三国首脑召开的波茨坦会议的会场。在这次国际数学家大会召开期间，大会主席格勒切尔（Martin Grötschel）和新当选的国际数学联盟主席帕利斯（Jacob Palis，1940— ）②经常与张恭庆交谈，前者向张恭庆介绍组织这样的大会的经验，而后者则与他讨论北京大会的准备工作。张恭庆也向他们了解国际数学联盟一些有关的规则以及他们对召开 2002 年国际数学家大会的期望。按照惯例，在 1998 年国际数学家大会的闭幕式上，张恭庆代表 2002 年国际数学家大会的东道主致辞，向全世界数学家发出邀请。

在柏林期间，他详细了解了国际数学家大会报告人的推选过程。学术报告分大会报告和分组报告，分组报告人由分组委员会提名，大会报告人和分组委员会的人选均由国际数学家大会程序委员会决定。因此程序委员会对于会议报告人的提名举足轻重，而按照惯例，举办国有权提名两位程序委员会委员。张恭庆特地查阅了历届国际数学家大会的会议录，发现了一个现象：有些国家受邀报告人的人数在承办大会的年份明显多于其他年份。这可能与该国在承办大会的那一年，有人在程序委员会中介绍本国学

① 张恭庆：世界数学家大会和我们。《数学进展》，1999 年第 28 卷第 6 期，第 561 页。
② 帕利斯于 1991–1998 年任国际数学联盟秘书长，1999–2000 年任国际数学联盟主席。

者的工作有关。当中国申办成功后，他立即意识到：推选合适的人选进入程序委员将是下一步工作的重点。

1998 年国际数学家大会闭幕后，国际数学家联盟开始了为 2002 年大会组建程序委员会的工作。中国数学会遂于 1999 年进行两名程序委

图 7-2　申办 2002 年国际数学家大会成功后，张恭庆在 1998 年第 23 届国际数学家大会上致辞
（张恭庆提供）

员会委员的提名工作。被提名人除了要有很高的学术水平外，还要十分了解中国数学家近年的成就，并能够将其准确地反映到程序委员会的提名工作中去。1999 年 3 月 15 日，地方组织委员会对程序委员会委员的被提名人进行了讨论、投票，中国科协派观察员参加。投票结果提交给了国际数学联盟，以供选择。

为了争取在会上有较多的中国人作应邀报告，中国数学会认真地对待向大会推荐报告人的工作。1999 年秋，中国数学会请国家自然科学基金委员会出面在北京九华山庄召开学术报告会，邀请在那几年做出好成绩的国内数十位中青年数学家介绍自己的主要成果。再经过单位和个人提名，中国数学会在换届后的理事长马志明领导下，召开了有 30 多人参加的一个工作会议，认真研究了被提名人的材料，最后根据无记名投票结果，向国际数学联盟提交了推荐名单。

为了向数学界、科技界以及社会大众介绍这国际数学家大会的性质、运作的规则以及召开 2002 年国际数学家大会的意义，张恭庆在《数学进展》上发表了文章《世界数学家大会和我们》。[①]

2002 年国际数学家大会于 8 月 20—28 日在北京召开。4270 余名参加

---

① 张恭庆：世界数学家大会和我们。《数学进展》，1999 年第 18 卷第 6 期，第 556-562 页。

者来自 101 个国家和地区。此外，在日本、韩国、俄罗斯、越南和中国大陆的 35 个城市数十所高等院校还举行了 46 场卫星会议。这是历史上规模最大的一次国际数学家大会，也是第一次在发展中国家召开的国际数学家大会。[①] 因而，它在中国和世界数学史上都具有里程碑的意义。

在大会上，3 名华人数学家作了 1 小时大会报告，22 位华人数学家作了 45 分钟分会报告，这 22 人中有 11 人在中国大陆工作。这届大会作大会报告和分会报告的中国数学家比历届所作同类报告的中国数学家人数的总和还多。而这 25 位华人数学家大多数是由中国本土培养成长起来的。这对中国数学界是一个极大的鼓舞。这些成绩的取得，主要因为海内外华人数学家通过努力取得了杰出的研究成果，同时也离不开中国参加程序委员会的委员和一些分组委员会的委员对他们工作的了解和认真介绍。

这届大会在学术水准和组织工作上都非常出色。国际数学联盟的负责人不止一次竖着大拇指说这届大会各方面水平都高，就连原先并不看好在

图 7-3　2002 年 8 月，张恭庆与格里菲斯（Phillip Augustus Griffiths）、曼福德、帕利斯在人民大会堂合影（张恭庆提供）

---

① 王世坤：2002 年北京国际数学家大会。《物理》，2002 年第 31 卷第 11 期，第 758 页。

中国召开这届大会的一些国外数学家也都公开表示非常满意。在张恭庆看来，从 1993 年讨论是否申办大会开始，到 2002 年大会闭幕，中国数学会第六、七、八届理事会精诚团结、齐心协力、努力工作，是大会成功的一个重要保证。

除此之外，张恭庆任中国数学会理事长期间还有一项值得一提的工作是对《数学学报》（英文版）编委会的调整。《数学学报》是中国数学会主办的主要专业刊物，创刊于 1936 年 8 月，原名为《中国数学会学报》（*Journal of the Chinese Mathematical Society*）。《中国数学会学报》于 1951 年 3 月更名为《中国数学学报》，后于 1953 年又更名为《数学学报》（*Acta Mathematica Sinica*）。[①] 在改革开放初期，科技期刊出版界不景气。1986 年，《数学学报》（英文版）被原出版社打包交由国外一个不知名的出版社出版。因为赚不到钱，出版后没人管，连作者都不知道自己的文章何时发表，在何处能够见到。《数学学报》（英文版）的影响因子一度下降，投稿质量受到影响。

为了提高稿源水平，张恭庆与当时《数学学报》挂靠单位中国科学院数学研究所所长李炳仁统一了思想，自 1999 年开始将《数学学报》（英文版）交由德国施普林格出版社（Springer-Verlag）出版发行。新版的《数学学报》（英文版）改组了编委会，由李炳仁、张恭庆、田刚和林芳华任主编。由此，《数学学报》（英文版）的影响因子得到了大幅提升。

高等学校数学研究与高等人才培养中心

1978 年改革开放后，中国科技事业蒸蒸日上，得到蓬勃的发展。至 20 世纪 90 年代初，中国在科技研究和高等科技人才培养方面已取得令人瞩目的成就。然而，中国科技在整体水平上与国际先进水平仍存在明显的差

---

① 任南衡，张友余：《中国数学会史料》。南京：江苏教育出版社，1995 年，第 238 页。

距。队伍分散、缺乏激励竞争机制，人才流失等问题，严重制约着中国科技事业的发展。

在这样的背景下，1994 年国家科委计划在"九五"期间建立几个包括数学研究中心在内的国家级基础科学研究中心。于是，国家教育委员会（简称"国家教委"，教育部的前身）[①]科学技术司会同北京大学、南开大学、复旦大学数学系的代表商议联合申请"全国数学研究中心"事宜。程民德代表北京大学发表意见，认为应该从大局出发，高等学校联合中国科学院数学研究所、系统科学研究所、应用数学研究所成立一个共同的数学研究中心。这个意见得到了南开大学、复旦大学数学系的代表的同意。为此，程民德和中国科学院数学研究所所长杨乐牵头，联络北京大学、南开大学、复旦大学与中国科学院数学研究所、系统科学研究所、应用数学研究所于 1994 年 5 月联名上书国家科委，倡议成立国家级的数学研究中心。这就是我国数学界最早的"三校三所"建议。

1995 年 7 月，中国科学院副院长路甬祥致函北京大学校长吴树青，建议由中国科学院五个研究所与北京大学联合筹办全国数学研究中心。9 月，吴树青在征求有关人士意见后复函路甬祥，表明："考虑到过去有过'三校三所'联合倡议这一过程，并考虑到我校与其他兄弟院校的关系，我们建议将复旦大学及南开大学考虑在内，仍由'三校三所'就有关问题进一步协商，达成共识，促进落实。"[②]然而，1996 年 1 月中国科学院单独成立了高等数学研究中心。6 月 10 日，这个中心得到香港晨兴集团的资助，更名为"中国科学院晨兴数学中心"。

在中国科学院已决定单独成立中心的情况下，国家教委于 1996 年 6 月 9 日宣布成立高等学校数学研究与高等人才培养中心（简称"数学研究与高等人才培养中心"），任命张恭庆、李大潜、侯自新为主任。后于 2000 年中心换届，又增加刘应明为主任。后 3 人中，李大潜来自复旦大学，侯自新来自南开大学（时任校长），刘应明来自四川大学，都是所在学校数学学科的学术带头人。

---

① 国家教育委员会成立于 1985 年，后于 1998 年更名为教育部。
② 张恭庆访谈，2021 年 10 月 8 日，北京。资料存于采集工程数据库。

鉴于中国数学的力量还很薄弱，全国数学界本应团结起来通力合作，张恭庆并不赞成中国科学院和国家教委分别成立数学中心。但因不能实现统一的国家数学中心，不得已只得先分头成立。张恭庆呼吁过这两个数学中心尽快走向联合，数学研究与高等人才培养中心在刚成立之际，也有加强两个中心的交流与协作的计划，但都未果。

1996 年 12 月 20—25 日，国家科委与国家自然科学基金委员会在海南师范学院召开了第二届第二次数学天元基金学术领导小组扩大会议。与会者有学术领导小组组长吴文俊、副组长胡国定，学术领导小组成员、国家科委高技术与基础司副司长邵立勤，国家自然科学基金委员会数理学部常务副主任许忠勤，学术领导小组成员张恭庆、杨乐、潘承洞、严士健、邓东皋、李克正等。在会上，邵立勤代表基础司在讲话中着重谈了可以借鉴数学天元基金会的经验，建立国家数学研究中心的设想。与会者完全同意他的意见，希望国家科委尽早成立国家数学研究中心，并作出"关于建议成立国家数学研究中心的决定"。该决定提出国家数学研究中心以网点的方式开展活动，充分发挥各部门、各高等院校所属研究机构的积极性。与会者一致推选吴文俊、张恭庆、杨乐、邵立勤和许忠勤组成筹备小组，负责拟定国家数学研究中心的运行方案和管理办法，筹建领导班子，负责和国家科委及有关部门的协调工作。[1] 但后来建立国家数学研究中心之事不了了之。

面对这种情况，张恭庆只能与李大潜、侯自新等人继续运行数学研究与高等人才培养中心。中心办公室设在北京大学，由原数学系党委书记董镇喜任主任。[2] 张恭庆提议三位主任（后来加入了刘应明，主任增至四人）轮流担任执行主任。[3] 同时，他们还十分注意与中国科学院的团结和合作。因此，除了高等学校的数学家，他们也将中国科学院吴文俊、王元、石钟慈、杨乐、陈翰馥、丁伟岳、马志明、林群等数学家吸纳到了中心的组织

---

① 数学天元基金学术领导小组：二届二次数学天元基金学术领导小组扩大会议纪要。《数学进展》，1997 年第 26 卷第 1 期，第 83，88 页。

② 中国高等学校数学研究与高等人才培养中心设立"2002 人才培养工程基金"的建议。《高等学校数学研究与高等人才培养中心简报》，1996 年第 3 期，第 6-7 页。

③ 张恭庆：振兴中国数学（下）。2021 年 10 月 5 日，未刊稿。资料存于采集工程数据库。

机构中。

数学研究与高等人才培养中心实行执行主任联席会议制，由主任联席会议负责中心的重要活动。[①] 每年从国家教委（即后来的教育部）得到 100 万元活动经费，用以组织高等学校间的学术活动。

在数学研究与高等人才培养中心成立之前，由于全国高校经费都很紧张，像数学这样的基础学科不太受到重视，如今教育部每年拿出 100 万元来，算是雪中送炭。所以部属高校都很关心这笔钱怎么用，参与感很强。在开始几年，数学研究与高等人才培养中心经常召开学术委员会，讨论专题的设立以及队伍的组织，除此之外还资助了一批包括讲习班、研讨班、学术会议在内的学术活动。在 1996—1997 年度、1998 年度、1999 年度，数学研究与高等人才培养中心平均每个年度开展 19 项专题研究。专题组成员近 200 名，分别来自 36 所高等学校、中国科学院 4 个研究所，以及其他科研机构。在这三年多的时间内，中心共组织国际学术会议、研讨班、讲习班等共 54 项。[②]

随着国家"科教兴国"战略的实施，国家对于科教方面的投入加大，对于自然科学基金和天元基金的拨款大幅增加，高校的科研工作者可以从多方面得到研究经费，数学研究与高等人才培养中心的压力逐渐减轻，其作用也随之变化。每年一度的专题项目审批工作就由中心执行主任与其他几位主任协商确定。

1998 年，教育部与加拿大有关部门签订了中加"3×3"合作计划，将清华大学、北京大学、南开大学与加拿大的多伦多大学、麦吉尔大学、不列颠哥伦比亚大学建立合作。教育部把数学方面的合作交由数学研究与高等人才培养中心去执行。该计划后改成"4×4"合作计划，中方增加复旦大学，加方增加蒙特利尔大学。1998 年 11 月，合作计划启动仪式在温哥华举行。我国驻温哥华总领事出席，清华大学的蔡大用、北京大学的彭立

---

① 中国高等学校数学研究与高等人才培养中心设立"2002 人才培养工程基金"的建议。《高等学校数学研究与高等人才培养中心简报》，1996 年第 3 期，第 6 页。

② 高校数学中心召开主任联席会议，总结第一届"中心"工作。《高等学校数学研究与高等人才培养中心简报》，2000 年第 13 期，第 36 页。

中和南开大学的侯自新参加了仪式，复旦大学因故缺席。张恭庆也出席了启动仪式，但不代表任何学校，而是中方执行单位——高等学校数学研究与高等人才培养中心的联系人。

这一合作计划启动后，举行过两次中加数学会议。第一次是 1999 年 8 月在清华大学，第二次是 2001 年 8 月在不列颠哥伦比亚大学。这两次会议都开得很成功，双方学者在多个数学领域进行了高水平的学术交流。第二次会议期间，我国驻温哥华总领事设宴招待了部分中方参会人员。通过参加这两次会议，张恭庆注意到加拿大的纯粹数学比较发达，应用数学相对来说发展得不是很理想。而近些年，为了发展应用数学，加拿大加强了数学界与工业界的联系，设立了加拿大联邦杰出信息技术与复杂系统中的数学中心网状组织（Canada Federal Network of Centres of Excellence，Mathematics of Information Technology and Complex Systems，MITACS）。它是由加拿大政府设立的基金组织，旨在鼓励数学家直接参与解决企业提出数学问题的研究计划，规定基金的课题必须由企业界和学术界共同申请。由此，张恭庆想到自己在 1998—2003 年参加过国家科技部"973"计划的两届专家顾问组。在评审项目时，他发现有的申请者为了显示项目的先进性，往往在项目申请书上写着要用到许多数学，但拿到项目后就不提数学了。在一次项目讨论会上，张恭庆提议："大家都说数学重要，但后来又没有用到数学，建议今后凡是在申请时说数学重要的项目，都应该划出一部分经费，专供数学使用。"但他的提议未得到响应。所以当张恭庆得知 MITACS 的运行机制后，立即与侯自新商量：如何将这种机制引入国内？当时张恭庆还同时担任第三届数学天元基金领导小组组长，便把 MITACS 的经验和争取合作的想法向国家自然科学基金委员会作了汇报，获得了支持。

2003 年，数学研究与高等人才培养中心与 MITACS 签订了中加加强应用数学合作的协议。根据协议，数学研究与高等人才培养中心决定 2003 年先从中心的 15 个成员单位选派 10 名优秀青年应用数学工作者加入加方的部分研究课题中去。被选派者用半年时间边研究边工作，并学习加方学者从实际问题中建立数学模型、研究算法的经验，回国后再针对我国的实际，开展工作，争取逐步形成一支扎根于我国实际的应用数学队伍。最终，中心选派了十余名青年数学工作者。双方经过一段时间的磨合后开展合作，取得了不少成绩。

2005 年 5 月，中加双方召开了一次中加工业数学研讨会，进行合作项目的阶段性交流与总结。这次研讨会分两个阶段，分别在香港浸会大学和南开大学召开。

浸会大学的研讨会于 5 月 23—26 日召开，有来自加拿大、中国大陆、香港等地的 50 人参会。中加学者共作了 32 场学术报告，涉及数学在生物制药、无线通信、晶体生成、微电子大规模集成电路设计、信息传输与提取、交通模拟控制、金融保险、传染病传播与控制、地质勘探等领域的应用。

南开大学的研讨会于 5 月 28—29 日召开。中加学者讨论了进一步合作事宜，双方决定在已建立合作的领域通过各种方式继续合作。在南开大学的这次研讨会还专题讨论了加强中国应用数学发展和尽快建立一支扎根于中国实际的应用数学队伍的问题。与会者一致强调应迅速发展中国应用数学的研究并进行队伍建设，建议有关领导部门加速这方面的规划，制定相应的政策与增加相关的投入。[1]

2007 年 8 月 3 日，中加双方又在加拿大温哥华 MITACS 总部举办了"中国 – 加拿大日"。张恭庆率领数学研究与高等人才培养中心代表团数人参观了 MITACS 总部。中加双方就拟议中的进一步合作的合作协议书交换了意见。[2] 此后，中加双方在班夫（Banff）国际研究站于 8 月 5—10 日召开了研讨会。近 40 人出席了会议，其中我国有来自北京大学、南开大学、复旦大学、四川大学、山东大学等 10 余名代表参加。会上有 20 个专题报告，涉及金融、材料、石油开发、网络搜索、生物信息、传染病、制药，以及中医建模等领域的数学研究。彭实戈、张平文、陈增敬、谭永基、丁关洪等在研讨会上作了精彩的报告。研讨会还专门安排了一段时间以圆桌会议的形式讨论了双方在工业应用数学领域内的进一步合作，提出了金融

---

[1] 中加工业数学研讨会在香港浸会大学、南开大学举办。《高等学校数学研究与高等人才培养中心简报》，2005 年第 38 期，第 41–42 页。

[2] 在 MITACS 的中 – 加日。《高等学校数学研究与高等人才培养中心简报》，2007 年第 64 期，第 55–56 页。

风险等 5 个可能合作的方向。①

经过十余年的发展，国内高等学校数学的实力有了较大的提高，2015年数学研究与高等人才培养中心完成了其历史使命。

数学天元基金学术领导小组与"973"计划

1986 年 2 月，经国务院批准，国家自然科学基金委员会（简称"基金委"）成立。数学工作者有了争取数学研究经费的渠道。但在基金委成立之初，数学经费很少②，用于支持全国的数学研究犹如杯水车薪。1988 年初，陈省身谈到中国数学发展前景时提出：中国将成为一个数学大国。③ 8 月，在基金委的全力支持和帮助下，"二十一世纪中国数学展望"学术研讨会在南开数学研究所召开。程民德作了主题报告，提出了"群策群力，中国数学要在二十一世纪率先赶上世界先进水平"的宏伟目标。陈省身在讲话中再次重申了他关于中国会成为一个数学大国的见解。出席大会的中共中央政治局委员、国务委员兼国家教委主任李铁映高度肯定和赞扬了程民德和陈省身的讲话，把这一目标风趣地称为"陈省身猜想"④，表示国家一定要在软设备和硬设备两个方面支持这一猜想的实现。⑤

这次会议后，会议组织者吴文俊、程民德、谷超豪、王元、杨乐、冯康、胡国定、齐民友、堵丁柱、李克正联名向国务院打了报告，申请对数

---

① 中加工业应用数学研讨会在 Banff 举行。在 MITACS 的中 – 加日。《高等学校数学研究与高等人才培养中心简报》，2007 年第 64 期，第 54–55 页。

② 国家自然科学基金委员会第一年的财政拨款是 8000 万元，用于资助数学学科的经费仅有 80 万元。参见许忠勤：吴文俊与中国数学。姜伯驹等主编，《吴文俊与中国数学》。上海：上海交通大学出版社，2016 年，第 60 页。

③ 文兰：数学天元基金的理念、使用与责任——纪念数学天元基金二十周年。《数学通报》，2010 年第 49 卷第 9 期，第 6 页。

④ 同③。

⑤ 许忠勤：吴文俊与中国数学。见：姜伯驹等主编，《吴文俊与中国数学》。上海：上海交通大学出版社，2016 年，第 60–61 页。

学进行专项经费支持。1988 年 12 月 18 日，国务院总理李鹏批示同意拨款支持数学家"率先赶上世界先进水平"的决心。[①] 1989 年 2 月，国家自然科学基金委员会为数学学科设立专项基金——数学天元基金。[②] 这项基金在管理上和运作上具有特殊性，即，这项基金将主要由数学家组成的学术领导小组自己来管理和支配。对此，张恭庆曾说：

> 天元基金是一项专项基金，是根据数学学科的特殊性设定的，这也就决定了它在运作上和管理上的特殊性。数学的特殊性表现在它的研究对象与其他学科的不同。它研究的对象是量的关系和空间形式而不是具体的物质。于是它的工作方式也不同，除大型计算外，数学家并不在实验室工作，所以在需求上也不同。只需要较少的实验设备，但更关心的是图书资料、学术交流和人才培养。数学家对于学术交流与信息的需求远远超过其他学科的科学家。如各种类型的学术会议，研究班以及个人之间面对面的交谈与合作等。它的特点决定了天元基金需要数学家来管理，因为数学家最清楚他们需要什么。[③]

数学天元基金学术领导小组首任组长是程民德，第二任组长是吴文俊。吴文俊卸任后，张恭庆于 2000 年 5 月出任第三任组长，刘应明、马志明为副组长，许忠勤为组长助理，任期至 2003 年。这届学术领导小组成员还有林群、侯自新、严士健、陈天权、彭实戈、程崇庆、周青、邵立勤。[④] 刘应明还是全国人大常委会科教文卫委员会的副主任，有较多机会接触到科教方面的领导干部，为天元基金经费的大幅增加做出了贡献。

在张恭庆主持下，第三届数学天元基金学术领导小组下功夫最大、花

---

① 许忠勤：吴文俊与中国数学。见：姜伯驹等主编，《吴文俊与中国数学》。上海：上海交通大学出版社，2016 年，第 60-61 页。

② 同①，第 61 页。

③ 第三届数学天元基金学术领导小组的工作汇报。《数学进展》，2004 年第 33 卷第 6 期，第 750 页。

④ 第三届数学天元基金学术领导小组第二次会议纪要。《数学进展》，2001 年第 30 卷第 1 期，第 83 页。

精力最多、资助经费最强的一项工作是人才培养。在这方面，学术领导小组继续支持前两届数学天元基金学术领导小组都支持的 A 类数学研究生暑期学校活动。这类暑期学校是由全国数学研究生暑期教学中心更名而来的。自 2000 年起，第三届数学天元基金学术领导小组支持了四川大学、中国科学技术大学、吉林大学、山东大学相继承办的四次 A 类数学研究生暑期学校活动。①

1997 年 3 月 2 日，李鹏、李岚清、宋健等国家领导人参加全国政协八届五次会议的科技和科协组联会。在会议上，李鹏总理在听取数位代表的发言后，提出了制订国家重点基础研究发展规划的意见。6 月 4 日，国家科技领导小组第三次会议，决定由国家科委负责制订国家重点基础研究发展规划。随后，江泽民总书记对《国家科技领导小组第三次会议纪要》作了重要批示。1998 年，国家科技部正式推出"973"计划。②

"973"计划制订之初，数学、物理学、化学、天文学、地学、生物学等基础学科中的重点项目被考虑放在支持之列。但最后国家科技部下达的只有农业科学、能源科学、生命科学、材料科学、信息科学和环境科学等学科中的项目。为了评审申请项目的立项，国家科技部成立了"973"计划专家顾问组，周光召出任组长。张恭庆被聘任为前两届（1998—2000年，2001—2003 年）专家顾问组成员。在第一届任期内，数学不被考虑立项，所以他只参与评议其他学科的项目，在此期间他学到了不少新的、其他学科的知识，也对国家的需求有了一定的了解。此外，他还与众多专家一起向有关部门反映了数学与理论物理中的一些方向在基础科学研究中的重要性，得到了科技部有关干部的许诺：作为特殊情况，将在晚些时候给数学和理论物理各立一个项目。

在张恭庆的第二届任期内，科技部实现了这个诺言。为此，张恭庆与第三届数学天元基金学术领导小组其他成员积极商讨，以中国数学队伍的

① 第三届数学天元基金学术领导小组的工作汇报。《数学进展》，2004 年第 33 卷第 6 期，第 751 页。

② 《中华人民共和国科学技术发展规划和计划》编写组：《中华人民共和国科学技术发展规划和计划》。北京：中华人民共和国科学技术部发展计划司，2005 年，第 472—473 页。

实际情况为出发点，将"核心数学若干重大问题"列入"973"计划。由此，纯粹数学得到了较高强度的、稳定的支持。

在这个前提下，第三届数学天元基金学术领导小组把学科建设的重心转向积极寻求数学与其他领域交叉和结合的切入点。2000年10月19—21日，第三届数学天元基金学术领导小组召开了一次主题为"数学与现代科学"的香山会议。这次会议的召开，一是向科学界明确亮明中国数学界将推动数学与现代科学各学科的交叉发展，以引起共鸣和响应；二是促进大家去了解在现代科学的基础研究中，有哪些重要的课题可以与数学交叉研究。这次会议由张恭庆、吴文俊、曾庆存共同主持。[①] 吴文俊是第二届数学天元基金学术领导小组组长。曾庆存是气象学家、地球流体力学家，曾任中国工业与应用数学学会理事长。在会上，张恭庆作了主题报告《数学与现代科学》，信息科学专家汪成为作了报告《数学与信息科学》，理论物理学家欧阳钟灿作了报告《数学与生命科学》，物理学家王鼎盛作了报告《数学与材料科学》，曾庆存作了报告《数学科学与环境科学》，石油和能源科学专家沈平平作了报告《数学与能源科学》。[②]

2001年，第三届数学天元基金学术领导小组与国家自然科学基金委员会政策局又联合举办了数学与生命、信息、金融、经济等关系的九华山讨论会。这次会议是2000年香山会议的延续，只是内容侧重工业、金融和高科技方面。参加人员包括从事技术科学、工程科学、计算机科学以及工业、经济、金融、管理等方面的专家和数学家。[③]

张恭庆任组长期间，第三届数学天元基金学术领导小组也支持了一些国际合作与交流活动。这些活动包括国家自然科学基金委员会与意大利国际理论物理中心的合作、数学研究与高等人才培养中心与MITACS的合作与交流、中国与国际纯粹数学与应用数学中心（CIMPA）的合作。国际纯粹数学与应用数学中心是法国重要数学研究机构，总部设在法国的尼斯。

---

① 许忠勤：关于拓宽数学研究与应用范围的思考。《工程数学学报》，2002年第19卷第2期，第121页。

② 张恭庆：振兴中国数学（下）。2021年10月5日，未刊稿。资料存于采集工程数据库。

③ 同①。

中国与国际纯粹数学与应用数学中心的合作是在应用数学领域，由中法数学家共同商定与应用数学有关的选题，每年开展一次在中国的讲习班活动。① 2003 年张恭庆卸任组长之职时，虽然看到在包括数学天元基金在内的国家各类基金支持下中国数学发展的良好形势，但认为中国"要想成为一个数学大国，成为数学强国，我们必须要做的是把数学的根深深地扎在中国的土地上"。②

不仅如此，他清醒地认识到：与世界数学强国美国相比，我国数学工作者能申请的基金还很有限，国家和社会需要数学毕业生的部门还很少，我国许多大学招生时还在打着信息、金融、计算的招牌。我国工业界、医学界、金融界、管理部门、包括我国科技界的许多人都认为数学离他们很远。尽管今天中国数学有这样好的形势，但基础并不牢固，如果不把数学的根扎在中国的土地上，面对国家和社会的需求，中国数学今天的大好形势也不能持久。③

图 7-4　2002 年 8 月，国家自然科学基金委员会数学天元基金学术领导小组扩大会议合影
（右 2 张恭庆、右 4 吴文俊，照片由张恭庆提供）

---

① 第三届数学天元基金学术领导小组的工作汇报。《数学进展》，2004 年第 33 卷第 6 期，第 753 页。

② 同①，第 754 页。

③ 第三届数学天元基金学术领导小组的工作汇报。《数学进展》，2004 年第 33 卷第 6 期，第 754 页。

　　张恭庆是北京大学的教授，他希望北京大学在应用数学方面能够做出更大的贡献。21 世纪初，张平文（现为中国科学院院士）是北京大学数学科学学院科学计算系的系主任，他既有不少出色的研究成果，又善于团结、组织大家工作，而且在学术上还有非常敏锐的战略眼光。他看到应用数学大发展的趋势，经常和张恭庆谈这方面的情况。张恭庆也很愿意和他交流看法。有一次，张平文和姜明提出建议：北京大学数学科学学院的应用数学与科学计算应更加紧密合作，张恭庆非常支持他们。为了让北京大学数学科学学院往这个方向更快地发展，需要引进国际上的领军人物。在引进鄂维南来北京大学工作、并让他能够充分发挥作用等问题上，张恭庆尽力帮助张平文。几年下来，在鄂维南、张平文领导下的北京大学应用数学团队不仅为国家的需求做出了重要贡献，在国际上也有了影响。

第八章
从本科生教学到课程改革和教材建设

本科生和研究生教学

作为一名教师，张恭庆把教学视为天职。自 1959 年在北京大学留校任教至 2018 年退休，他为本科生和研究生开设过二三十门不同科目和专题的课程。他也到国内其他高校和美国的高校开设过本科生或研究生课程。张恭庆喜欢教学，他说："站在讲台上，当我看到台下一张张全神贯注、紧张思索的面孔时，我总会被感染得精神振奋、情绪激昂，有时还会迸发出创造性的火花。"①

张恭庆的本科基础课教学活动集中于 1959—1981 年，此后在教学上主要给研究生和本科高年级学生授课，但也少量地开设过本科生基础课程。1959 年秋季—1960 年春季，他作为主讲教师闵嗣鹤的助教，担任北京大学数学力学系一年级 3 个班的习题课（力学 2 个班、计算 1 个班）。每周每个班两次课，共 12 学时。习题课是学习苏联教学制度的产物，大

---

① 张恭庆：关于我的教学。见：张恭庆编，《张恭庆的数学生活（续）》，内部资料，第 12 页。

多由助教担任。习题课教员需要和主讲教师一起备课，出的习题都要经过闵嗣鹤的把关，以配合教学计划、掌握分寸。初任教师的张恭庆不懂教学法，喜欢出难题给学生做，闵嗣鹤给了他很大的帮助。每看到他出难题时，闵嗣鹤就添加几个中间步骤，分成几个小题，让学生一题做完再做一题，最后完成原来的题目。闵嗣鹤语重心长地对张恭庆说：“你不能站在楼上叫学生：上来，上来！你要搭好梯子让学生一步一步走上来。”①这句话张恭庆一直牢记在心。他慢慢地习惯了这样的教学方法。在习题课上，张恭庆总是先把题目写在黑板上，讲解清楚，再让学生去做，然后来回观察学生的做题情况。他特别重视出概念性的题，遇到好几个人犯同样的错误时，则分析其中原因，重点讲解，纠正错误。

那个时期正值 1958 年“教育大革命”之后，“天才教育”遭受严厉的批判。教师要个别辅导学习后进的学生，否则就会被认为是“天才教育”的继续。为此，张恭庆几乎每天晚上都去学生宿舍，了解学生的听课情况，对学习后进的学生专门进行辅导。由于各个学生情况不尽相同，而且自尊心又都很强，张恭庆只能对他们单独辅导，为此花费了大量时间。②这在当时的北京大学数学力学系是相当普遍的。1960 年春季，教育革命运动再起，教学秩序完全被打乱，学生被动员起来批判教学内容中的“唯心主义”和“形而上学”，教师事实上成了批判对象。

1960 年秋季，张恭庆的教学任务是主讲生物系一年级的高等数学。这门课至 1961 年春季结束。但第二学期没上到一半，他就被派遣下放到十三陵人民公社劳动去了。1961 年秋季开学前夕，张恭庆突然又被数学力学系领导调回，负责数学力学系二年级 3 个班的数学分析习题课，并多改 1 个班的习题本。大课由冷生明教。但这个年级的学生在一年级时受到教育革命的严重冲击，在打基础阶段，把数学分析严格化的内容和习题训练全都否定了，以致后继各门课程寸步难行。尽管冷生明努力把课讲得尽量清晰，也非常注意学生的接受情况，但由于前面基础没有打好，结果只能是事倍功半。数学

① 张恭庆：对第三次访谈提纲的答卷。2021 年 8 月 18 日，未刊稿。资料存于采集工程数据库。

② 张恭庆访谈，2021 年 8 月 20 日，北京。存地同上。

力学系领导不得不决定，等这批学生到三年级时，再给他们开设数学分析（补习）课。1962 年秋季，张恭庆被安排主讲这门补习课，同时还担任泛函分析专门化课和实变函数专门化专题课——多重三角级数的主讲教师。

自从高等学校贯彻学习苏联体制以后，北京大学数学力学系的本科生学制延长为 5 年（有三届为 6 年），最后三个学期在数学专业内再分专门化，如代数、几何、拓扑、动力系统、函数论（又分实变与复变）、泛函分析、微分方程（又分常微与偏微）、概率与统计等。每个学生选择一个专门化。在正常情况下，学生都要学习专门化课，到最后一个学期还要在老师指导下写出一篇毕业论文。1963 年春季至 1966 年春季，张恭庆教过几门专门化的专题课，如实变函数专门化的多重三角级数、泛函分析专门化的微分算子和广义函数等。1964 年春季至 1965 年春季，他担任过 1960 级泛函分析专门化的教师，除了专门化课的讲课外，还要带学生的毕业论文。

刚毕业不久就要承担如此沉重的教学任务，对于张恭庆非常不易。因为他自己只在 1957 年秋季至 1958 年春季听过关肇直开设的泛函分析课。那时整天搞运动，除了上课外，没有复习时间。此后，他虽然十分用功自学，

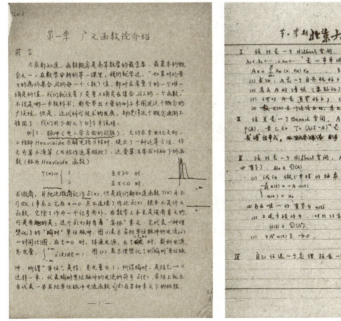
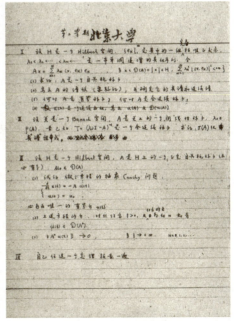

图 8-1　1965 年春季，张恭庆编写的《广义函数论讲义》手稿（张恭庆提供）

也发表过一两篇小论文，但他认为：领导把这样的重任压给自己，是一种信任和考验。因此他非常认真地完成任务，不仅努力教书，而且关心学生的全面成长。1960级专门化的学生毕业后大都分配到高等学校任教。其中，林源渠留在北京大学成为一名优秀的教师，1986年他与张恭庆合编了《泛函分析讲义》（上册）；王恩平分配到中国科学院数学研究所，在关肇直指导下工作，后来随关肇直转到中国科学院系统科学研究所，从事国防任务。

1966年6月"文化大革命"爆发，张恭庆的教学活动被迫中断。直到1974年，他才重新登上讲台。1974—1976年，他为工农兵学员讲授过数学分析、数理方程、最优化方法等课程。当时政治运动反复，教学工作没有完全恢复到正常状态，工农兵学员的学习基础比较薄弱，教起来不那么容易。加之"文化大革命"中对于大学要实行"斗、批、改"，不能按正常的方式教学，给教师增加了许多困难。不过，张恭庆尽了自己最大的努力，想方设法把他们教好。[1]

改革开放初期，北京大学数学系的教学秩序逐渐恢复正常。1978年秋季，开始招收本科生，学制恢复到四年，教材选择也比较自由。1981年秋季，从国外回来的张恭庆进入北京大学数学研究所。为了完成教基础课的任务，他为1978级本科生开设了泛函分析Ⅰ。在这门课程的教学中，他借鉴了在柯朗研究所进修时学到的拉克斯和尼伦伯格的教学风格，加上自己多年来对于这个学科的理解，自编讲义，尽量把泛函分析与其他数学分支的知识联系起来。他的课"有血有肉"，不只是干巴巴的定义和定理，在学生中反响良好。那时学生们学习积极性很高，到处找课听。有的学生听说张恭庆刚从国外回来，出于好奇心，也来听课。因此每堂课教室都坐得满满的。1982年春季，他给1979级本科生开设了泛函分析Ⅱ。根据这些课程的讲义，张恭庆又于1984年春季为1980级本科生开过一学期泛函分析Ⅰ，1989年春季为1987级本科生开过泛函分析Ⅱ，边教边改，他又分别与林源渠、郭懋正合作，将自己编写的讲义作了修改与补充，然后由北京大学出版社分上、下册出版。

---

① 张恭庆访谈，2021年10月14日，北京。资料存于采集工程数据库。

在国外时，张恭庆看到苏联数学家阿诺德（Vladimir Igorevich Arnold）写的《经典力学中的数学方法》（*Mathematical Methods of Classical Mechanics*）[①]。这本书通过经典力学问题把数学中的许多重要知识联系了起来，是一本好书。回国后，他向很多人推荐。鉴于有些学生经常找他谈数学，1981 年秋季张恭庆建议有兴趣的学生在课外组织了一个读书小组，他带领大家一起读这本书。

开始招收研究生后，为了把研究生引入研究专题，张恭庆经常为北京大学数学系高年级本科生和低年级研究生开设临界点理论与非线性分析基础等课程。20 世纪 80 年代，这些课程的听众非常多，不仅本校学生不分年级地来听，就连北京市许多高校、中国科学院数学研究所以及北京应用物理与计算数学研究所的研究生们也来旁听。听众每次都把教室坐得满满的，有些人干脆坐在过道上，张恭庆看到学生们如此高昂的学习热情和旺盛的求知欲，更加精益求精地备课。自从 1987 年在吉林大学承办的第四届全国数学研究生暑期教学中心讲过非线性分析这门课后，张恭庆决心好好写一本非线性分析方面的书，把内容搜集得更丰富，方法处理得更简洁。他不断地讲课，不断地修改，把这门课作为"保留节目"，每隔几年在北京大学开设一次。2005 年，他的《非线性分析方法》（*Methods in Nonlinear Analysis*）一书由施普林格出版社出版[②]。北京大学数学科学学院分析学科方面的本科生和低年级研究生大都选过这门课。选修这门课程的学生都要参加考试，旁听生当然不必，但北京应用物理与计算数学研究所要求他们有关方面来听课的研究生不仅要听课，也要参加考试。2003 年 SARS 疫情期间，外校的人不能进校，张恭庆只好把每次讲稿和考题放到校门口交给门卫，由对方教学行政人员负责来领取。

除此以外，张恭庆还为本科生开设过实变函数论课程。根据自己方向研究生的需要，在不同时期，他还为研究生开设过一些专题课程，如谱几何、几何分析基础、调和映射与测地线、极小曲面等。

---

① V. I. Arnold. Mathematical Methods of Classical Mechanics. Translated by K. Vogtmann，A. Weinstein. NewYork：Springer-Verlag，1978.

② Kung-Ching Chang. Methods in Nonlinear Analysis. Berlin：Springer-Verlag，2005.

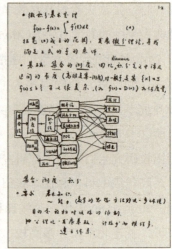

图 8-2　1999 年秋季，张恭庆编写的《实变函数论》手稿（张恭庆提供）

变分学是一门研究泛函极值的数学分支。它有三百多年的历史，并与力学、物理学以及其他数学分支有广泛的联系。从 20 世纪初就已成为大学数学系的必修课程。但到了 20 世纪中期，因其内容陈旧，便从大学本科课程表中逐渐削减、合并，直至分散到其他课程中去。20 世纪二三十年代，北京大学数学系开设过变分法，① 后来取消了这门课程。不过近几十年来，变分学不论在理论上还是在应用（如几何、物理、智能材料、最优控制、经济数学、最优设计、图像处理等）中都有了很大的发展，与数学其他分支的联系日趋紧密，它在近代数学中的地位也愈加重要。

国外数学界注意到在本科教学中没有变分学已不能适应要求，至于怎样弥补这个不足，则尚在探索之中。对此，张恭庆开始着手变分学课程的重建与改革。2006 年春季，他在北京大学数学科学学院开设了变分学，每周 3 学时。② 这门课主要面向学院各专业高年级本科生和低年级研究生。开课时来了不少外校的旁听生。北京应用物理与计算数学研究所的研究员苗长兴把他自己的研究生都带来听课。

---

① 郭金海:《现代数学在中国的奠基：全面抗战前的大学数学系及其数学传播活动》。广州：广东人民出版社，2019 年，第 61–72 页。

② 张恭庆：我的教学工作。2023 年 6 月 9 日，未刊稿。资料存入采集工程数据库。

变分学的课程内容由经典的变分理论、直接方法和应用三部分组成。这门课结束后，不少学生都给予了肯定的评价。有的学生说张老师在讲授中把问题的来龙去脉以及问题在实际中的应用都讲得相当清楚。还有学生说张老师上课条理清晰，深入浅出，从古典的变分学一直讲到现代的变分学，再到最近几十年的发展，一脉相承，每一节课都有不同的思想、理论和方法，引人入胜。有的学生还评价道：听张老师的课很舒服，他能从很简单、每个人都明白的地方讲起，然后突然之间便进入了一个很神奇的领域。有的学生认为，这门课非常重要，是对学过的泛函分析、实分析、偏微分方程和微分几何知识的补充和应用，同时也是对以前所学内容的整理与巩固。这门课还使用了某些物理学的思考方法，让听众大开眼界。[①]

2009 和 2010 两年的春季，张恭庆又各讲授了一次变分学，都是每周 3

图 8-3　2004 年，张恭庆在北京大学讲课（张恭庆提供）

　　①　张恭庆：课程改革与教材建设中的探索与实践。2009 年 10 月 23 日，未刊稿。资料存于采集工程数据库。

学时。其中有一次被录制成了"慕课"①。2010 年的课程在北京国际数学中心开设。这次授课约招 40 名学生，其中有 15 个外校（都是 985 大学）学生名额。有一位烟台大学本科三年级的学生张若冰也进入教室认真听讲，还参加了考试，考试成绩为 96 分。学期结束时，张若冰说想到美国普林斯顿大学读博士，请张恭庆给他写推荐信。张恭庆了解了他奇特的学习经历以后，很乐于帮助他继续深造，于是为他写了推荐信。2011 年，张若冰入读普林斯顿大学，师从张圣容（Sun-Yung Alice Chang）和杨建平（Paul C. Yang），于 2016 年获博士学位。张若冰后在塌缩流形方面取得重要进展，现任普林斯顿大学助理教授。

研究生的培养

自从 1978 年开始招收硕士生，到 2019 年最后一名博士研究生毕业，张恭庆共招收、培养硕士研究生 28 人，博士研究生 18 人（含与他人共同指导者），如表 8-1。1984 年，张恭庆被评为博士研究生导师。此前，中国科学院系统科学研究所聘他为兼职研究员，指导刘嘉荃的硕士和博士学位论文，中国科学院数学研究所也聘他为兼职研究员，指导王志强的博士学位论文。在这 18 名博士研究生中，蒋美跃、姜明既是张恭庆的硕士研究生，也是他的博士研究生。从 2003 年前后起，北京大学基础数学专业不再招收硕士研究生，直接招收攻读博士学位的研究生，学制为 4 年。若到了 4 年时论文没有完成，可以申请延长一年。在那些毕业的硕士研究生中，大多数都选择出国深造，也有少数留在国内高校任教，还有个别人转攻其他专业。

博士研究生在校期间在通过资格考试前，原则上要去听规定的各门专业基础课程，只有通过资格考试之后，才接受导师的直接指导。张恭庆培

---

① MOOC，即大规模在线开放课程。

养研究生的主要方式是将他们吸纳为研究团队的成员，通过讨论班，参加各种学术会议，将重要的文献和新收到的文章分发给他们阅读。让他们读后报告，使他们了解研究的前沿，并引导他们自己提出问题，自己设法解决，在这过程中提供咨询和帮助。

表 8-1　张恭庆招收和培养的硕士和博士研究生名单[①]

类别	名单
硕士研究生	韩云瑞、田刚、李治平、张东、陈斌、邹恒辉、蒋美跃、杨学锋、姜明、庆杰、吕鹏、王荣光、阳振坤、李平伟、李平立、邸双亮、王晓东、杭凤波、金加顺、李晓昇、王靖岳、朱可、朱新、宁峰、陈伟国、代先华、郑星华、郑晨熹
博士研究生	刘嘉荃（与关肇直合带）、王志强、张克威、王宏玉、蒋美跃、姜明、王友德（与丁伟岳合带）、范辉军、保继光、刘跟前、宋惠明、邢瑞香（与刘嘉荃合带）、潘洪京、刘书茂、蔡国财、阮元龙、张栋、关任（与范辉军合带）

张恭庆所指导的硕士研究生都是在 2003 年 9 月以前，那时还有完成硕士毕业论文的要求。早年的硕士毕业论文中有若干篇水平比较高，甚至达到了博士论文的水平。

张恭庆对于学生论文的要求是有创造性，还一定要他们自己独立完成。他很看重学生有没有独立的思想，写论文只要确实有新思想。他都给予肯定。即使不善于表达，或者写得不够规范，他也会耐心地提出修改意见，有时还请其他老师再仔细审阅，以确保论文结论的正确性。

张恭庆培养的硕士和博士研究生后来大都留在数学界，多人成为大学教授，也不少人后来卓有成就，有些人还成为国际知名学者。其中，除了前面已较为详细地介绍的田刚外，还有刘嘉荃、王志强、张克威、蒋美跃、王友德、范辉军、庆杰、保继光、王宏玉、刘跟前等。在此，仅介绍几位。

刘嘉荃原是关肇直的研究生。关肇直后因患病，委托张恭庆对刘嘉荃具体指导。1983 年，刘嘉荃在张恭庆指导下获得博士学位。[②] 此后，在中

---

① 张恭庆：我的学生。2023 年 6 月 9 日，未刊稿。资料存于采集工程数据库。

② 刘嘉荃攻读博士学位的单位是中国科学院系统科学研究所。

图 8-4　张恭庆夫妇与刘嘉荃夫妇、蒋美跃合影（左起刘嘉荃夫人杨小勃、文丽、张恭庆、刘嘉荃、蒋美跃，照片由张恭庆提供）

国科学技术大学研究生院任教，被评定为教授、博士研究生导师。1994 年刘嘉荃转入北京大学数学系任教，直至退休。他的主要研究方向是非线性泛函分析及其在微分方程中的应用。他与张恭庆长期合作，有不少共同成果，包括渐近线性哈密顿系统的周期解、关于高斯曲率的尼伦伯格问题、极小曲面普拉托问题的热流等工作。

王志强 1986 年由张恭庆指导获得博士学位。[①] 此后他相继在北京大学、柯朗研究所、威斯康星大学、犹他大学做博士后和访问研究工作。1998 年起任犹他州立大学（Utah State University）数学统计系教授。他的研究方向涉及非线性泛函分析理论和在非线性微分方程的应用。他深化发展了拓扑变分方法的理论如极大极小方法，莫尔斯理论，拓扑度理论和分支理论。他主要以数学物理和几何分析里的非线性偏微分方程以及哈密顿系统

---

① 王志强攻读博士学位的单位是中国科学院数学研究所。

作为应用模型，运用新发展的一般理论得到了许多深刻的结果，如无穷远临界群的计算和应用，形变流不变集下的极大极小方法，非光滑变分问题的扰动变分方法等。在研究具体问题中他还对一些泛函不等式对称性质和函数空间的嵌入性质作了深入的研究。他的一些工作已成为相关方向的经典文献，有很高的引用率。鉴于在非线性分析和非线性微分方程应用方面的贡献，王志强 2015 年当选美国数学会会士。王志强和国内很多同行保持长期实质性的合作关系。2003 年后在福建师范大学和首都师范大学担任过客座教授，2010 年入选国家级人才项目后，先后在南开大学、天津大学和福建师范大学担任特聘教授，培养研究生和博士后，为国内数学研究和学科发展做出了贡献。

张克威 1987 年由张恭庆指导在北京大学获得博士学位，留校任讲师。1988—1990 年，张克威在英国赫瑞－瓦特大学（Heriot-Watt University）跟鲍尔（Sir John Ball）做博士后。2020 年起，他先后在英国萨赛克斯大学、斯旺西大学和诺丁汉大学数学系（院）任讲座教授。多年来，他一直与吉林大学等国内高校合作。张克威的主要工作集中在多元变分最小化、拟线性椭圆方程组、最小化序列弱收敛及其在弹性力学及图像处理模型中的应用。他给出第一个线性强椭圆方程组不满足强制性的例子。他证明了：雅科比序列在"咬引理"意义下的弱连续性，对一般材料微结构模型引进了一种把向量函数 $W^{1,1}$ 序列"削平"为 $W^{1,\infty}$ 序列的方法，从材料微结构多井模型中提炼出的"拟单调"椭圆方程组不稳定解的存在性，弹性力学 polyconvex 模型小扰动下最小点的正则性与唯一性以及多元变分中拟凸包的克赖因－米尔曼（Krein-Milman）定理等。对一维佩罗纳－马利克（Perona-Malik）扩散模型（1990）在诺伊曼（Neumann）初边值条件下，张克威对光滑非常数初值证明了：相应的初边值问题总有无穷多 $W^{1,\infty}$ 弱解。这是关于此类模型的存在性及不适定性的第一个结果。自 2007 年起，他在研究多元函数的紧贴逼近中引入了补偿凸变换概念，由此设计出不同的数学工具，解决图像处理、内插逼近、计算机辅助几何设计中的各种几何奇性提取问题。

蒋美跃 1989 年由张恭庆指导在北京大学获得博士学位，留校任教，后晋升为教授，担任博士研究生导师。他的研究领域是非线性分析、辛几何和半线性椭圆型方程。他是最早用临界点理论研究奇性哈密顿系统周期解存在性问题的学者之一，后来与张恭庆合作，在将实射影空间看成复射影空间的拉格朗日子流形情况下，证明了阿诺德关于拉格朗日子流形相交数的猜测。在辛几何方面，蒋美跃构造了具有特定齐次性质的辛变换，为超二次和次二次一阶和二阶哈密顿系统周期解问题提供了一个统一的处理方法。对环面上一大类超曲面，他证明了关于辛容量的威因斯坦（Weinstein）猜测，在 2 维情形又证明了：霍弗－赞德（Hofer–Zehnder）定义的辛容量就等于面积，还通过计算辛容量，证明了环面余切丛上的威因斯坦猜测。此外，他与合作者们在变号半线性椭圆、曲线流自相似解、奥布里－马瑟（Aubry–Mather）理论、2 维 L_p 闵可夫斯基（Minkowski）问题、1 维 $-Q-$ 曲率方程可解性等问题上都得到了很有意义的结果。

　　王友德 1991 年由张恭庆和丁伟岳指导在中国科学院数学研究所获得博士学位。此后留所工作，被评定为教授、博士研究生导师。20 世纪 90 年代中期，王友德独立于阿贝尔奖获得者、美国科学院院士乌伦贝克（K. Uhlenbeck）等，与丁伟岳从无穷维辛几何的观点提出从一个黎曼流形进入辛流形的薛定谔流的概念并展开了与西欧独立的研究，率先证明进入凯勒流形的此种流的局部存在性与唯一性，及某些特别情形的全局存在性。此项工作在国际上引起反响及引发一系列后续研究；得到此方向一些专家学者的重视并被三位国际数学家大会 1 小时报告人及多位国际数学家大会 45 分钟报告人引用。王友德还与合作者证明了数十年悬而未决的从三维欧氏有界区域进入球面的薛定谔流（朗道－利夫希茨方程）的诺依曼边界－初始值问题局部正则解的存在性与唯一性。此外，王友德研究了流形间调和映射的存在性与唯一性，曾与合作者从分析的角度解决了从紧黎曼面进入紧黎曼流形的能量一致有界的阿尔法调和映射序列收敛产生泡泡时能量恒等式是否成立这一公开问题。他证明了索伯列夫常数具有正下界的非紧完备黎曼流形的体积增长至少为欧氏体积增长。王友德先后获得国家杰出青年基金资助、中国科学院青年科学家奖，入选百千万工程国家级人选，并享受国务院政府特殊津贴。

保继光 1995 年在北京师范大学工作 7 年后考入北京大学，在张恭庆指导下攻读博士学位，开始了几何偏微分方程的研究，学位论文的题目是《蜕化蒙日－安培（Monge-Ampère）方程解的正则性》。毕业后张恭庆推荐他到加拿大不列颠哥伦比亚大学的太平洋数学研究所（Pacific Institute for the Mathematical Sciences）做博士后，合作导师为 Nassif Ghoussoub 院士。2001 年保继光回到北京师范大学数学系任教，并晋升为教授。他主要研究几何中的完全非线性偏微分方程的伯恩斯坦（Bernstein）定理、解的渐近性和存在性，主持国家重点研发项目课题，以及国家自然科学基金等 10 余项省部级及以上项目；主编《偏微分方程》《变分法初步》等 5 部本科生和研究生教材，入选国家级规划教材、北京市精品教材、国家重点出版专项等。2013 年以来，他又在基础教育方面主编高中教材，参加高考命题的指导工作和高中课标的修订工作。进入 21 世纪以来，保继光先后任北京师范大学数学系党总支书记、数学科学学院院长等职，获得全国宝钢优秀教师特等奖、国家教学成果奖二等奖、教育部基础学科拔尖学生培养计划突出贡献奖、北京市教学名师以及教育部自然科学二等奖等一系列荣誉和奖励，并享受国务院政府特殊津贴。

范辉军 1998 年在张恭庆指导下在北京大学获得博士学位，后到马克斯·普朗克数学科学研究所做博士后。在读博士期间，他在张恭庆和丁伟岳指导下，首次给出了三维以上调和映射热流自相似解的存在性。后与约斯特（Jürgen Jost）合作定义了"带圈的"动力系统，给出了最一般情形的 Novikov-Morse 理论。2003 年范辉军回到北京大学数学科学学院工作，后来晋升为教授，担任博士研究生导师，并担任过数学系主任。他后来的主要研究方向是几何分析、辛几何以及与弦理论相关的数学物理问题。2002—2009 年，他与贾维斯（T. Jarvis）、阮勇斌合作，通过一系列文章构建了镜像对称研究领域中的量子奇点理论，被国际上称为 Fan-Jarvis-Ruan-Witten（FJRW）理论。作为这个理论的重要应用，他们发表在美国《数学年刊》（*Annals of Mathematics*）上的一篇 106 页的文章里，证明了菲尔兹奖获得者威顿提出的两个重要猜想：ADE 奇点的自对偶镜像对称猜想，和 DE 情形的广义威顿猜想（Generalized Witten Conjecture）。他还独自构造了对应着紧复流形的小平邦彦－斯潘塞理论（Kodaira–Spencer Theory）的形式薛定谔方程的形变理论。范辉军先后获得国家杰出青年基金资助、教育部"长江学者"特聘教授和万人计划领军人才等荣誉，并享受国务院政府特殊津贴。他于 2016 年独自获得国家自然科学二等奖。

庆杰 1986 年在张恭庆指导下获得北京大学硕士学位。1993 年获得加州大学洛杉矶分校博士学位，2005 年起担任美国加州大学圣他柯鲁兹（Santa Cruz）分校教授。他的研究方向是几何分析及其在现代理论物理中的应用。他对共形几何及其相关的偏微分方程作了系统的研究：从局部到整体几何不变量，再到这些不变量对几何以至拓扑的影响，其核心数学对象是共形紧的爱因斯坦流形与其无穷远边界上的共形结构。庆杰在共形紧爱因斯坦流形的存在性、刚性、正则性、一致共形紧性及其上的黎曼几何和相随无穷远边上共形几何的呼应性上作了系统研究，证明了共形几何与引力理论（即数学广义相对论）有紧密的内在联系。庆杰与田刚合作克服了艰涩的技术问题，完整地证明了渐近平坦空间远处平均曲率曲面的唯一性。此外，庆杰用正质量定理证明了拥有时间对称性且满足真空和负宇宙常数的爱因斯坦场方程的孤立引力系统时空的唯一性。1999 年，庆杰荣获斯隆研究奖（Sloan Research Fellowships）。

庆杰长期以来一直与国内数学界保持紧密的联系，曾在中国科学技术大学主持杰出青年 B 类项目。此后，他又在北京大学任"长江学者"，并多次领衔或参与组织在中国召开的国际学术研讨会和暑期研究生讲习活动。

张栋是张恭庆独立指导的最后一位博士研究生，2017 年在北京大学获得博士学位。2019 年 9 月—2022 年 8 月，张栋在德国莱比锡的马普数学科学研究所做博士后。2022 年，回到北京大学数学科学学院任助理教授。他的研究方向涉及非线性分析在离散数学中的应用。他虽然仅是助理教授，但已在图及有关离散结构的谱理论、莫尔斯理论以及 Lovász 扩展方面做出了出色的工作。他的一项重要工作是在非线性谱图理论中引入了同调特征值的概念，用大范围变分法解决了图 p–Laplacian 高阶特征值的两个公开问题（单调性猜测和非 min–max 特征值的存在性及刻画问题）。此外，他还对超图 p–Laplacian 得到了高阶 Cheeger 不等式，建立了超图 p–Laplacian

及其对偶超图 p*-Laplacian 的谱系对应关系。

张恭庆培养的硕士和博士研究生后来有少数人转行。例如，姜明 1990 年在张恭庆指导下获北京大学博士学位，毕业后他的工作转入信息科学，成为图像处理专家，现为北京大学数学科学学院教授、博士研究生导师。他的主要学术成就在于：在图像迭代算法方面，首次建立了 SART 算法的收敛性条件，提出了一般性的图像重建迭代算法框架以及相应的分块迭代算法；提出了基于 Mumford-Shah 正则化泛函的异步并行分块迭代算法和相应的 FRGA 实现方案，并成功应用于低剂量螺旋 CT、透视式电子显微镜的图像重建；首先建立了生物荧光层析成像理论，并提出了一种生物荧光层析成像的图像重建方法。他深入研究了阶段不唯一性问题以及如何利用多光谱技术克服生物荧光 CT 成像的不唯一性困难；对于深度光源重建问题提出了计算光学穿刺方法。他还提出了一种多模态图像重建的非对称图像结构相似度和相应的多模态图像联合重建迭代算法。

此外，阳振坤获得硕士学位后，转读王选的博士研究生，2010 年加入阿里巴巴。阳振坤和他的团队自主研发了原生分布式关系数据库 Ocean Base。

对于张恭庆的指导和帮助，他的研究生都心存铭感，不少人都表达过诚挚的感谢。例如，王志强在博士论文中写道："在本文的准备和写作过程中，张恭庆教授从问题的选择、研究方法，以至某些具体的技术细节上，都给予了精心的指导和帮助，特此表示真诚的谢意。"[1] 蒋美跃在博士学位论文中说："作者自一九八三年进入北京大学以来，一直都在张恭庆教授的指导下学习。近几年又在他的指导下，比较系统地学习了临界点理论、Hamilton 系统和辛几何中的有关问题。在文章的写作过程中，张老师给予许多具体的指导。文章中的许多思想来源于他。借此机会，作者向他表示衷心的感谢。感谢他长期以来的指导和帮助。"[2] 范辉军在博士论文中强调："北京大学的四年，我认识了许多朋友，许多人也帮助过我。然而对我影响最大的是我的导师张恭庆院士。他领我走入北京大学，领我走进真

---

① 王志强：对称性与非线性分析中的一些问题。北京：中国科学院数学研究所，1986 年。

② 蒋美跃：奇异 Hamilton 系统周期解、关于 Lagrange 子流形相交数问题。北京：北京大学，1989 年。

正的数学殿堂。是他引我进入几何分析的领域。他学识渊博，兴趣广泛，有敏锐的洞察力。在他的指导与影响下，我系统地学习了分析、几何、拓扑等方面的知识。他对学生要求严格，却在百忙之中关心他们的学习与前途。无论在做人还是研究方面都是我的楷模。此时此刻，我要衷心感谢我的导师。"①

数学教学指导思想与课程改革和教材建设

通过多年的教学实践和对数学教学的特殊爱好，张恭庆逐渐形成了自己教学的指导思想：

第一，大学是传授知识和创造知识的地方。评价大学的教学水平应该包括本科生的基础课和研究生的专业课两个方面。

对于本科生的基础课，因为强调的是给学生打好基础，所以对基本概念、基本方法的讲解要花大工夫，要"少而精"，重点在于最基本的内容要来回强调，螺旋式地重复，好让学生牢牢掌握；对于基本技巧，则要反复地、多层次地、多方位地练习，以期达到熟练的目的；对于基本内容，必须从本课程乃至整个学科来全面考虑，既要遵从学科自身的逻辑，也要与时俱进，根据本学科与相关学科的发展来判断。无论是制定大纲，或是编写教材，都应当站得更高，并以培养本学科大多数学生为出发点。

至于研究生课程的目的，张恭庆认为应该是提高学生的研究能力，把学生引向研究的前沿，因此更需要与时俱进，而选材自然是头等重要的。教师必须清晰地了解：在浩如烟海的文献中，哪些是真正实质性的进展，哪些是新的生长点，又有哪些是尚未解决的十分有意义的问题。然后根据学生的基础，为他们搭好桥，做好铺垫。此外，还必须考虑到学生今后的发展空间，因此内容不能过窄。

---

① 范辉军：调和映射热流中的自相似解的存在性。北京：北京大学，1998 年。

第二，教一门课，先要把它在教学中的位置弄清楚，特别是它与哪些数学分支有联系，又是怎样联系的，然后决定内容的取舍和重点。

第三，教数学不能仅仅满足于逻辑推理清楚，一定要讲思想、讲实质，要处理好形式与内容、抽象与具体、理论与应用的关系。讲课与自学不同，讲课要求教师通过"已知"启发"未知"，要透过典型例子推测一般结论，要启发学生思考，引导他们自己去寻求答案，使他们能真正把教师所讲的内容变成自己的知识。过分形式化的教学会使人如坠云雾，甚至令人望而生畏，不利于更深刻的理解。

第四，教学工作包含"教"与"学"两个方面。教师讲课不能只是"教书"，仅仅把知识讲解清楚，让同学听懂还不够，还必须针对授课对象，启发他们的学习积极性，这是学好一门课的关键。因此，课堂上需要教师循循善诱，层层激发学生的兴趣和求知欲。[①]

自 1981 年从欧美归国后的 20 余年，张恭庆在课程改革和教材建设方面进行了有益的探索。在这方面，他主要做了下面三件事。

第一件事是泛函分析的课程改革和教材建设。在"文化大革命"前，他就承担泛函分析的教学工作，所用教材是南京大学数学天文学系编写的《泛函分析》[②]。张恭庆认为该书逻辑严密、证明清晰，但限于篇幅与学时，没能展现出真正核心的数学思想，没有介绍典型例子和应用，致使学生学完后不知道有什么用，以及如何用。1978 年，张恭庆在与关肇直和冯德兴编写《线性泛函分析入门》时，曾尝试改善旧教材的这个问题。他提出，常见的微分算子是无界的，而过去的泛函分析教材把重点全部放到有界算子上，致使学了以后不会运用。该观点得到了关肇直的认同。关肇直在序言中提道："本书取材针对多方面对泛函分析的需要。因而突出无界线性算子、正规能解算子的部分，而且也着重介绍了成为多种应用数学分支常用的凸分析。"此外，该书不仅注重知识体系的严谨性，还向学生介绍体系是如何形成的，以改变旧教材理论与背景相隔离的情况。"在讨论一些基

---

① 张恭庆：与时俱进，改革课程，编写新教材。见：丁伟岳，田刚，蒋美跃主编，《张恭庆的数学生活》。新加坡：八方文化创作室，2013 年，第 205–207 页。

② 南京大学数学天文学系：《泛函分析》。北京：人民教育出版社，1961 年。

本概念所蕴含的基本属性时，先说明要解决什么问题，在问题的分析当中逐步为了需要引进一些条件，最后分析完结，定理的叙述也成为必然的，证明也就有了。"[①] 这种知识介绍方式被张恭庆沿用到了之后的教材编写中。

1981 年从欧美归国后，张恭庆更借鉴在柯朗研究所进修时拉克斯的教学方法和风格，首先改革了泛函分析课程，力图做到以下三点：第一，展示若干重要概念、理论的来源和背景；第二，沟通抽象的理论和它们具体的、在其他分支中的应用；第三，通过具体实例来介绍泛函分析方法的特点，即从分析学的具体问题出发，抽象出其中的代数、几何结构，在更高的层次上找出内在的关系，从而推出更一般的结论。张恭庆希望通过这些方式，提高学生的抽象能力和洞察能力。

北京大学数学科学学院（含数学系时期）的泛函分析课分为泛函分析 I 和泛函分析 II。泛函分析 I 是本科生的一门必修课，泛函分析 II 是高年级本科生的选修课以及许多有关研究方向上的研究生共同的专业课。张恭庆对这两门课的内容都进行了调整。对于泛函分析 I，他考虑到这只是本科生课程，因此在"抽象空间"方面只讲到线性赋范空间，不再涉及更一般的线性拓扑空间。由于索伯列夫空间已成为分析学的基本内容，他也将其列入教学大纲。他通过将里斯－绍德尔理论（Riesz–Schauder Theory）、弗雷德霍姆理论（Fredholm Theory）翻译成零空间和值域空间的代数语言，展示将具体的分析问题抽象到代数、拓扑结构的过程。对每个基本的重要定理，都尽量介绍其应用。对于泛函分析 II，他在延续泛函分析 I 的指导思想的同时，特别强调其与数学物理、偏微分方程、随机过程的联系，并据此选择了一些专题，如专门介绍了散射理论，以体现泛函分析与数学物理的紧密联系。[②]

张恭庆按照新方案讲授了一遍泛函分析 I，并编写了讲义，学生们很欢迎。但也有人说这不像泛函分析，不大愿意用他的讲义去教。为此，张

---

① 关肇直，张恭庆，冯德兴：《线性泛函分析入门》。上海：上海科学技术出版社，1979 年，第 1–2 页。

② 张恭庆：与时俱进，改革课程，编写新教材。见：丁伟岳，田刚，蒋美跃 . 张恭庆的数学生活。新加坡：八方文化创作室，2013 年，第 207–210 页。

恭庆请自己的学生刘嘉荃和博士毕业于柯朗研究所的郭懋正接替泛函分析的教学。他们认同这个课程改革的思路，能够延续新教法。此外，张恭庆分别与林源渠和郭懋正合作，将讲义整理成教材，于 1987 年出版面向本科生的《泛函分析讲义》（上册）[①]，于 1990 年出版面向研究生的《泛函分析讲义》（下册）[②]。下册延续了《线性泛函分析入门》对无界算子的强调，将无界算子、特别是与微分算子相结合的部分当作全书的重点，写得非常细致，得到了很多人的认可。

图 8-5　张恭庆编写的《泛函分析讲义》封面（任燃提供）

第二件事是非线性分析课程教材建设。1983 年秋季，张恭庆在北京大学数学系开设了非线性分析，尝试延续尼伦伯格的讲课风格。1987 年，他在第四届全国数学研究生暑期教学中心讲授了非线性分析。为了讲好暑期学校的这门课，他系统整理了之前的讲义。此后，张恭庆在北京大学 9 次讲授非线性分析，每次讲完都对讲义进行修改。2005 年，凝结了他二十余年心血的教材《非线性分析方法》在施普林格出版社出版。该书通过来自不同数学分支的不同问题的重要和有趣的例子，强调和展示了最重要的基本原理和方法。同时，该书并不总是追求每种理论的最广泛的普遍性，而

---

① 张恭庆，林源渠：《泛函分析讲义》上册。北京：北京大学出版社，1987 年。
② 张恭庆，郭懋正：《泛函分析讲义》下册。北京：北京大学出版社，1990 年。

图 8-6　张恭庆编写的《非线性
分析方法》封面（张恭庆提供）

是相反，它强调动机、应用的效果和局限性。[1] 张恭庆也将该书视作自己编写的比较满意的教科书，认为："这本书架起了抽象理论和具体问题之间的桥梁，把两个分离的学科间的隔阂打通了。"[2] 2007 年，美国数学会的《数学评论》（*Mathematical Reviews*）刊登了对该书的书评。评论人莫拉莱斯（Claudio H. Morales）写道："作者在每一章都将分析的抽象方面与应用分析清楚地结合起来""书中论及的所有方法都通过精心选自应用数学、物理、工程和几何学的例子来阐明""总的来说，该书给出了一种统一的方法，为非线性分析做出了杰出贡献。"[3] 2020 年，高等教育出版社出版了该书的中文版。[4]

第三件事是变分学课程的重建与教材建设。2006 年春季，张恭庆在北京大学数学科学学院开设变分学[5]，这是张恭庆改革这门课程的重要环节，标志着变分学课程在北京大学数学教学中得到了重建。在正式开设此课程前，张恭庆查阅了变分学的历史、早年的各种教材以及新近出版的著作，尤其关注了变分学最新的发展动向和应用领域，全面了解了变分学在数学中的地位，以及与其他分支的关联。他先在北京大学及外校开设了几次专题讲座，包括"变分学的过去和现状——浅谈 Hilbert 的三个问题""变分原

---

① Kung-Ching Chang. Methods in Nonlinear Analysis. Berlin：Springer-Verlag，2005.

② 张恭庆访谈，2021 年 10 月 14 日，北京。资料存于采集工程数据库；张恭庆：与时俱进，改革课程，编写新教材。见：丁伟岳，田刚，蒋美跃主编，《张恭庆的数学生活》。新加坡：八方文化创作室，2013 年，第 212 页。

③ 莫拉莱斯书评对应的原文如下：The author combines eloquently the abstract aspects of analysis with the applied analysis in every chapter... all methods discussed in this book are illustrated by carefully chosen examples from applied mathematics，physics，engineering and geometry... Overall，the book presents a unified approach，and is an excellent contribution to nonlinear analysis. 参见 Claudio H. Morales. Chang Kung-Ching：Methods in Nonlinear Analysis. *Mathematical Reviews*，2007，（2007b）. 该书评编号为 MR2170995（2007b：47169）。

④ 张恭庆著，孙杨译：《非线性分析方法》。北京：高等教育出版社，2020 年。

⑤ 张恭庆：我的教学工作。2023 年 6 月 9 日，未刊稿。资料存于采集工程数据库。

理与守恒律""Dirichlet 原理与直接方法"和"测地线与极小曲面",并了解学生的兴趣和反应。

基于教学实践,张恭庆编著了《变分学讲义》,于 2011 年由高等教育出版社出版。该书共 20 讲,包括经典变分学、直接方法和专题选讲三个部分。与传统的变分学教科书相比,该书在经典变分学部分重点突出了极小点的一阶条件和二阶条件,增强了对哈密顿 – 雅可比理论(Hamilton-Jacobi Theory)与诺特守恒律(Noether's Theorem)

图 8-7　张恭庆编写的《变分学讲义》封面(张恭庆提供)

的介绍。该书还用近一半的篇幅介绍直接方法与应用。直接方法是近代变分理论的一个重要组成部分,是微分方程存在性证明以及数值计算的基础。此外,该书还介绍了有限元与数值优化技术等专题。[①] 张恭庆认为该书有两处亮点,一是介绍了其他教材普遍忽视的守恒律,二是把变分学与有限元和优化结合了起来。他相信,《变分学讲义》在未来会发挥重要作用。2017年,《变分学讲义》被翻译成英文,由世界科学出版社出版。[②]

关于编写这些教科书,张恭庆说:"我写书是因为我想表达我对这门课的看法,想说明我认为在这门课里哪些内容是真正重要的;怎么表达能点到问题的实质;以及怎样能够激起人们的兴趣。"[③] 这些教科书也的确产生了很大的影响。《泛函分析讲义》获得了全国高校优秀教材奖,截至 2023年已经印刷了约 15 万册。《非线性分析方法》也被作为参考文献引用了三百余次。随着教材的广泛流传,张恭庆的课程教学理念走出了北京大学,被更多教师和学生所了解和接受。

对于整个数学教育的改革,张恭庆提出要对知识、能力、修养三个方

---

①　张恭庆:《变分学讲义》。北京:高等教育出版社,2011 年。

②　Kung Ching Chang. *Lecture Notes on Calculus of Variations*. Translated by Zhang Tan. Singapore:World Scientific Publishing Company,2017.

③　张恭庆致郭金海电子邮件,2023 年 8 月 5 日。

面进行综合考虑。关于数学知识，他认为既要重视基础，也要照顾前沿，特别要考虑受教育对象的需要和基础；关于数学能力，他考虑了计算、几何直观、逻辑推理、抽象、把实际问题转化为数学问题等的能力，认为培养能力比灌输知识更重要；关于数学修养，他指出数学是一种文化，良好的数学教育能开阔视野、增添智慧，改变观察世界、思考问题的角度，对数学工作者、一般科学工作者、经营者和决策者都很重要。张恭庆将改善数学教育、培养大批高水平的数学人才视作提高国家软实力的重要途径。他相信，只要喜爱数学，且教与学都得法，普通中等才能的人也能学好数学。他不局限于培养专业的数学工作者，而是希望"人人学好数学"。[①]

图8-8　2008年，张恭庆获北京大学第二届蔡元培奖（资料来源：照片出自《张恭庆的数学生活》，证书由张恭庆提供）

　　春华秋实，在多年的辛勤耕耘后，张恭庆在高等数学教育方面的贡献得到了教育部和北京大学的高度肯定。2007年，他获得教育部第三届高等学校教学名师奖。这一奖项用以表彰长期从事本科基础课教学工作、具有较高学术造诣、注重教学改革与实践、教学水平高、教学效果好的高等学校教授。此次评选共100人获奖，其中北京大学有两人获奖，另一人是历史学系的阎步克教授。2008年，张恭庆又获得北京大学第二届蔡元培奖，该奖项被视为北京大学教授终身成就奖。

---

① 张恭庆：谈数学职业。《数学通报》，2009年第48卷第7期，第6-7页。

第九章
数学研究工作与学术荣誉

从广义函数转向偏微分方程

张恭庆的主要研究领域为非线性泛函分析、非线性偏微分方程、张量特征值与图谱理论等。他在带间断非线性项的偏微分方程和无穷维莫尔斯理论等方面作出了一系列深刻的、有些是奠基性的研究工作。然而，张恭庆的研究领域并非从一开始就是明确的，研究道路也并不一帆风顺，而是在不断地学习与实践中逐渐摸索出来的。在程民德、关肇直、陈省身与尼伦伯格等众多师长的影响与自己的努力下，张恭庆逐渐找到并确定了自己的研究方向。

张恭庆在大学期间开始对分析学有较大的兴趣，四年级时选择了泛函分析专门化。泛函分析是 20 世纪 30 年代发展起来的一门新兴的数学分支。它受数学物理、量子力学的推动，又整理了古典分析的许多成果，综合运用代数与拓扑的方法，以空间、算子和谱为主要研究对象。

20 世纪四五十年代，法国数学家施瓦兹系统发展的广义函数论是泛函分析领域的一个重要进展。他本人也因此获得了 1950 年的菲尔兹奖。广义函数论是从研究英国物理学家狄拉克（Paul Adrien Maurice Dirac，1902—1984）在量子力学中引进的 δ 函数开始的，由于推广了质量或电荷分布的概念，又称为分布理论。早在 1963 年，张恭庆便在《数学学报》上发表了一篇题为《S 型空间的广义函数论与展论》的文章[①]，其中通过大量的估计和计算找到了成为盖尔范德－希洛夫广义函数类埃尔米特级数展开的充要条件。由于期刊编辑部在英文目录中将他的名字翻译成了 Zhang Gong-zhìng，导致此后多年里《数学评论》等评论刊物上都没有把这篇论文放在张恭庆（Chang Kung-Ching）名下[②]。直到半个世纪以后，北京应用物理与计算数学研究所苗长兴告诉张恭庆，荷兰数学家格拉夫（J. de Graff）在 1983 年引用了他的这篇论文，文中除介绍他的主要结论外，还指出这是张恭庆这个中国人早就得到的结果。此后，国外陆续出现数十篇论文也都引用他的这个结果和方法，并将其应用于研究核空间、热方程、广义超函数等诸多方面的问题。直至 2021 年，国外学者对这篇文章的引用还没有中断。

图 9-1　论文《S 型空间的广义函数论与展论》首页（郭金海提供）

在获得了一些做研究的初步经验以后，20 世纪 60 年代初张恭庆选择了一个重要的方向——微分算子的谱理论——来深入、系统地学习。事实上，随着泛函分析理论体系的完善，泛函分析的方法在偏微分方程的研究中起着愈来愈重要的作用。他把学习微分算子的本征展开的心得体会加以整理，于 1964 年在《数学进展》上发表了《本征展开的一般理论》，把问题的来源、背景、历史、近况以及与各方面的联系都作了系统的综述。[③]

①　张恭庆：S 型空间的广义函数论与展论。《数学学报》，1963 年第 13 卷第 2 期，第 193-203 页。

②　《数学评论》现已更改，但 Google Scholar 等皆未变。

③　张恭庆：本征展开的一般理论。《数学进展》，1964 年第 2 期，第 172-205 页。

此外，张恭庆还深入地了解了别索夫空间（Besov space）与尼科尔斯基空间（Nikol'ski space）的内插性质和卡尔德伦－赞格蒙德（Calderón-Zygmund）的奇异积分算子理论。这时张恭庆的注意力逐渐从广义函数转向偏微分方程。当他读了阿格蒙（S. Agmon）、道格利斯（A. Douglis）和尼伦伯格对高阶椭圆型方程的 L^p- 估计的奠基性文章后，准备将其推广到高阶抛物型方程。他先用傅里叶方法完成了 L^2- 估计，后用米赫林乘子完成了 L^p- 内估计，剩下边界估计未完成。1964 年 8 月，中国数学会在长春组织召开了第一届全国泛函分析学术会议。张恭庆参加了这次会议并作了报告，题目是《高阶抛物型方程 L^2- 估计》。1965 年，霍尔曼德尔（L. Hörmander）与尼伦伯格等从不同角度发展了更一般的伪微分算子理论。那时张恭庆已经站在了这个新理论的门口。很想跟上这股潮流，但不久"文化大革命"就爆发了，大学里的所有基础理论研究全都停止。

"文化大革命"后期，"斗、批、改"阶段只能做些诸如优选、统计、实验设计、仪器调试、最优化、计算编程之类的工作。张恭庆努力完成了一些从国家实际需要中提出来的数学问题。例如，他编制了光学镜头设计的计算程序等，但却遗憾地错失了国际上对伪微分算子的研究潮流。1972年周恩来总理指示加强基础理论研究，张恭庆抓住这个机会，对霍尔曼德尔型伪微分算子的 L^p 连续性写了一篇文章在《中国科学》发表。[1] 但总体而言，十年（1965—1974）的研究时光都被荒废了，这个新理论也日臻成熟，人们的研究兴趣转移了。

带间断非线性项的微分方程

"文化大革命"后期，张恭庆参与研究受控热核装置中磁约束等离子体平衡的计算问题与石油勘探中出现的"稳定水锥的自由边界问题"。他

---

① 张恭庆：伪微分算子的 L^p 连续性。《中国科学》，1974 年第 6 期，第 551–566 页。

发现如果把自由边界吸收到一个辅助的间断非线性项中去，那么困难的自由边界问题就可以化归为带间断非线性项的（固定）边值问题。这类带有间断项的微分方程有广泛的实际背景，但在理论上却远未成熟。此前只有苏联数学家研究过带跳跃非线性项的常微分方程，以及西方应用数学家零星地研究过含跳跃非线性项的特殊数学物理方程。

1977 年，张恭庆在《中国科学》发表《带间断非线性项的椭圆型方程的多重解》，通过用连续函数逼近间断函数的方法来研究这类方程。[①] 在非线性微分方程解的存在性与多重性的研究当中，连续紧映射的勒雷－绍德尔（Leray–Schauder）拓扑度理论是一个十分重要的工具。一方面，由它导出了许多不动点定理是非线性微分方程解存在性的基础；另一方面，计算拓扑度也是判定可能出现多解的途径之一。然而，对于带间断非线性项的微分方程，这一理论不能直接应用。

然而，樊畿发展了凸集值映射不动点定理以及相应的凸集值映射的拓扑度理论。受此启发，张恭庆与姜伯驹于 1978 年合作发表了《集值映射的不动点指数与带间断非线性项的椭圆型方程的多重解》。[②] 对于二阶半线性椭圆边值问题，他们首先将凸集值映射推广为一类非凸集值映射，引入了集值映射串的概念。这样，方程的边值问题就化归为求映射串的不动点。他们还将阿曼的多解定理推广到映射串，在对非线性项适当地添加条件后，应用此定理，便得出方程至少有 3 个不同的非负解，其中两个是正解的结论。

1979 年在柯朗研究所访问期间，张恭庆又将方程的线性椭圆算子 L 推广到拟线性，给出了带间断非线性项微分方程的一般形式：

$$Lu(x) = f(x, u(x), \nabla u(x))$$

其中 L 是线性或非线性的椭圆微分算子，其核心在于 $f(x, t, p)$ 在 t 或 p 是不连续的函数。他把当时学术界关心的障碍问题转化为带间断非线性项的

---

① 张恭庆：带间断非线性项的椭圆型方程的多重解。《中国科学》，1977 年第 5 期，第 415–430 页。

② 张恭庆，姜伯驹：集值映射的不动点指数与带间断非线性项的椭圆型方程的多重解。《数学学报》，1978 年第 21 卷第 1 期，第 26–43 页。

偏微分方程，将给定的拟线性椭圆型方程的上、下解看成是两个障碍，再利用映射串的拓扑度理论得到了拟线性椭圆型方程解的存在性与正则性。他还将阿曼的三解定理推广到拟线性的情形。张恭庆在柯朗研究所报告了这一结果，得到了尼伦伯格等人的关注，论文被推荐到国际著名数学刊物《纯粹与应用数学通讯》发表。[①] 此后他还继续采用这个思想研究了更多有实际意义的自由边界问题。这使得张恭庆在北美数学界有了一定的名气，很多大学纷纷请他前去演讲。

在学习安布罗赛蒂与拉比诺维茨的山路引理时，张恭庆还致力于开发处理有变分结构的带间断非线性项的微分方程的工具。他借助于数学家克拉克（F. Clarke）引进的广义微分概念，定义了局部李普希茨泛函的临界点，系统地发展了这类泛函的临界点理论，特别是把安布罗赛蒂－拉比诺维茨的山路引理、拉比诺维茨环绕定理（Rabinowitz linking theorem）等都推广到这种情形。[②] 这项工作方法新颖，富有特色，有着丰富的实际背景，影响很大。MathSciNet 显示该文的引用次数至 2023 年已有 500 余次，而Google Scholar 的引用次数更是高达 1000 多次。

张恭庆建立的局部李普希茨泛函的临界点理论的影响，主要体现在以下 4 个方面：

（1）非光滑力学。在研究复合材料的力学变分问题时，希腊裔德国籍力学家帕那格奥托波罗斯（P. D. Panagiotopoulos）发展出非光滑力学以及半变分不等式（hemivariational inequality）的概念，成为非光滑力学的基础。而半变分不等式的解正是李普希茨泛函的临界点，从而张恭庆的临界点定理成为其中的基本存在性定理。

（2）局部李普希茨泛函的临界点理论是迈出连续可微泛函经典临界点理论的第一步。这项工作引发了 20 世纪 90 年代初期将临界点理论推广到度量空间上的连续函数的一系列工作。这些结果尽管使用的范围扩大了，

---

① K. C. Chang. The Obstacle Problem and Partial Differential Equations with Discontinuous Nonlinearities. Communications on Pure and Applied Mathematics，1980，33（2）：117–146.

② K. C. Chang. Variational Methods for Non–Differentiable Functionals and Their Applications to Partial Differential Equations. Journal of Matematical Analysis and Applications，1981，80（1）：102–129.

但此时的"导数"不易计算,在实际应用中还是要设法回过来再用张恭庆的结果。

(3)一些能转化为李普希茨泛函变分问题的非经典边值问题,用李普希茨泛函的临界点理论处理非常方便,而且结论也有所加强。例如,许多数学物理中的自由边界问题,包括稳态涡环问题、台球运动、燃烧问题、水坝浸润面问题等。

(4)一些极端情形的变分问题。例如,与 1-Laplace 有关的变分问题,特别地,图上 1-Laplace 的谱理论。

从"文化大革命"后期参与受控热核与水锥问题的研究开始,张恭庆提出了带间断非线性项的微分方程,用泛函分析与拓扑学的方法解决了这类具体问题,因此荣获 1978 年全国科学大会奖。之后,张恭庆开始系统探索这类方程的理论,开发出集值映射的拓扑度与局部李普希茨泛函两套理论。运用这两种理论,处理带间断非线性项的问题与连续项的问题在技术上便没有新的困难了。1982 年,张恭庆因"带间断非线性项的偏微分方程"工作获国家自然科学奖三等奖。

无穷维莫尔斯理论及其应用

对于一个偏微分方程无论怎样提初值或边值,阿达马(Jacques Salomon Hadamard,1865—1963)有一个"适定性"规定,即要求解是存在的、唯一的,而且对于初值或边值是稳定的。他认为只有满足适定的提法才是正确的提法。在 20 世纪前半叶,人们研究的偏微分方程问题大都满足他的适定性要求。

张恭庆在 20 世纪 70 年代研究等离子体在受控热核装置中的平衡位置时,遇到了出现多个解的问题。当时国内偏微分方程界大多数人都难以接受这个结论,他花了很大力气向同行们解释这种现象在非线性问题中是经常发生的。事实上,那时在好几类文献中(例如在分歧问题中)已经出现过一个微分方程具有多个解的工作，阿达马的适定性要求已被突破了。然而对于一个具体方程，是否有多个解并没有特别有效的方法来判定。

多重性的研究大多采用拓扑方法，主要有不动点方法和大范围变分方法。由布劳威尔（L. E. J. Brouwer, 1881—1966）、勒雷（J. Leray, 1906—1998）和绍德尔提出的求映射的不动点的拓扑度以及它们的种种推广都是常用的拓扑方法，也称为拓扑度方法，它早年被用于研究常微分方程。伯克霍夫－刘斯铁尔尼克－施尼尔曼（Birkhoff–Ljusternik–Schnirelmann）极小极大原理与莫尔斯不等式，都是用来研究泛函临界点的拓扑方法，也称为大范围变分方法。在 20 世纪 70 年代以前，只零星地被分别用于流形上的测地线和极小曲面等问题。

1970 年前后，陈省身和斯梅尔为推动"大范围分析"的发展，在美国数学会出版了三大卷文集，其中包括变分问题中的极小极大原理、微分动力系统的大范围理论、流形上的分析以及几何中的非线性偏微分方程等。在非线性微分方程的研究中，勒雷－绍德尔拓扑度理论是确定解的存在性的重要工具。那时许多有眼光的数学家，如斯梅尔、布劳德、尼伦伯格、施瓦兹（J. T. Schwartz）、伯格尔等都敏锐地注意到：伯克霍夫－刘斯铁尔尼克－施尼尔曼极小极大原理与莫尔斯理论有望比肩非线性分析中的勒雷－绍德尔拓扑度理论。20 世纪 70 年代，帕莱（R. S. Palais）将这个极小极大原理推广到了无穷维空间，安布罗赛蒂与拉比诺维茨成功地发展了极小极大原理，得到了山路引理，并将其广泛应用于非线性偏微分方程和哈密顿系统求解。1979 年 4 月，拉比诺维茨应邀到柯朗研究所作了 4 次系列讲座，介绍了他与安布罗赛蒂在这方面的工作，这是拓扑变分理论中伯克霍夫－刘斯铁尔尼克－施尼尔曼极小极大原理的一个重要发展。

莫尔斯理论的核心是莫尔斯不等式。这是一组不等式，其一边联系着流形上任意一个莫尔斯函数的临界点的型数，而另一边则是这个流形的贝蒂（Betti）数。在拓扑学中人们利用它来计算流形的贝蒂数，这是莫尔斯不等式在拓扑学中起到的重要作用。然而，莫尔斯不等式是一把双刃剑，人们反过来问：能否由空间的拓扑来了解具有变分形式的非线性微分方程解的个数？尽管人们作了一些尝试，但一直没有实质性的进展。

在阿曼－赞德的文章中（见第六章）证明的关键是康利指标，这是一个"同伦"指标，而莫尔斯指标是一个"同调"指标。众所周知，不像同调指标那样，同伦指标一般不易计算。另外，康利指标是针对一般的流来定义的，不像莫尔斯指标只是针对与梯度流有关的流。对于大范围变分问题来说，康利指标太一般了。于是张恭庆放弃了康利指标，改回到莫尔斯指标和莫尔斯不等式。

但在这个方向上，除了在20世纪30年代莫尔斯本人与他的合作者们在证明极小曲面的墙定理（Wall Theorem）时用过莫尔斯不等式来判定多解而外，还没有人在有变分形式的其他偏微分方程中用过这个办法。为此，需要花费时间来探索。张恭庆连续用好几个星期来回试探，经历过许多挫折后，终于把这个非线性微分方程问题转换成：对于在带边界的无界区域上的一个已知函数，通过其边界条件和渐近性质来判定临界点存在性问题。即使如此，还是无法直接应用莫尔斯不等式。后来张恭庆查到了一篇莫尔斯本人在1934年的文章，受到了启发。他想：能否利用这个函数的渐近性质，将其转变为函数的边界条件？经过对函数作了一番改造后，终于能够反过来用莫尔斯不等式证明这个偏微分方程解的存在性。接着张恭庆又用同样的思想连续解决了其他几个不同的问题，成文后由尼伦伯格将其推荐到《纯粹与应用数学通讯》于1981年发表。

张恭庆意识到：这个证明方法事实上是在拓扑学与分析学（偏微分方程）之间又找到了一条联结的通道。然而，这些证明技术的背后到底是什么？这条通道与其他通道有什么关系？除了现在这条通道，应该回过去再去看看用康利指标的那条通道究竟是怎么回事？事情只是刚刚开始。下一步还必须从更深的层次去理解这个证明，才能看清其本质。还要继续去挖掘这条通道与其他通道之间的联系，在更深的层面上把它们统一起来。张恭庆逐渐明确：他发展无穷维莫尔斯理论的目标就是要把这一整套研究多重临界点（从而是相应微分方程的多重解）的拓扑方法统一起来。

于是从1980年下半年开始，张恭庆去认真学习代数拓扑学和微分拓扑学，精读了有关无穷维莫尔斯理论的已有文献，特别是罗特关于孤立临界点的临界群和格罗玛尔－迈耶研究测地线的文章。他紧紧地抓住"同调群"

和"梯度流"作为莫尔斯理论的核心概念，去重新审视临界点问题中分析与拓扑之间的通道。他把这一切作为他发展无穷维莫尔斯理论的主要内容。此后若干年一直在这个方向上工作，得到了一系列结果。

1983 年 7 月，应加拿大蒙特利尔大学格兰纳斯的邀请，张恭庆在其一年一度举办的"高等数学讲习班"上作了 10 次系列演讲。这次演讲的讲义两年后由蒙特利尔大学出版社以《无穷维莫尔斯理论及其应用》出版。①该书系统地整理了孤立临界点的无穷维莫尔斯理论。这是以此为专题的第一本公开出版的著作，其核心内容是张恭庆的如下贡献：

（1）从研究测地线的工作中提炼出了格罗玛尔－迈耶对的概念，对于孤立临界点统一了罗塔的临界群与格罗玛尔－迈耶对的相对同调群的定义，从而证明了临界群具有同伦不变性。

（2）用水平集的相对同调群作整体不变量，用孤立临界点的临界群作局部不变量，用莫尔斯不等式把整体不变量与局部不变量连接起来。

（3）指明：对于伪梯度流而言，康利指标其实就是格罗玛尔－迈耶对的相对同调群。不过，对于一般的流而言，康利指标有其独立的不可替代的作用。几年以后，弗洛尔（Andreas Floer，1956—1991）在辛几何的研究中又在这基础上发展了弗洛尔同调理论，产生了很大影响（这些与张恭庆的工作无关）。

（4）对渐近二次泛函直接计算了作为整体不变量的相对同调群。这比阿曼－赞德的原始证明简单得多，也比用带边莫尔斯不等式的证明更为直接。

（5）在巴拿赫－芬斯勒流形上证明了莫尔斯的柄体定理。

（6）建立了勒雷－绍德尔指标与临界群的关系，证明了用临界群描写的孤立临界点的局部形态比勒雷－绍德尔拓扑度精确。

（7）通过帽积建立了孤立临界点对应的奇异同调类之间的序，建立了刘斯铁尔尼克－施尼尔曼型的极小极大定理。

（8）给出了环面上阿诺德猜测的新证明。

---

① Kung-Ching Chang. Infinite Dimensional Morse Theory and Its Applications. Montréal：Les Presses de l'Universite de Montréal，1985.

（9）为了能够将上、下解方法与莫尔斯理论联系起来，张恭庆分析了在莫尔斯理论中帕莱－斯梅尔条件所起的作用，分别提出了泛函满足"强收缩核"与"形变性质"的概念，把各种类型的极小极大定理放置到这种框架之下，扩大了山路引理等重要的临界点定理的应用范围。[①]

（10）用基于这个理论的统一方法解决了许多困难的半线性偏微分方程边值问题和哈密尔顿组周期解的多重解问题。[②]

《无穷维莫尔斯理论及其应用》出版后，比利时著名数学家默威在《数学评论》发表了书评，其中写道：

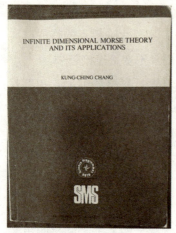

图 9-2　张恭庆编写的《无穷维莫尔斯理论及其应用》封面（张恭庆提供）

尽管要能充分理解这本专著，在阅读上需要熟悉临界点理论、代数拓扑和微分方程，但它包括作者在这个方向上许多贡献中的一些内容，构成在非线性问题研究中使用莫尔斯理论的非常宝贵的信息来源。它是目前对临界点理论在这个重要领域能够得到的最完备的概述。[③]

1987 年，张恭庆在威斯康星大学麦迪逊分校数学系开设研究生课程无穷维莫尔斯理论及其应用时，进一步吸收了团队成员中田刚、刘嘉荃、王志强和蒋美跃等人的成果；还把由各种极小极大原理导出的临界点

---

①　张恭庆：一个变化的 Mountain Pass 定理。《中国科学》（A 辑），1983 年第 4 期，第 306-317 页。

②　张恭庆：变分方法与上、下解。《中国科学》（A 辑），1983 年第 4 期，第 318-326 页。

③　默威书评对应的原文如下：Although the reading of this monograph requires some familiarity with critical point theory, algebraic topology and differential equations to be fully appreciated, it constitutes a very precious source of information on the use of Morse theory in the study of nonlinear problems, including some of the many contributions of the author in this direction. It is presently the most complete available survey in this important area of critical point theory. 参见 Jean Mawhin. Chang Kung Ching: Infinite-Dimensional Morse Theory and Its Applications. Mathematical Reviews, 1987, （87m）：7124. 该书评编号为 MR0837186（87m：58032）。

定理都融汇到无穷维莫尔斯理论框架之中，使得不同方法交织在一起，由此挖掘出更多有用的信息，也更加丰富了无穷维莫尔斯理论的内容。

此后，在此基础上，张恭庆还与合作者运用这个理论，在非线性椭圆型偏微分方程、哈密顿系统周期解，以及一些有几何意义的微分方程问题，例如，调和映射、极小曲面、预定曲率的曲面以及多重摆的研究中取得了一系列新的结果。这进一步显示了这个理论确实是研究多解问题的有用工具。除此之外，在一些几何问题中，张恭庆还发展了用热流来替代伪梯度流，以替代难以验证的帕莱－斯梅尔条件。受"非线性微分方程及其应用进展"丛书主编布莱基斯的邀请，张恭庆吸收了以上这些新成果，完善了他此前的讲义，1993 年在瑞士博卡豪斯出版社出版了专著《无穷维莫尔斯理论与多解问题》。[①] 这本著作系统地总结了张恭庆在莫尔斯理论上所做的主要贡献。全书以无穷维莫尔斯理论为框架，以临界群为纽带，将各种极小极大定理、勒雷－绍德尔拓扑度、上下解方法等统一起来，成为从事临界点理论研究的必读之作。

对于《无穷维莫尔斯理论与多解问题》，克莱斯基（Wojciech Krysze-

图 9-3 张恭庆编写的《无穷维莫尔斯理论与多解问题》手稿（张恭庆提供）

图 9-4 张恭庆编写的《无穷维莫尔斯理论与多解问题》封面（任燃提供）

① Chang K.C. Infinite Dimensional Morse Theory and Multiple Solution Problems. Boston：Birkhäuser，1993.

wski）在《数学评论》的书评中特别写道：

此书是一部把现代莫尔斯理论看成为研究变分学中常微分方程和偏微分方程多重解方法的著作。作者组织并发展了莫尔斯理论及其应用中的重要而基本的技术。它重点兼顾这个理论的理论和实践两个方面，使得它成为对研究生和从事这方面教学和在这个领域研究的数学家都合适的一本专著。想大致了解这个学科的人可以在这本书中找到设计完好的尽可能自足的材料作为导引，而对于那些想了解最新研究和进展的人，将会从中找到从研究前沿得来的范围广泛的方法和技术。此书中专门讨论应用的部分还包含了大量令人印象深刻的困难而高深的例子。这些例子是对莫尔斯理论当今发展状况所作的极好的回顾。书中包含大量参考文献，以及对于这些文献的附注与评述。本书从撰写到打印都很仔细。……总之，评论者向专家和初学者都强烈地推荐此书。[①]

对于《无穷维莫尔斯理论与多解问题》，伯格尔在美国《工业与应用数学学会评论》（*SIAM Review*）上也发表了书评，其中写道：

无穷维莫尔斯理论在整体意义上通过变分学建立了几何与分析的

---

① 克莱斯基书评对应的原文如下：This volume forms a treatise on modern Morse theory understood as a method of studying multiple solutions of ordinary and partial differential equations arising in the calculus of variations. The author organizes and develops important, fundamental techniques of Morse theory and its applications. Its emphasis on both theoretical and practical aspects of the theory makes it a suitable monograph for graduate students as well as for mathematicians teaching and conducting research in the field. Those seeking an introduction to the subject will find here that the material is designed to be as self-contained as possible and those interested in the current research and development will find a wide range of methods and techniques from the forefront of research. The part of the book devoted to applications contains an impressive number of often difficult and advanced examples presenting an excellent review of the contemporary state of the art in Morse theory. An exhaustive bibliography is included and many remarks and comments on the existing literature are made. The book is carefully written and typeset... In conclusion, the reviewer can recommend this book highly to experts as well as to beginners. 参见 Wojciech Kryszewski. Chang Kung-ching: Infinite-Dimensional Morse Theory and Multiple Solution Problems. Mathematical Reviews, 1994,（94e）: 2766. 该书评编号为 MR1196690（94e: 58023）。

联系。莫尔斯理论是由莫尔斯于20世纪20年代的决定性研究开始的，在有穷维和无穷维情形都找到了不同类型的非退化临界点与一些集合的贝蒂数之间的重要关系（所谓莫尔斯不等式）。几何是通过同调论与这个领域联系上的。因此，首先我们断言：代数拓扑与分析有关；其次，数学具有意想不到的统一性，它不能只在狭窄的专门分支里达到。有穷维莫尔斯理论的后继发展集中在流形论和测地线，表明了这个新理论在理解像庞加莱猜想这类基本几何问题中可能是关键的。然而，莫尔斯理论是一把双刃剑，几何当然也能够用来得到分析方面的结论。

北京大学张恭庆的好书致力于后面这个问题。通过先加强无穷维莫尔斯理论的拓扑方面，然后将所得的拓扑结论应用于几个精心选择的非线性问题：一些非线性狄利克雷问题、哈密顿系统的周期解问题、调和映射和极小曲面问题。此书的第一部分（第一章和第二章）质量极高，它包含了许多新结果，也改善了以前已知的证明。第二部分（第三章至第五章）没有那么明确。其典型的结果是一个确定的非线性狄利克雷问题至少有五个解，所以不唯一性占统治地位。①

---

① 伯格尔书评对应的原文如下：Infinite-dimensional Morse theory relates geometry and analysis via the calculus of variations taken in a global sense. Morse theory was initiated by Marston Morse in decisive research beginning in the 1920s in both the finite-and infinite-dimensional cases by finding important relationships between nondegenerate critical points of different types and Betti numbers of certain sets（the so-called Morse inequalities）. Geometry was relevant to this area via homology theory. Thus we conclude first that algebraic topology is relevant to analysis, and secondly that mathematics possesses an unexpected unity that cannot be attained by narrow specialization. Subsequent developments in finite-dimensional Morse theory focused on manifold theory and geodesics showing this new theory could be crucial to understanding such fundamental geometric questions as the Poincaré conjecture. But Morse theory is a two-edged sword, and it was clear that geometry could be used to get analytic results. This excellent book by K. C. Chang of Beijing University addresses this last question by first sharpening the topological aspects of infinite-dimensional Morse theory, and then by applying the resulting topological results to a few carefully chosen nonlinear problems, certain nonlinear Dirichlet problems, periodic motions of Hamiltonian systems, harmonic maps, and minimal surfaces. The first part of the book is superb（Chapters 1 and 2）, containing many new results and sharpening of previously known proofs. Part 2（Chapters 3-5）is more ambiguous. A typical result is that a certain nonlinear Dirichlet problem has at least five solutions, so nonuniqueness reigns supreme. 参见 M. S. Berger. K. C. Chang: Infinite Dimensional Morse Theory and Multiple Solution Problems. SIAM Review, 1994, 36（1）: 116-117.

此外，安德里卡（D. Andrica）在德国《数学文摘》（*Zentralblatt für Mathematik und ihre Grenzgebiete*）对《无穷维莫尔斯理论与多解问题》也给予了很高的评价：

> 这本优秀的专著研究现代数学的一个新方向：临界点理论，这是研究变分问题中微分方程多重解的一种方法。它相当于作者自己的著作《无限维莫尔斯理论及其应用》（1985；Zbl 0609.58001）的一个更完整的版本。……
>
> 此书以丰富的参考书目结束，其中包含232个标题和一个有用的主题索引。它是以一种清晰和严谨的方式书写的，特向从事非线性分析、非线性泛函分析、偏微分方程、常微分方程、微分几何和拓扑学研究的研究人员和研究生推荐此书。[①]

因为无穷维莫尔斯理及其应用方面的工作，张恭庆获得过两个大奖。一个是1988年，张恭庆以"临界点理论及其应用"项目成果获1987年国家自然科学奖二等奖。另一个是1993年，他获得第三世界科学院数学奖，成为继廖山涛、吴文俊之后第三位获此奖项的中国数学家。授奖词对他这方面的工作给予了高度评价："1993年第三世界科学院数学奖授予张恭庆教授。他对临界点理论，尤其无穷维莫尔斯理论及其对非线性微分方程的应用做出了基础性贡献。"[②]

[①] 安德里卡书评对应的原文如下：This excellent monograph deals with a new direction in modern mathematics: critical point theory as a way of studying multiple solutions of differential equations which arise in the calculus of variations. It represents a more completed version of the author's book "Infinite dimensional Morse theory and its applications" (1985; Zbl. 0609.58001) ... The book ends with a rich bibliography containing 232 titles and with a useful subject index. It is written in a very clear and rigorous manner and it is recommended for researchers and graduate students working in nonlinear analysis, nonlinear functional analysis, partial differential equations, ordinary differential equations, differential geometry and topology. 参见 D. Andrica. Chang, Kung-ching: Infinite Dimensional Morse Theory and Multiple Solution Problems. Zentralblatt für Mathematik und ihre Grenzgebiete, 1994（779）: 263-264.

[②] 授奖词的原文如下：The 1993 TWAS Award in Mathematics is presented to Prof. Chang Kung Ching for his fundamental contributions to critical point theory, and in particular the infinite dimensional Morse theory and its applications to nonlinear differential equations.

图 9-5　1988 年，张恭庆获 1987 年国家自然科学奖二等奖的证书（张恭庆提供）

图 9-6　1993 年，张恭庆获第三世界科学院数学奖奖牌（张恭庆提供）

　　获得第三世界科学院数学奖的次年，张恭庆当选为第三世界科学院院士。此后，他又荣获 1995 年度何梁何利基金科学与技术进步奖。1998 年，布莱基斯与布劳德曾在《数学进展》（*Advances in Mathematics*）上撰文《20 世纪的偏微分方程》（**Partial Differential Equations in the 20th Century**），系统总结与评价偏微分方程在 20 世纪的发展。文章共引用了 257 篇文献，张恭庆关于莫尔斯理论的专著位列其中。①

---

　　①　Brezis H，Browder F. Partial Differential Equations in the 20th Century. Advances in Mathematics，1998，135（1）：76-144.

在开拓无穷维莫尔斯理论的同时，张恭庆还将研究领域扩展到几何分析，使他成为我国最早注意并从事研究几何分析的数学家之一。几何分析是微分方程、微分几何与微分拓扑的一个交叉学科，主要采用偏微分方程特别是非线性方程来研究空间的几何与拓扑性质。1984 年，张恭庆与英国华威大学的伊尔斯合作研究调和映射和极小曲面问题，由此进入几何分析领域。他紧密围绕莫尔斯理论，在极小曲面的普拉托问题的多解性、二维球面预定曲率问题、二维调和映射热流的爆炸现象、辛流形中辛同胚不动点个数以及拉格朗日子流形相交数的估计等方面都作出了贡献。

学　术　荣　誉

由于杰出的学术成就，张恭庆获得了多项学术奖励。除了前面提到的全国科学大会奖（1978）、国家自然科学奖（1982、1987）、第三世界科学院数学奖（1993）、何梁何利基金科学与技术进步奖（1995）外，张恭庆获得的学术奖励和荣誉还有：首届陈省身数学奖（1985—1986）、受邀在国际数学家大会作 45 分钟报告（1994）、第 9 届华罗庚数学奖（2009）等。以下将重点介绍张恭庆获得的这 3 项奖励和荣誉。

陈省身数学奖是中国数学会于 1985 年 3 月设立的奖项，由香港亿利达（ELITE）工业发展集团有限公司刘永龄董事长提议并捐资。陈省身是美籍华人数学家，对 20 世纪数学的发展产生了决定性的影响，被誉为"整体微分几何之父"。几十年来，陈省身为发展祖国的数学事业做了大量工作：举办系列国际"双微"会议、提议开设全国数学研究生暑期学校、创办南开数学研究所、倡议设立数学天元基金等。陈省身数学奖的设立是中国数学界对陈省身发展中国数学事业的肯定，主要奖励在数学领域做出突出成果的中青年数学家。

1987 年 5 月 6 日，张恭庆在南开大学举行的中国数学会年会上荣获首届陈省身数学奖，与他一同获奖的还有中国科学院数学研究所的钟家庆。

张恭庆的获奖理由是："发展了莫尔斯的孤立临界点理论及它在非线性微分方程的应用而获得深刻的存在定理。"对于张恭庆而言，陈省身的名字有着非同寻常的意义。能将自己的名字与数学大师联系起来，张恭庆感到十分激动，他说：

图9-7　1987年，张恭庆获中国数学会首届陈省身数学奖证书（张恭庆提供）

　　在这个盛大的庆祝陈省身教授执教五十周年的大会上，颁发以我最敬仰的著名数学大师陈省身教授命名的数学奖，我感到非常荣幸……我还要特别感谢陈省身教授，在近十年中，正是由于他的学术思想的影响，也正是他的亲自安排给予我许多机会跻身于世界数学的研究中心，使我受到熏陶，促使我逐渐端正研究方向，逐步接近研究的主流。[①]

　　在陈省身数学奖的激励下，张恭庆在莫尔斯理论中继续前行，研究工作越来越为国际同行所瞩目。1994年8月10日，张恭庆应邀在瑞士苏黎世召开的第22届国际数学家大会上作了45分钟报告，题目是《微分方程中的莫尔斯理论》(Morse Theory in Differential Equations)。他的报告从莫尔斯理论与勒雷－绍德尔拓扑度理论的历史发展讲起，回顾了1946年普林斯顿大学建校二百周年纪念学术会议上 Shiffman 的期盼"希望莫尔斯理论与拓扑度理论能够结合起来相辅相成"。报告的主题思想是由张恭庆建立的一个能融合经典莫尔斯理论、极小极大原理与有位势算子的勒雷－绍德尔拓扑度理论于一体的统一框架，实现了 Shiffman 的期盼，受到了与会

　　① 张恭庆：把毕生的精力奉献给数学事业："陈省身数学奖"颁奖仪式上的讲话。见：丁伟岳，田刚，蒋美跃主编，《张恭庆的数学生活》。新加坡：八方文化创作室，2013年，第15页。

数学家们的高度评价。[①]

国际数学家大会是全世界规模最大、水平最高的数学盛会，每 4 年召开一次，被誉为"数学界的奥林匹克运动会"。历届国际数学家大会一般都邀请杰出数学家在大会上作 1 小时报告或在分会上作 45 分钟报告[②]。能够受邀到国际数学家大会作报告，历来被数学家们视为极高的荣誉。与张恭庆同一年接受邀请的还有中国科学院应用数学研究所的马志明。在此之前，中国大陆的数学家有华罗庚、吴文俊、陈景润、冯康受到过邀请，但由于中国数学会在国际数学联盟的代表权问题而未能成行。直到这个问题解决后，吴文俊再度受到邀请，于 1986 年在美国加州大学伯克利分校召开的第 20 届国际数学家大会作了 45 分钟报告。张恭庆与马志明则是第二批在国际数学家大会作报告的大陆数学家。

2009 年 4 月 21 日，张恭庆在厦门大学举办的中国数学会年会上荣获

图 9-8　1994 年，张恭庆在瑞士苏黎世国际数学家大会上作报告
（张恭庆提供）

---

①　Kung-Ching Chang. Morse Theory in Differential Equations. in S. D. Chatterji ed. Proceedings of the International Congress of Mathematicians：August 3-11，1994，Zürich，Switzerland.Vol. 2. Basel，Boston，Berlin：Birkhäuser Verlag，1995：1065-1076.
②　早期分为一小时报告和 30 分钟报告。

图 9-9　2009 年，张恭庆获中国数学会华罗庚数学奖（左图右 2 张恭庆，右 3 李邦河，
照片和证书由张恭庆提供）

第 9 届华罗庚数学奖，奖励他在"非线性泛函分析和非线性偏微分方程理论研究领域方面杰出的研究与贡献"。与张恭庆同时获奖的还有中国科学院数学与系统科学研究院的李邦河。华罗庚在中国家喻户晓，他将自己的一生献给了中国数学事业，可谓"一心为人民、慷慨掷此身"，被誉为"人民数学家"。为了缅怀华罗庚的巨大功绩，中国数学会与湖南教育出版社共同设立了华罗庚数学奖，主要奖励在数学领域做出杰出成就的中国数学家。与陈省身数学奖侧重奖励中青年数学家相比，华罗庚数学奖有终身成就奖的意味。张恭庆在答谢颁奖时特地说道：

> 大家都知道，数学是青年人的学问。在人生的几个阶段中，青年时期是最富有创造力的。奖励青年人，激励他们更大地发挥创造力，能推动数学的发展。给老年人发奖也是一种鼓励，鼓励"活到老、学到老、工作到老"，把毕生的精力献给数学事业。数学不仅是我的职业，而且是我的特别爱好。[①]

张恭庆在数学生涯中先后荣获中国数学界最重要的两个奖项，并受邀在国际数学家大会作学术报告。这些事实与奖励、荣誉都表明，张恭庆在中国现代数学史与世界偏微分方程的发展史上留下了自己的足迹。

---

① 张恭庆：数学是我的至爱：在华罗庚数学奖颁奖仪式上的答谢词。见：丁伟岳，田刚，蒋美跃主编，《张恭庆的数学生活》。新加坡：八方文化创作室，2013 年，第 17 页。

第十章
晚年志行

张量特征值与图谱理论

　　张恭庆进入晚年以后，将研究领域转向应用数学。数学常被喻为年轻人的事业。英国数学家哈代在《一个数学家的辩白》中明确提出："每个数学家都不应忘记，与任何其他艺术或科学相比，数学更是一种年轻人的游戏。"① 不仅如此，这本名著还对纯粹数学进行了歌颂，对应用数学进行了贬低甚至攻击。然而哈代的言论多少有些片面，历史上晚年还能做出成果的数学家并不在少数。事实上，应用数学在数学以及其他科学和技术中的地位与日俱增。与纯粹数学不同，应用数学从实际问题出发，通过构建模型，运用或发展数学方法和理论来解决问题。受程民德与关肇直的影响，张恭庆深知应用数学的重要性，对应用数学始终关注。"文化大革命"期间还曾作过不少应用数学方面的工作。只是年轻时他苦于没有时间读书，

---

　　① 李文林，戴宗铎，高嵘编译：《一个数学家的辩白》。南京：江苏教育出版社，1996 年，第 18 页。

一有机会便想多学点基础理论，改革开放
后又忙于研究非线性分析而无暇他顾。但
张恭庆的初心一直没有改变，用他自己的
话来说："在应用数学方面，我起步晚、水
平差，但还是想做一些工作。"

2007 年，在与香港理工大学祁力群教
授的交流中，张恭庆得知他引进了张量特
征值的概念并将其应用于医学成像。祁力
群还向张恭庆提出了一个问题：对称实偶
数阶的 n 维张量是否有 n 个实 $H-$ 特征向
量？经过学习和仔细思考，张恭庆发现非
线性分析方法在张量特征值中竟然能派上

图 10-1　晚年时期的张恭庆
（张恭庆提供）

用场。很快，张恭庆与皮尔逊（Kelly Pearson）、张坦便利用伯克霍夫－刘
斯铁尔尼克－施尼尔曼定理，肯定地回答这个问题。[①] 这得益于张恭庆多
年来做研究形成的习惯——换一个角度从数学结构上去理解他人的工作，
去寻找其中最本质的东西。他还注意到：非负张量 H 的特征值方程具有正
齐次结构，这与非负矩阵类似。由此出发，张恭庆与皮尔逊、张坦对非负
张量建立起类似于非负矩阵的佩龙－弗罗贝尼乌斯定理（Perron-Frobenius
theorem）[②]。其结果很快受到了这个领域同行们的重视，引发了祁力群、吴
国宝与周广路提出的求解非负张量正特征值的 Ng-Qi-Zhou 算法。张恭庆
又和皮尔逊、张坦对这一算法的收敛性进行了研究：引入了本原张量的概
念，证明了如果算法的迭代程序不在有限步内终止，那么所得序列收敛当
且仅当非负张量是本原的。[③] 张恭庆还与张坦进一步研究了其他类型的张

①　K. C. Chang，Kelly Pearson，Tan Zhang. On Eigenvalue Problems of Real Symmetric
Tensors. Journal of Mathematical Analysis and Applications，2009，350（1）：416–422.

②　K. C. Chang，Kelly Pearson，Tan Zhang. Perron-Frobenius Theorem for Nonnegative
Tensors. Communications in Mathematical Sciences，2008，6（2）：507–520.

③　Kung-Ching Chang，Kelly J. Pearson，Tan Zhang. Primitivity，the Convergence of the
NQZ Method，and the Largest Eigenvalue for Nonnegative Tensors. SIAM Journal on Matrix Analysis
and Applications，2011，32（3）：806–819.

量特征值问题和奇异值问题，引发了许多后继工作。由于张量特征值问题导出的是非线性算子的特征值问题，这促使他把佩龙－弗罗贝尼乌斯定理推广到无穷维非线性情形。通过娴熟的泛函分析技巧，他又得到了更一般的泛函分析中的非线性克赖因－卢特曼（Krein-Rutmann）定理。

在研究张量特征值问题的过程中，张恭庆注意到有人把张量特征值应用到超图上去，他进而对图谱理论产生了兴趣。所谓图谱是对于给定的图，生成一个关联矩阵，称为拉普拉斯矩阵（Laplace matrix），这个拉普拉斯矩阵的谱，就称为图谱。图谱反映出图的很多重要性质，图谱理论成为现代图论的一个重要分支，在人工智能、机器学习、生物网络、社交网络、图像识别、图像切割等领域都有广泛的应用。在图像切割中，人们特别关注一种把图切成两块，使它们之间的关联尽量小的切割，并称为齐格（Cheeger）切割，相关的数称为齐格常数。这个概念在理论与实践上都非常重要。但在拉普拉斯图谱理论中齐格常数只能够得到与第二特征值有关的上、下界估计，并不能得到其准确值。

张恭庆此前曾对区间和区域的 1-Laplace 方程的谱理论进行过深入研究。在区间上，他计算出了所有特征函数与特征值，发现这些特征函数都是跳跃的，而且其中第二特征值正好就是齐格常数，但这些事实对于高维区域并不成立。他好奇地想了解：对于图上的 1-Laplace 会怎样？经过多个例子的计算，张恭庆证明了：图上 1-Laplace 算子的第二特征值也等于齐格常数。同时他还系统地发展了 1-Laplace 的图谱理论，把它划归为他自己以前发展的局部李普希茨函数的临界点理论。他从临界点理论的角度研究了特征值的重数定理，还证明了图的齐格常数等于其 1-Laplace 的第二特征值。他在 2013 年底完成这篇论文，投寄图论方面的权威期刊《图论杂志》（*Journal of Graph Theory*）。审稿一年多后，编辑部来函指出：关于 1-Laplace 的图谱以及关于齐格常数的结论早在 2010 年与 2011 年已分别由比勒（T. Buhler）和海因（M. Hein）以及海因和塞泽（S. Setzer）在"神经信息处理系统会议与研讨会"（NIPS）会议录上发表，但本文仍有价值，只需在相应处注明这个结论，仍将接受发表。事实上，提到的这个会议录属于信息科学领域的刊物，在《数学评论》上没有被收录，所以投稿时张恭庆并不知道他们的这些结果。根据编辑部意见，他查阅了那两篇文章，发现其证明只是形式的，所以他在这篇文章里所作的工作都是必要的，只需在相关处加注说明就可以了。文章于 2015 年 4 月在线发表 [①]。

投稿不久，张恭庆受邀参加 2015 年 2 月在德国召开的"奥伯沃尔法赫小型研讨会：离散 p- 拉普拉斯算子：数学和计算机科学中的谱理论和变分方法"（Oberwolfach Mini-Workshop：Discrete p-Laplacians：Spectral Theory and Variational Methods in Mathematics and Computer Science）。但那时他年龄大了，不宜出国参会。得到会议同意后，他让博士研究生张栋去交流。此后，张恭庆与邵嗣烘、张栋、张维熹等合作，继续在 1-Laplace 的图谱理论方面作了深入的研究，得到了 1-Laplace 特征向量的许多独特的性质，如局部性质、拓扑 / 代数重数定理、强结节域定理（但弱结节域定理不成立）等 [②]。后来他们还发现，现有推广的临界点理论在应用中太抽象，在具体问题中有许多细节需要验证，包括他自己 2015 年发表的文章也还有不严谨之处。于是，他又与合作者们针对在凸多面体表面上的局部李普希茨函数建立了拉格朗日乘子定理（Lagrange multiplier theorem），弥补了前面的不足 [③]。

在这个时期，张恭庆已经意识到：人到了古稀之年，各方面的节奏都要放慢了。但出于对数学的热爱，他还想能在应用数学方面做点工作。爬坡是爬不动了，研究工作虽未中断，却都没有了紧迫感。大都是在看文章或听报告时，突然有所领悟，即兴而作。他注意到：当今信息科学提出了不少很有深度的离散数学问题，亟待解决，而传统的离散数学方法对其无能为力。他探索性地把自己熟悉的非线性分析方法用来研究这类新的对象，作为抛砖引玉。此时写文章，其研究的动力完全来自内在的冲动，过了随心所欲之年，研究数学还能有多大创新？这一点，他还是有自知之明

① K. C. Chang. Spectrum of the 1-Laplacian and Cheeger's Constant on Graphs. Journal of Graph Theory，2016，81（2）：167-207.

② K. C. Chang，Sihong Shao，Dong Zhang. Nodal Domains of Eigenvectors for 1-Laplacian on Graphs. Advances in Mathematics，2017（308）：529-574.

③ Kung-Ching Chang，Xuefeng Wang，Xie Wu. On the Spectral Theory of Positive Operators and PDE Applications. Discrete and Continuous Dynamical Systems，2020，40（6）：3171-3200.

的。但若还能做出些有意义的工作，又何乐而不为呢？他将此类事一直坚持到了 2019 年。后来由于思考问题严重影响睡眠，加之眼疾影响了视力，才下决心终止了工作。

数学普及活动

1998 年我国成功申办国际数学家大会后，为了让国人了解国际数学家大会的性质和举办的意义，张恭庆撰写了文章《世界数学家大会和我们》。该文介绍了大会的活动内容、历史发展和对数学统一性的倡导，回顾了国际数学联盟的历史、我国申办大会的缘起和曲折过程，将 2002 年国际数学家大会视为发展我国数学的一个新起点，认为大会对青年数学家来说是"百年不遇"的大好机会。[①] 这篇文章先刊登在《数学进展》上，后被《中国数学会通讯》《科技导报》和《数学通报》等期刊转载，反响热烈。这使张恭庆意识到，他可以通过写文章、作报告的方式，与大家分享自己对数学的理解、欣赏和热爱，为振兴中国数学服务。[②]

此后，围绕国际数学家大会，张恭庆接受了一些采访。他既谈数学自身的发展，指出数学内部的各分支之间以及数学与其他学科之间都在融合，"数学继续呈现统一融合特征"；也谈中国数学研究的状况，认为国内虽然已有一批活跃在国际舞台上的优秀数学人才，但大多侧重于纯粹数学研究，对于高新技术和国民经济关心的问题则涉足不够，他说："我们离数学强国差距仍然很大。"[③] 张恭庆还提出：给数学家更多自由探索的时间和空间，少干预、少考评，让他们扎扎实实做一些高水平研究。[④]

---

① 张恭庆：世界数学家大会和我们。《数学进展》，1999 年第 28 卷第 6 期，第 556-562 页。

② 张恭庆：振兴中国数学（下）。2021 年 10 月 6 日，未刊稿。资料存于采集工程数据库。

③ 张恭庆，陈省身，田刚：数学家大会报道——数学家谈数学。《数学通报》，2002 年第 10 期，第 0-2 页。

④ 王勇：数学家大会留给我们什么。见：丁伟岳，田刚，蒋美跃主编，《张恭庆的数学生活》。新加坡：八方文化创作室，2013 年，第 349-350 页。

在 2002 年国际数学家大会上，中国数学家表现出色。这次大会召开前后几年中国人发表的数学论文数量也大幅度增加。在这样的情况下，又由于陈省身说过中国要成为一个数学大国[1]，许多人问：中国是不是已经建成了数学大国？2004 年张恭庆应陈省身的邀请在南开大学作了一次题为《漫谈数学大国》的演讲，针对这个问题表明了自己的看法，成为数学大国应具备三个条件：第一，在研究成果方面能够和先进国家"求平等"；第二，能够自己提出问题，自己解决问题，能够做出有中国特色和风格的成果，形成中国自己的学派；第三，更重要的是要把数学扎根在中国。这第三个条件有两层含义，一是我们的数学家应该立足于国内；二是中国数学家要为自己的国家，在科学技术、国防建设、经济建设等各个方面做出贡献，使数学真正扎根在中国自己的土地上。张恭庆指出，要成为数学大国，还应有民族自尊心和自信心。就这些条件而言，中国离数学大国仍有差距。[2]

在 2002 年国际数学家大会召开前后，我国数学界曾有过一些过于悲观的情绪。一些青年学者认为，在国内不能做出有意义的工作。为了打消他们的顾虑，鼓励他们大胆创新，张恭庆在 1998 年为纪念廖山涛逝世一周年，北京大学举办的 1998 年北京国际动力系统学术会议，2005 年中国数学会七十周年学术年会，2006 年"吴文俊先生荣获邵逸夫数学科学奖庆祝会"等会议活动中，多次介绍中国数学发展的历程以及老一辈数学家在孤立环境中取得重大成就的范例，以增强青年学者的信心。[3] 他在 1998 年 8 月北京大学主办的北京国际动力系统学术会议上缅怀廖山涛时说：

早在 1958 年，几乎和 S. Smale 同时，廖先生就在当时学术上十分孤立、闭塞的中国开创了微分动力系统的研究，他始终走着一条独立

---

[1]　文兰：数学天元基金的理念、使用与责任——纪念数学天元基金二十周年。《数学通报》，2010 年第 49 卷第 9 期，第 6 页。

[2]　张恭庆：漫谈数学大国。见：丁伟岳，田刚，蒋美跃主编，《张恭庆的数学生活》。新加坡：八方文化创作室，2013 年，第 351–357 页。

[3]　张恭庆：在中国数学会七十周年年会上的讲话。同[2]，第 367–370 页；张恭庆：祝贺吴文俊先生获邵逸夫数学奖。同[2]，第 391 页。

于西方的，有着自己特色的研究道路，创造了"阻碍集"和"典范方程组"等重要工具。Smale 的微分动力系统学派在六七十年代取得了巨大的发展，而那时的中国却正处于"文革"的浩劫之中。在那样艰难、恶劣的条件下，廖先生坚持发展自己的研究路线，一直到改革开放春风吹绿中国大地时，廖先生的工作方能逐步发表出来，却因其独特的创新性，自立于世界之林。①

有一次，张恭庆看到《华尔街日报》（*The Wall Street Journal*）刊登一篇文章，其中附有一张以工作环境、收入、就业前景、体力要求、工作强度为指标的美国职业排行榜，数学家排在首位。② 他考虑到我国在 20 世纪 90 年代初出现的报考大学数学系学生数量与质量都滑坡的现象，觉得这是一个宣传数学重要性以及学数学能有发展前途的大好机会，便仿照 20 世纪 50 年代初苏联数学家柯尔莫戈洛夫的文章《论数学职业》的题目③，根据当代数学应用领域更为宽阔，就业范围更为广泛的形势，撰写了《谈数学职业》一文。此后，他利用去一些大学作公众报告的机会，报告此文，介绍数学，宣传数学的重要性，展示从事数学职业的光明前景。

在《谈数学职业》中，张恭庆指出数学的研究对象包括"模式""秩序"和"结构"；数学可分为纯数学和应用数学，但两者没有严格的界限。数学的基本特征是高度的抽象性与严密的逻辑性，应用的广泛性与描述的精确性，研究对象的多样性与内部的统一性。关于数学职业，他提到当代数学发展有三个特点：数学内部各分支的联系增强；数学与其他科学形成许多交叉学科；数学应用的领域空前扩张，成为开发高新技术的主要工具。这些特点将数学职业从学术界和教育界拓展到科技界和工商界，而这

---

① 张恭庆：缅怀廖山涛教授。见：董镇喜，文兰等编，《廖山涛论微分动力系统》。济南：山东教育出版社。2001 年，第 452 页。

② Sarah E. Needleman. Doing the Math to Find the Good Kobs. The Wall Street Journal，2009-01-26.

③ 关肇直和王寿仁将柯尔莫戈洛夫此文译为中文，1953 年发表于《数学通报》。这篇译文是张恭庆在大学时期"专业教育"的材料，对张恭庆影响很大。参见 A．H．阔勒莫果洛夫：论数学职业。《数学通报》，1953 年第 5 期，第 3-8 页；A．H．阔勒莫果洛夫：论数学职业。《数学通报》，1953 年第 6 期，第 6-8 页。

些领域对数学家提出了不同的要求：在科技界和工商界工作的需要同时懂数学知识和所在领域的知识；在交叉学科工作的需要能创建好的模型，使之既能反映出主要现象，又能在数学上加以处理；从事基础理论研究工作的需要有较宽的知识面，才有可能做出真正的创新性的成果；担任数学教师的则需要掌握超越课本的知识，学习新知识并传授给学生，激发学生的求知欲。张恭庆还对改善数学教育、进行教学改革提出了意见。最后，他寄语青年数学家，希望他们有充分的自信，能抗拒诱惑、抵制不端行为、脚踏实地、不畏艰难、锲而不舍、团结奋斗。他相信这样做，中国一定能够实现数学大国、数学强国之梦。① 该文刊登于《数学通报》和《数学文化》②，产生了不小的影响。

张恭庆普及数学的对象不限于学生。2012 年，北京大学为中央组织部举办司局级干部培训班，请张恭庆讲课。张恭庆认为，这些干部作为国家科技决策中的实际操作者，当他们了解了数学在当代科技中的地位后，将产生积极的影响，因此去主动倾听不少同事的意见和建议，为讲课做好充分的准备。他的讲座以《数学与国家实力》为题，首先展示世界强国与数学强国的同步关系，以体现数学的重要性，进而说明数学的研究对象、分类和基本特征。张恭庆重点介绍了数学与当代科技、国防和国民经济的联系。他又介绍了数学与文化教育的关系、数学教育的重要性。他还认为数学是一种独特的文化，不容忽视。张恭庆认为"数学必将成为下一次科技革命最重要的推动力之一"，希望中国加速建设数学强国，在下一次科技革命中赢得主动，抢占先机，奠定坚实基础，提供强大动力。③

这次讲座反响很好。此后，北京大学又连续 4 年请张恭庆讲同样的课，一些大学和研究机构也发出了邀请。针对大学数学系的师生，张恭庆对讲座内容进行了调整，增加了对数学建模的介绍，更加侧重于数学本身的价值及其文化功能，并将讲座更名为《数学的价值》。④ 2014 年以来，张恭

① 张恭庆：谈数学职业。《数学通报》，2009 年第 48 卷第 7 期，第 1-7, 36 页。
② 同①；张恭庆：谈数学职业。《数学文化》，2010 年第 1 卷第 2 期，第 78-85 页。
③ 张恭庆：数学与国家实力（上）。《紫光阁》，2014 年第 8 期，第 76-78 页；张恭庆：数学与国家实力（下）。《紫光阁》，2014 年第 9 期，第 69-71 页。
④ 张恭庆访谈，2021 年 8 月 6 日，北京。资料存于采集工程数据库。

庆先后在上海交通大学、北京大学、华南师范大学、天津大学、中国科学技术信息研究所、中国人民大学、北京师范大学、南方科技大学和香港中文大学（深圳）、内蒙古师范大学等校作了十余次讲座，受到了广泛的欢迎。

图 10-2　2014 年 10 月 11 日，张恭庆在上海交通大学作《数学的价值》公众报告（台上是张恭庆，听众第二排右 1 坐者是上海交通大学校长张杰，照片由张恭庆提供）

在张恭庆看来，数学既有实际价值，也有自身之美。2015 年，张恭庆在北京大学数学文化节上以《我们喜爱数学》为题开设讲座，指出数学是美的，具有简洁美、惊异美、对称美等。2016 年，他又以《数学之美》为题在中国数学会年会上分享他的感悟。他认为，数学美是对自然美的反映，它源于数学家心智的创造，是数学家对自然美的领悟和认知，具体包括对称之美、简洁之美、抽象之美、惊异之美、统一之美等。欣赏数学美需要了解数学，习惯抽象思维。了解得越多、越深刻，就越能感悟到数学之美。一旦发现数学美，就能激起学习的兴趣和热情，更好地掌握其理论和方法，甚至在数学美的引导下，找到新的数学规律。

此外，张恭庆也关心中小学数学教育。2011 年，他被邀请参加《义务教育数学课程标准》的审议，指出了课标中的一些问题，并与中学教师们进行交流，了解到中学数学教学的情况。当时不少人对课标的修订有意见，但张恭庆持一种比较开放的态度，认为修订方式可以百花齐放，鼓励教师在充分思考后进行改革。他不主张一味服从大纲，认为在遵从总体思想和基本内容的情况下，要允许教师依据学生的实际情况自主发挥，或是超出大纲要求，或是略去一部分不太重要的内容。

2015年，张恭庆为西南大学宋乃庆主编的"小学数学文化丛书"撰写了书评，认为这套书围绕"有兴趣"和"学习得法"这两个学好数学的关键，通过一则则小故事提起学生的兴趣，让他们认识到数学与生活休戚相关，同时引导学生思考、培养好的学习习惯，"是真正在为孩子进入数学的五彩世界修桥铺路"。① 在已有一些中小学数学普及书籍的情况下，张恭庆提出，当前针对成年人和干部的数学普及还比较欠缺，很多报告过于专门，一般人不容易听懂，难以提起兴趣。他认为，如何做好数学普及亟须深入研究，而只有做好数学普及工作，数学大国和强国才有望建成。②

由于晚年坚持工作并做出重要贡献，2023年4月张恭庆获北京大学"老有所为学习之星"荣誉称号。

图 10-3 2023 年 4 月，张恭庆获北京大学"老有所为学习之星"称号的荣誉奖牌（张恭庆提供）

"藏书于公"

由于外祖父陈宝琛是福建闽县螺洲镇人，张恭庆对福建怀有一种特殊的感情。2005 年 4 月，张恭庆第一次来到福建，作为学术委员会主席参加

---

① 张恭庆：为孩子进入数学的五彩世界修桥铺路——评宋乃庆主编《小学数学文化丛书》。《数学教育学报》，2015 年第 24 卷第 4 期，第 1 页。

② 王涛，唐嘉玲：张恭庆访谈录。《数学文化》，2018 年第 9 卷第 3 期，第 31-58 页。

了在武夷山召开的第 14 届全国非线性泛函分析会议。福建师范大学有关领导知道张恭庆是该校创建者陈宝琛的外孙，在会议期间安排他参观了螺洲陈氏宗祠和校内的陈宝琛书室。4 月 12 日下午，张恭庆在福建师范大学作了题为《变分问题的过去和现在，浅谈 Hilbert 的三个问题》的报告，并被聘为兼职教授（挂名），与该校建立了联系。

2008 年 5 月 11 日，张恭庆再访福建师范大学。上午作了题为《谈数学职业》的公众报告。报告之前，他拜谒了校园内新建的外祖父铜像。下午参观图书馆时，他见到了外祖父陈宝琛亲手书写的名言"藏书于私，不如藏书于公"，深悟其中的道理。

张恭庆的祖父张志潜是一位藏书家，收藏有大量古籍和曾祖父张佩纶的手稿和信札。父亲张子美十分珍惜这些材料，每逢天气晴好，都要将放在樟木箱里的古籍、手稿和信札拿出来晾晒、防潮、防蛀，即使在家庭经济困难的抗战时期，父母也没有想过将其变卖。这批文献在"文化大革命"时期大都被抄走，所幸"文化大革命"结束后被完整退回。[①] 20 世纪 80 年代初，张子美将古籍捐赠给了上海图书馆，共计 449 种 3247 册，其中宋元本达 50 余部 800 余册，多为传世仅见或罕见之本。张子美去世后，张佩纶的手稿和信札则交由张恭庆处置，由其居住在上海的胞弟张恭慈保管，仍每年定时晾晒、防潮、防蛀。随着张恭慈年事渐高，维护这批手稿和信札越发吃力，已深感力不从心，他们开始考虑如何处理这批珍藏。有图书界人士陈先生建议将这些珍藏拍卖，并愿意充当中间人。但张恭庆在潜意识中认为"变卖祖宗遗物非我家风"，遂婉拒了这一建议。但究竟怎样处理，一直在犹豫之中。2011 年 9 月，张恭庆第三次来到福建师范大学。当他再次见到陈宝琛亲笔书写的"藏书于私，不如藏书于公"时，茅塞顿开。回家后，他提议将手稿和信札全部捐赠给国家，获得了家人的一致赞同。张恭慈问张恭庆捐往何处？张恭庆想到两种可能：中国国家图书馆和上海图书馆。但他考虑到父亲张子美向上海图书馆捐赠了家中的古籍，陈先生曾是上海图书馆的工作人员，非常了解这批手稿和信札的价值，而自

---

① 乐梦融：藏书于私不如藏书于公——张佩纶手稿信札捐赠背后的故事.《新民晚报》，2013 年 6 月 19 日。

已和家人与中国国家图书馆从无联系，于是决定这次捐赠仍选择上海图书馆。后来上海图书馆有人来问捐赠是有偿还是无偿？张恭庆他们想，既不卖，当然是无偿捐献。当即谈妥。

2013年2月，上海图书馆完成了捐赠文献的初步清点。这批文献包括张佩纶、李鸿章、李鸿藻、张之洞、王懿荣、柯逢时、陈宝琛、黄国瑾、于式枚等数十人的来往信札共4800余通，张佩纶《涧于日记》底稿、诗文杂稿、《管子学》手稿以及朱学勤《结一庐日记》等多种珍贵稿抄本近170册。归功于张恭庆祖父张志潜的精心收集，所捐赠的信札不仅数量巨大，且具有连贯性，既有收到的信件，也有寄出的信件。这些信札揭示了晚清政坛大量内部运作的秘密，如北洋海军的筹划、朝鲜壬午事变和琉球问题的处理等，对后人深刻了解晚清政治势力纵横捭阖的格局、洋务运动的艰难曲折、晚清海军和海防的建设等，提供了极其重要的第一手资料。[①] 6月18日，上海图书馆清点完毕，文献正式入藏，并举行了捐赠仪式和新闻发布会。馆长吴建中表示，这是改革开放以来，上海图书馆接受的数量最大、价值最高的历史文献捐赠。[②]

2016年，张佩纶的信札被整理成《张佩纶家藏信札》出版。[③] 2018年，姜鸣以这批信札为基础，整理出版了《李鸿章张佩纶往来信札》[④]。有记者曾问张恭庆，信札捐赠后自然会引起相关研究者的兴趣，而此中不免涉及通信双方不为外人所知的内容，您作为后人想得开吗？张恭庆思索片刻，回答说："写信的人、收信的人、信中谈论的人，已经全部是历史人物。只要谈论的事情客观真实，哪怕涉及隐私，100多年过去了，可以解密了，让世人评说吧。"[⑤]

2014年11月10日，张恭庆在华南师范大学作了公众报告《数学的价值》。听众很多，报告结束后，提问热烈。突然有位学生问张恭庆：为什么无偿向上海图书馆捐赠手稿和信札，是不是家里很有钱？张恭庆答道：

---

① 余传诗：张佩纶手稿等珍贵文献捐赠上海图书馆。《中华读书报》，2013年6月26日。

② 吴越：张恭庆等谈捐先人文献：信札已百年让人评说吧。《文汇报》，2013年6月19日。

③ 上海图书馆：《张佩纶家藏信札》。上海：上海人民出版社，2017年。

④ 姜鸣：《李鸿章张佩纶往来信札》。上海：上海人民出版社，2018年。

⑤ 吴越：张恭庆等谈捐先人文献：信札已百年让人评说吧。《文汇报》，2013年6月19日。

"我一无房（住房是学校的，只有小产权），二无车，是无产阶级。"[①] 回答中的"无产阶级"当然只是以一种幽默的方式来表明：一生只靠工薪生活，家里根本谈不上富裕。

在这种家庭情况下，无偿捐赠曾祖父张佩纶的手稿和信札，自然需要有超凡脱俗的气概和高贵的品质作为基础。从此可见，除数学之外，张恭庆在思想和品德上也达到了一定的境界和高度。

---

① 张恭庆：回忆资料。2022 年 10 月 7 日，未刊稿。资料存于采集工程数据库。

结　语

　　中国现代数学事业起步于 19 世纪 50 年代第二次西学东渐开启之际。至 1949 年中华人民共和国成立前，我国已有一些数学家作出杰出成就。但当时中国现代数学事业的规模较小，基础还很薄弱，整体水平远逊于世界先进水平。中华人民共和国成立至 1966 年"文化大革命"爆发前夕，中国数学事业的规模得到扩展，基础得到增强，但发展跌跌撞撞，并不稳定。"文化大革命"期间，中国现代数学事业基本停滞。"文化大革命"后的 40 余年，中国现代数学事业虽然在 20 世纪 80 年代末至 90 年代初商品经济大潮的冲击下经历过曲折，但研究队伍迅速壮大，优秀人才不断涌现，研究方向发生了深刻的变化，研究水平与国际先进水平的差距逐渐缩小。张恭庆的学术成长轨迹主要处于新中国成立至"文化大革命"后的 40 余年之间；此间，他在中国现代数学历史进程中实现了从参与者到推动者的角色转变。

　　在学术成长的轨迹上，张恭庆与其他数学家有一些相同之处。他们都对数学怀有浓厚的兴趣，肯于潜心研究，重视创新性工作，勇攀学术高峰，甘为人梯，奖掖后进。但与其他数学家相比，张恭庆的学术成长也有一些独特之处。

在逆境中从未放弃对数学的热爱与信念

1958 年"双反"运动中，张恭庆被定为"白专"典型，在全校受到批判。这是他一生遭遇的第一次逆境，他感到前途迷茫，心中异常压抑。但他心底对数学的热爱之情并没有熄灭，仍然每天坚持上课并努力学习专业知识。

从"大跃进"到"四清"运动期间，政治运动对科研和教学造成了严重的干扰，张恭庆心中充满了惆怅。"文化大革命"爆发后，一切秩序均被打乱，张恭庆看不到任何前途，但对数学仍抱有坚定的信念。每当政治气氛不那么紧张，晚上可以回家，他就等孩子入睡后，在报纸遮掩的微弱灯光下，阅读一本本多年来想读而没有时间去读的书。①

"文化大革命"后期，张恭庆因为政治条件不够，没有资格参加国家下达给北京大学的计算任务，只能到工厂接受工人的"再教育"，同时推广优选法。在偶然的机会中，他帮助北京大学做计算任务的同事解决了一条重要曲线设计中的计算问题，还帮助中国科学院物理研究所弄清了受控热核装置中磁约束等离子体平衡方程解的计算问题。这使他认识到：许多实际问题虽然表面上只是要在计算机上计算，但往往还需要在数学理论上研究清楚以后才能解决，国家要富强，决不能轻视数学。但当他带学生下厂"开门办学"，用数学知识解决生产中的问题，并受到工厂领导和工人欢迎的时候，却被学校领导安上了"业务冲击政治"的罪名而横遭批判。②而且，当时研究数学得不到任何鼓励。在这种逆境下，他没有放弃数学研究工作，而是凭着对数学的热爱和信念，振作精神，撰写了《等离子体磁面方程自

---

① 张恭庆：信念与抉择。见：丁伟岳，田刚，蒋美跃主编，《张恭庆的数学生活》。新加坡：八方文化创作室，2013 年，第 3 页。

② 同①，第 3-4 页。

由边界问题的解》[①]《带间断非线性项的椭圆型方程的多重解》[②] 等论文。

以出国进修和讲演为契机，成为后起之秀

1977—1978 年，新中国从"文化大革命"转到"改革开放"，从"以阶级斗争为纲"转到"以经济建设为中心"。1978 年 3 月全国科学大会召开，提出了"向科学技术现代化进军"的战略决策，确立了"科学技术是生产力"的论断，明确了绝大多数知识分子是工人阶级的一部分。[③] 1978 年 10 月，中国教育代表团同美国教育代表团在互相谅解和友好的气氛下，达成了 11 点口头谅解。12 月，中美两国达成正式建交的协议。在这一背景下，张恭庆作为我国"文化大革命"后首批赴美访问学者中的一员于 1978 年 12 月底赴美国纽约大学柯朗研究所进修。在进修期间，他深知自己离世界数学主流相距甚远，只有急起直追，别无选择。[④] 通过这次进修，他开阔了眼界，学到了重要的新成果，进入到正在兴起的非线性分析领域，并在面对面充分交流的气氛中，运用拓扑学与泛函分析的理论研究非线性偏微分方程中的多解问题，发展了无穷维莫尔斯理论，在《纯粹与应用数学通讯》发表了论文《用莫尔斯理论得到的渐近线性算子方程的解》。后来人们说这是他的成名之作。事实上，这次进修对张恭庆跻身国际数学研究主流，站到国际数学研究前沿起到了关键作用，在他的学术成长轨迹中具有里程碑的意义。

此后，张恭庆又抓住 1983 年格兰纳斯邀请他到加拿大蒙特利尔大学一年一度举办的"高等数学讲习班"作 10 次系列讲演的重要机会，在讲习班上系统介绍了他正在发展的无穷维莫尔斯理论及其应用方面的成果。这次讲演不仅扩大了他在国际数学界的影响，也促成其讲义《无穷维莫尔斯

① 张恭庆：等离子体磁面方程自由边界问题的解。《科学通报》，1976 年第 5 期，第 225–227 页。

② 张恭庆：带间断非线性项的椭圆型方程的多重解。《中国科学》，1977 年第 5 期，第 415–430 页。

③ 袁振东：1978 年全国科学大会：中国当代科技史上的里程碑。《科学文化评论》，2008 年第 5 卷第 2 期，第 37–56 页。

④ 张恭庆：信念与抉择。见：丁伟岳，田刚，蒋美跃主编，《张恭庆的数学生活》。新加坡：八方文化创作室，2013 年，第 5 页。

理论及其应用》的出版。作为该专题第一本公开出版的著作，这部讲义为张恭庆在这个领域的学术地位奠定了基础。此后张恭庆并没停步，而是又"再上一个高度"，继续在这个领域进行深入探索。1993 年，他在这部讲义的基础上添加了新的研究成果，出版了专著《无穷维莫尔斯理论与多解问题》。此书的出版是张恭庆成为这个领域国际一流数学家的重要标志。

在国际数学界，大数学家取得重要成就的年龄一般都不超过 40 岁。高斯（Carl Friedrich Gauss，1777—1855）、柯西（Augustin-Louis Cauchy，1789—1857）、希尔伯特（David Hilbert，1862—1943）等都是如此。我国大数学家华罗庚、陈省身、许宝騄、苏步青、陈建功、吴文俊等都是在三十几岁便已取得重要成就。张恭庆 1979 年出国进修时已经过了 42 岁，而《无穷维莫尔斯理论及其应用》出版时，他已经 49 岁；直到 58 岁，他才登上国际数学家大会的讲坛。从这个意义上讲，真是太晚了。然而，他们那一代数学工作者由于"先天不足，后天失调"，大多都已失去了机会。在这个意义上讲，张恭庆又是一个幸运儿，实属不易。

以承上启下，为后人"铺路搭桥"作为历史使命

在柯朗研究所进修期间，张恭庆清醒地认识到由于在数学研究最富创造力的 20 年中虚度了大部分时光，自己即使再怎么拼命也难以实现当年的人生理想；他们这代人在科学上恐怕只能勉力前行，不会有太了不起的成就。在中国现代化进程中，他们的历史使命应该是为后人"铺路搭桥"。此后，考虑到国内的实际情况，他深刻地认识到经过十年动乱，国内数学人才断层问题严重，人们对国际上的数学前沿大都不了解，整体数学水平落后。发展中国数学的历史重任已责无旁贷地落在他们这代人肩上。他们不仅要学习并赶上国际研究前沿，还要承上启下地培养年青一代跻身世界数学研究主流。

1982 年，张恭庆以他在北京大学指导的研究生、中国科学院和北京其他大学有共同兴趣的师生为成员，成立了非线性分析讨论班。为了使讨论班在培养年轻人方面有效发挥作用，张恭庆每次出国访问，总是多听多看，尽量了解国外大学培养人才的经验，并多学些新东西回来介绍。此

外，他还不得不花时间去学习一些自己没有基础或不太熟悉的重要分支，密切注意一些研究主流方向上的动态。1983 年，他参加美国伯克利数学研究所的偏微分方程年的活动，感到偏微分方程研究中几何的味道愈来愈浓。他意识到几何分析正在兴起，既然他们的历史使命是要为后人"铺路搭桥"，他理应带领学生赶上这股潮流。因此，他在讨论班上逐步加入几何内容。这个讨论班成效显著，影响和造就了一大批年轻几何分析学者。

1981 年归国后的 20 余年中，张恭庆在课程改革和教材建设方面所做的探索也是为了给后人"铺路搭桥"。在探索中，他力求使课程和教材与国际接轨，使后人尽快走上数学国际化的道路。最重要的表征是：他借鉴在柯朗研究所进修时拉克斯的教学方法和风格，改革了泛函分析课程，分别与林源渠和郭懋正合作，出版了面向本科生的《泛函分析讲义》（上册）和面向研究生的《泛函分析讲义》（下册）。此外，自 1983 年秋季起，张恭庆多次在北京大学数学系开设非线性分析课程，并尝试延续尼伦伯格的讲课风格。2005 年出版了教材《非线性分析方法》。

重视北京大学数学学科与中国数学事业发展

张恭庆喜欢教学和研究，因舍不得时间，不愿意担任行政职务和社会工作。但他重视北京大学数学学科与中国数学事业的发展。每当领导要他去承担这些方面的工作时，他虽然竭力推辞，但一旦接受就义无反顾地把工作做好，以"值日生"的态度为大家服务。

1988—1999 年，张恭庆担任两届北京大学数学研究所所长。他出任所长后，提出了一种以科研流动编制为主，成员两年一轮换的制度，为部分教师集中精力做研究提供了制度保障。他还竭尽全力为研究人员争取稍好一些的工作条件，特别注重扶植优秀青年人才。为图发展，他注意吸引拔尖人才。在当时的条件下，为加强与拔尖人才的联系，设立了"特别数学讲座"。在张恭庆担任负责人期间，北京大学数学研究所与数学及其应用重点实验室都办得风生水起，卓有成绩，推动了北京大学数学学科的发展。

1995 年 4 月中旬，张恭庆参加了国家科委召开的香山会议。这次会议研究在我国如何开展基础研究。他被指定作了关于数学方面的主题报告，他讲的题目是《对我国数学发展的浅见》。在报告中，他指出：数学是一个整体，数学的统一性，分支学科之间的融合，是当今数学发展的主流。但我国过去在这方面注意不够，一些重要的核心数学领域在中国尚属空白，应用数学队伍不强，人才流失等问题严重。结合国内外数学发展形势，他提出了发展中国数学的一些建议和措施。其中包括以争办 2002 年国际数学家大会为契机，建立青年数学家培训基地；普及数学知识、加强数学教育等。[①]

1996 年张恭庆出任中国数学会理事长后，重视开展申办 2002 年国际数学家大会的工作。为了申办成功，他利用参加各种学术活动的机会，向国外数学家介绍中国申办国际数学家大会的意愿和中国数学的现状。在 1998 年 8 月 15 日国际数学联盟举行的成员国代表大会上，面对国外代表的责难和疑问，他数次起身作答。在申办过程中，他和大家克服了重重困难，对于最终申办成功，付出了艰辛的努力，功不可没。

从张恭庆的学术成长轨迹可以看出，他在青年时期，频繁的政治运动对他的学术成长产生了严重的负面影响，使他在数学研究最富创造力的 20 年中虚度了大部分时光。1981 年从欧美归国后，为了培养年青一代和从事各种社会工作，他花费了大量时间和精力，从而也影响了他的数学研究工作。对此，张恭庆讲道：

> 我的一生处在一个非常的时代。和一般数学家不同，我没有读过研究生，谈不到任何学位。从 20 岁到 40 岁，本是数学家一生中出成果的黄金时期，我们却遭受政治运动不间断的严重冲击。一直到 42 岁我才有了出国进修的机会。但回国后，我既要挑起培养年青一代的重任，又有各种各样的社会工作，要耗费大量的时间和精力。中国年青一代数学家比我们幸福得多，他们可以在广阔的天地里自由翱翔，

---

① 张恭庆：对我国数学发展的浅见。见：丁伟岳，田刚，蒋美跃主编，《张恭庆的数学生活》。新加坡：八方文化创作室，2013 年，第 277–282 页。

去做自己喜爱的工作。[①]

应该说，1981年他从欧美归国后从事的培养年青一代的工作和各种社会工作，大都属于他发自内心的主动行为，彰显了他的家国情怀。而他青年时期遭到的政治运动的冲击对他则是一种遗憾，反映了新中国特定历史时期政治对数学家成长的负面影响。

不过，张恭庆没有被时代所埋没，最终成长为一位杰出的数学家，在中国现代数学发展历程中由参与者转变为推动者，圆满完成了肩负的历史使命。他之所以有这样常人难以企及的数学人生，是主客观因素相互作用的结果。他对数学的浓厚兴趣，在逆境中对数学的坚守，在顺境中的与时俱进和积极进取，学习和研究数学肯下苦功，在关键时刻能够把握住机遇，是重要的主观因素。而从童年到大学受到的良好教育、1976年后中国宽松的政治氛围、国家对知识和人才的尊重、对发展科学技术和向国外派遣留学和访问人员的重视，以及北京大学数学科学学院（含数学系时期）为他提供了施展才能的舞台，则是重要的客观因素。

---

① 张恭庆：补充回答几个遗漏的问题。2021年9月26日，未刊稿。资料存于采集工程数据库。

附录一　张恭庆年表

1936年

5 月 29 日（农历丙子年四月初九），生于上海市南阳路 70 号。祖籍直隶遵化州丰润县（现河北省唐山市丰润区）。父亲张子美和母亲陈师周所生的第三个孩子。曾祖父张佩纶是晚清"清流派"主将之一、学者。祖父张志潜是藏书家。父亲是一名知识分子，在上海交通银行做过办事职员，先后在国民政府上海市直接税局和南京财政部做过秘书，在上海光华大学经济系做过教师。母亲是晚清重臣、诗人陈宝琛之女。

1937年

7 月 7 日，抗日战争全面爆发。

8 月 13 日，淞沪会战爆发。当月，姐姐张恭悦因病未得到及时医治夭折。

11 月 12 日，上海沦陷。租界成为被沦陷区包围的一座孤岛。其家位于租界内。

1939年

开始学识字。

1940年

父亲请一位私塾先生教读《三字经》《孝经》等，同时学习古文的还有哥哥张恭思。

1941年

12月8日，太平洋战争爆发。次日，日军进入租界，上海全部沦陷。

冬，和哥哥同时患伤寒，后治愈，但哥哥夭折。

本年，父亲已被英国伦敦大学经济系录取，但因珍珠港事变，交通阻隔，未能成行。

1942年

祖父张志潜逝世。家中遭日本人和汉奸抢劫。此后家道中落，父亲不得不到上海交通银行任办事职员。

1943年

身体不好，常年生病。父亲要求其在家读《论语》。母亲则为其选购儿童读物阅读。

1944年

暑假前，母亲请家教为其补习两个月算术和国文。9月，插班入读上海市私立培成女子中学附属小学三年级。

1945年

春季，常有美国飞机到上海上空轰炸日本军事设施。

8月15日，日本宣布无条件投降。不久，弟弟张恭慈出生。父亲先在国民政府上海市直接税局任秘书，后被调入国民政府财政部任秘书。

1948年

7月，从上海市私立培成女子中学附属小学毕业。

9 月，进入上海市圣芳济中学，读初中。

1949年

5 月，上海解放。解放前后，通货膨胀，货币贬值，加上祖母患乳腺癌，家庭负担加重。经常帮父母采购。

每学期都提前自学一遍数学。课外多阅读小说和组装矿石收音机。

1950年

1 月 31 日，祖母病逝。

1951年

7 月，从上海市圣芳济中学初中毕业。

9 月，考入上海南洋模范中学，读高中。

1952年

因学校离家较远，家里买了一辆自行车上学，每逢星期日都骑车到中国图书发行公司看书。

1953年

读到《数学通报》1953 年 6 月号的"数学问题及解答栏"上的五道题目，应征参加解题活动。五道题全部答对，名字被刊登于《数学通报》1953 年 9 月号，受到很大鼓励。此后，积极参加《数学通报》的征求解答题的活动。

1954年

7 月，从上海南洋模范中学高中毕业。毕业前填写报考大学志愿时，教导处副主任赵宪初建议报考数学系。

9 月，考入北京大学数学力学系，编入第九班，暂住在临时搭建的大棚。第一学年课程有数学分析（程民德主讲）、解析几何（江泽涵主讲）、高等代数（聂灵沼主讲）、中国现代革命史、俄文。数学分析习题课的教师为徐翠微（一年级上学期）、董怀允（一年级下学期），解析几何习题课的教师为裘光明，高等代数习题课的教师为丁石孙。

11月，与马希文、陈天权等7位同学被程民德、丁石孙等叫到北京大学三院的数学分析与函数论教研室组织一个科学小组；被指定为联系人。

冬，搬进十一斋。

1955年

一年级下学期，北京大学数学力学系科学小组开始正式活动。

本年，升入北京大学数学力学系二年级。所学课程有数学分析（程民德主讲）、高等代数（丁石孙主讲）、常微分方程（徐献瑜主讲）、理论力学（王仁主讲，上学期；吴林襄主讲，下学期）、普通物理（下学期）、马列主义基础、俄文。

1956年

1月14日，国务院总理周恩来在中共中央召开的关于知识分子问题会议上作《关于知识分子问题的报告》，发出"向科学进军"的号召；全国兴起了热爱科学的高潮。随后北京大学数学力学系科学小组的活动广泛开展。此时开始数学习作。

3月8日，经蔡金狮、徐元洪介绍，加入中国新民主主义青年团。后来当选为班长，负责班上的学习工作。

本年，升入三年级。该年级分数学、力学、计算3个专业，数学专业有3个小班，在数三班。所学课程有普通物理（上学期）、复变函数（陈杰授课，上学期）、理论力学（周培源主讲，上学期）、微分几何（吴祖基授课；上学期）、实变数函数（通过考试免修）、概率论（赵仲哲主讲，下学期）、政治经济学（上学期）。另外，旁听过四年级的专门化课程三角级数（程民德主讲）、同调论（江泽涵主讲）、同论伦（廖山涛主讲）。

赫鲁晓夫在苏联共产党第二十次代表大会作的题为《关于个人崇拜及其后果》的秘密报告以及随后的波匈事件对学生思想产生一定影响。

1957年

6月8日，反右派斗争爆发，表现消沉。

本年，升入四年级，在关肇直开设的泛函分析专门化班学习，属数四一班。所学课程有偏微分方程（上学期）、泛函分析专门化、近似方法（下学期[①]）。

1958年

3月3日，《中共中央关于开展反浪费反保守运动的指示》发布，全国开始"双反"运动。

3月10日，北京大学正式开始"双反"运动。在这场运动中，被定为"白专"典型，受到批判。此后多年"白专"就成为戴在头上的紧箍咒。

本年，在"大跃进"运动中，参加十三陵水库建设，到农村参加"双抢""秋收"，也参加了全民大炼钢铁运动，校内的劳动就更为经常。

在数学的"理论联系实际"运动中，凡不能联系实际的学科在北京大学数学力学系都下马。代数、几何、拓扑和泛函分析等专门化统统被取消。因与几位泛函分析专门化的同学对此不满，在宿舍里发了几句牢骚，在全系大会上被点名批判。除劳动外，先被分配去参加物理系气象专业搞降雨预报。后来与三位代数专门化的同学（其中一位是石生明）被安排组成一个近代物理组，先向北京大学物理系的杨立铭教授寻求在原子核结构研究中群表示论的课题；又去中国科学院数学所听张宗燧、朱洪元、胡宁三位物理学家讲授量子场论。

本年，升入五年级。所学课程有社会主义共产主义教育、计算机原理。

1959年

7月，由北京大学数学力学系毕业。毕业前，由于学校突然有毕业论文的要求（四五年级一直在搞运动，教学秩序完全打乱，没有时间做毕业论文），按照系主任段学复的安排，找物理系胡宁教授要了一个计算费曼

[①] 这里的"下学期"应是1958年春，时值全国"大跃进"的形势，打破了正常的教学秩序，没有考试。

图的题目凑数。下达的毕业分配方案中只有北京、内蒙古和黑龙江三个地区，连填三个"内蒙"。

8 月底，留校任助教，被分配担任数学力学系一年级数学分析三个班习题课的助教，主讲教师是闵嗣鹤教授。留校后一段时期内，每周六晚还给数学力学系部分教师讲物理。

冬，认识了文丽，与她恋爱。

1960年

春季，继续担任北京大学数学力学系一年级数学分析习题课的助教。

夏季，多次下乡、下厂，还曾到北京市街道工厂去推广超声波。

秋季，为北京大学生物系一年级新生讲高等数学大课。开学不久，极"左"狂热之风戛然而止。利用这个机会开始读苏联数学家盖尔范德、希洛夫《广义函数》前三卷。晚上 10 点图书馆和教室都熄灯以后，回到集体宿舍再读一两个小时。

1961年

春季，继续为生物系一年级学生开设高等数学大课。研究工作开始有了一些苗头。先是看到《物理年刊》上的一篇文章，讲的是色散关系与因果律的联系，其证明有一个漏洞，便将其补上，写成一篇论文，于 1962 年发表；还研究了盖尔范德－希洛夫 S 型广义函数类的埃尔米特级数展开，得到了 S 型广义函数的一个表示定理，于 1963 年发表。

4 月，由江泽培领队，先到北京昌平十三陵公社大宫门大队干农活，不久被调到公社所在地泰陵园，担任检查各大队生产任务完成情况的统计员。

8 月，接学校通知回系，任务是上二年级数学分析 3 个班的习题课，改 4 个班的习题本。

12 月 10 日，与文丽在北京登记结婚。

2 月 2 日，与文丽在上海举行婚礼。回校后在校内 23 斋分配到一间集体宿舍。

2—3 月，国家科委在广州召开全国科学技术工作会议。这次会议原定的主题是研究讨论《1963—1972 年科学技术发展规划》制订的有关问题，但也讨论了调整党和知识分子的关系问题。陈毅受周恩来委托，作了为知识分子"脱帽加冕"的讲话。听到传达，非常兴奋。

春季，继续担任北京大学数学力学系二年级数学分析 3 个班的习题课教师。

秋季，担任北京大学数学力学系三年级数学分析补习课[①] 和四年级泛函分析专门化课程微分算子的教学。

从本年（或 1963 年）开始到 1964 年暑假，参加程民德先生组织的调和分析（Calderón–Zygmund 理论）讨论班，同时，学习微分方程的泛函方法。陈天权从内蒙古大学来北京大学进修两年，同在这个讨论班。

3 月 4 日，女儿张柯出生。

春季，为北京大学数学力学系三年级（1960 级）学生讲授泛函分析课程，为五年级（1957 级）讲授实变函数专门化课程多重三角级数。

秋季，为北京大学数学力学系五年级（1958 级）学生讲授泛函分析专门化课程微分算子。

本年，继续参加程民德教授主持的调和分析讨论班，还参加了北京市数学会函数论专业学术会议并提交报告。

春季，为北京大学数学力学系四年级（1960 级）学生讲授泛函分析专门化课程。

---

① 由于教育革命把"数学分析严格化"的内容全都删去，以致后继课程无法进行，这门课是一种弥补措施。

8 月，赴长春参加第一届全国泛函分析学术会议，并提交论文《高阶抛物型方程 L^2- 估计》（未发表）。

秋季，为北京大学数学力学系五年级（1960 级）学生讲授泛函分析专门化课程微分算子。

这学期北京大学开始在党员干部中进行"四清"运动。在完成教学任务的同时，继续抓紧时间做研究，完成了一项比较满意的工作《算子半群与 Besov-Taibleson 空间的内插性质》，但因"文化大革命"爆发，未能投稿。

本年，在《数学进展》上发表综合性论文《本征展开的一般理论》。

1965年

春季，为北京大学数学力学系五年级（1960 级）学生讲授泛函分析专门化课程广义函数，同时指导专门化学生的毕业论文。

8 月下旬，赴河北省正定县城关公社参加农村"四清"运动。

1966年

3 月，河北邢台发生地震。正定离邢台不远，房屋摇晃受损。作为"四清"队员日夜守护，必要时把老弱病残背往室外安全地带。

4 月，由于北京大学数学力学系毕业班学生要进行毕业教育，提前从正定撤回学校。数学力学系高年级学生已迁至昌平分校，回校后教五年级泛函分析专门化课傅里叶分析。

5 月 16 日，中共中央发布"五一六通知"，"文化大革命"爆发。

7 月，被多次点名说是"白专"典型，却受到程民德的重用。

8 月，中共中央八届十一中全会后，全国出现了红卫兵运动。每天上班时到教研室去"天天读"，读《毛主席语录》《毛泽东选集》等，刻蜡版传抄中央首长讲话；有时还参加体力劳动（下农村或在校内打扫卫生），当一名"革命群众"。

1967年

本年，与住在朗润园的一位同事对换住房，迁入朗润园公寓中的一间屋。

1968年

3月下旬开始，不再参加任何活动，成为"逍遥派"。

7月27日，由8341部队领导的军宣队、工宣队进驻北京大学。

9—12月，在工宣队领导下全校进行"清理阶级队伍"运动。按照规定，全体教师按教研室集中住进集体宿舍。与所在数学分析与函数论教研室的闵嗣鹤、庄圻泰等老先生和青年教师共8个人合住一间。每个教研室都有学生进驻，由工宣队领导，一天三段都要在一起学习与批判。

1969年

4月4日，儿子张坦出生。因为每天上下午都要参加运动，白天不得不请人照看孩子。

10月下旬，北京大学数学力学系教师一分为三离开校本部：数学专业下放江西南昌鲤鱼洲建农场，力学专业去陕西汉中653基地，计算数学专业到昌平分校建造计算机。鲤鱼洲农场又称"五七"干校，所有成员均按军事编制，一切行动听指挥；白天体力劳动，晚上开会，有时夜间还搞战备演习，一周中最多只有半天时间处理个人"生活问题"。

1970年

8月7日，天不亮行军到十余公里以外同在鲤鱼洲的清华大学农场，支援插秧。下午六点，准备撤离时，遭遇极端天气。

11月，和其他几位同事从"五七"干校提前结业。回校后不久，由段学复带领，和邓东皋去华罗庚家请教如何推广优选法和统筹法。之后，被派往北京化工三厂，一方面参加生产劳动，接受工人阶级的"再教育"，另一方面，一边推广优选法，一边探索教学改革的路。

本年，在北京化工三厂及其周边推广"优选法"，同时跟班参加体力劳动。

北京大学接受了一些国家下达的计算任务。因政治条件不够，没资格参加，但在劳动之余，帮助滕振寰等设计了他们需要的计算方法。受这件事激励，到北京的一些工厂中寻找最优化问题。

1972年

春季，到北京 608 光学仪器厂全国电影镜头会战组毛遂自荐，被接纳参与光学镜头自动设计。

下半年，提出了人机互动镜头设计的"围墙法"，并编出程序。由北京大学开出政审材料，得以在中国科学院计算研究所的"109 乙"计算机上计算。此程序经使用者逐步完善后，为全国光学界服务多年。

本年，毛泽东主席接见了杨振宁。随后周恩来总理对周培源作了要开展基础理论研究的指示。中国科学院各研究所都恢复了原来的基础研究，而在北京大学数学力学系，只宣布廖山涛先生的动力系统是基础理论，其余的人仍继续搞实际任务。

1973年

年初，应北京 608 光学仪器厂全国电影镜头会战组的要求，参与编写《最优化方法》和《Fourier 分析及其在光学中的应用》等讲义，在 608 厂举办讲习班，作为"开门办学"的一个举措。

本年，邓小平复出，全面整顿，出现了新气象。利用到中国科学院图书馆看书的机会，查阅了"文化大革命"前关注过的伪微分算子理论有关文献，运用当年在程民德主持的讨论班上学过的知识，经过半年多时间写成论文《伪微分算子的 L^p 连续性》。由程民德将论文投稿到《中国科学》（刚复刊），于 1974 年发表。

10 月底—11 月初，在中国科学院长春光学精密机械研究所参加全国光学交流会。

回北京大学担任 74 级工农兵学员的教学任务。1974—1976 年共讲授过数学分析、数理方程、最优化方法等课程。

为解答何祚庥在建立层子模型的复合场理论中提出的一个问题，用公理化量子场论的框架，写出论文《复合场的渐近场论》作为其基础，于 1976 年在中国数学会的《数学学报》发表。

受控热核装置托克马克（Tokamak）理论设计计算中需要数值求解一个非线性偏微分方程的自由边界问题。经与中国科学院物理研究所庆承瑞等讨论后，发现对这个自由边界问题用简单的迭代方法求解很难收敛。便不跟随当时国际上的研究套路，而把这个问题转化为一个带间断非线性项微分方程的固定边值问题去做，取得了明显的计算效果。后来撰写成文，于 1977 年 9 月在《中国科学》上发表。

继续担任 74 级工农兵学员的教学任务。

因参加过中国科学院物理研究所承担的受控热核装置设计中计算方法的分析和讨论，赴合肥参加中国科学院安徽光学精密机械研究所关于建造托克马克的论证会。

继续进行关于带间断非线性项微分方程的理论研究。

1 月，迁入蔚秀园新居。

3 月下旬—4 月初，到六机部 706 所培训科技人员。

5 月 7—8 日，美国纯粹与应用数学代表团访问北京大学，为代表团作学术报告《关于等离子体平衡方程自由边界问题的多重解》。

7 月 28 日，唐山发生大地震。

10 月，由北京大学数学力学系"教改"组派遣，同姜礼尚和石油勘探设计院的留苏专家陈仲祥到河北任丘油田探索数学联系石油的前景。

本年，继续担任 74 级工农兵学员的教学任务，在中国科学院数学研究所作学术报告。此外，冯康在中国科学院物理研究所介绍几项应用数学的热点课题，受冯康邀请介绍《WKB 方法与短波逼近》。

1977年

本年，在中国科学院数学研究所与北京大学作学术报告。

开始寻求研究带间断非线性项的椭圆方程的泛函方法。

1978年

3 月 18—31 日，中共中央召开全国科学大会。科研成果《等离子体磁面方程自由边界问题的解》和《稳态水锥的自由边界问题》（与姜礼尚合作），获得全国科学大会奖。

4 月 29 日，被破格提拔为副教授。这一决定在随后举行的北京大学 80 周年校庆大会上由校长周培源宣布。

8 月，应邀参加在成都峨眉山脚下举办的全国现代偏微分算子学术会议并作报告。会后随与会者经两日一夜徒步自山脚登上峨眉山金顶。

12 月 26 日，作为我国"文化大革命"后首批赴美访问学者中的一员，赴世界微分方程中心之一——美国纽约大学柯朗研究所进修。

本年，招收第一位硕士研究生韩云瑞。

1979年

1 月初，由在华盛顿的中国驻美国领事馆出发，前往位于纽约的柯朗研究所。入柯朗研究所进修后，跟随尼伦伯格研究偏微分方程，系统地听了 3 门专题课，分别是尼伦伯格的非线性泛函分析专题、拉克斯的泛函分析、莫泽的动力系统。

4 月，在柯朗研究所听了美国威斯康星大学拉比诺维茨的 4 次讲座。

5 月，在尼伦伯格主持的分析讨论班上介绍了带间断非线性项偏微分方程的工作。完成论文《障碍问题与带间断非线性项的偏微分方程》。

6 月下旬，从纽约飞往美国西海岸的加州大学伯克利分校，参加为陈省身退休举行的整体分析与整体几何国际研讨会。尼伦伯格在大会报告上介绍了张恭庆的带间断非线性项偏微分方程的工作，引起随后多个大学的邀请。

受到美国罗格斯大学、麻省理工学院、马萨诸塞大学阿默赫斯特分校、布朗大学、伦斯勒理工学院、俄亥俄大学、密歇根州立大学、韦恩州立大学、西北大学、马里兰大学的邀请作学术报告。

本年，还完成论文《不可微泛函的变分法》(Variational Methods for Non-differentiable Functionals)。与关肇直、冯德兴合著的《线性泛函分析入门》由上海科学技术出版社出版。

1980年

1 月，到加州大学伯克利分校访问。

2 月，继续在柯朗研究所开始的研究，运用莫尔斯理论解决了他人用康利指标研究渐近线性方程非平凡解存在性的问题。这项工作为莫尔斯理论在微分方程上的应用开辟了道路。尼伦伯格得知后，在其普林斯顿高等研究院的外尔讲座上介绍了这项成果。受到鼓舞，随后几年集中精力发展无穷维莫尔斯理论及其应用。

4—12 月，受拉比诺维茨邀请访问威斯康星大学数学研究中心

6 月，参加在美国得克萨斯州阿灵顿举行的"数学科学中的非线性现象"会议并作报告。

8—9 月，经香港返回北京，参与第一届国际"双微"会议的接待工作，也作了学术报告。

本年，还受邀在加州大学伯克利分校、圣芭芭拉分校，威斯康星大学麦迪逊分校，密歇根大学安娜堡分校，芝加哥大学，温莎大学（University of Windsor），滑铁卢大学（University of Waterloo）以及香港中文大学作学术报告。

1—3 月，再次访问美国柯朗研究所。并在柯朗研究所、宾夕法尼亚大学、加拿大蒙特利尔大学，以及舍布鲁克召开的非线性分析研讨会上，都作了学术报告。

4 月初—6 月中旬，出访法国高等科学研究所、德国马克斯·普朗克研究所、瑞士苏黎世联邦理工学院等 12 所大学和研究所。还在法国巴黎第六大学、巴黎第七大学、里昂高等师范学校，意大利比萨高等师范学校、佛罗伦萨大学、帕维亚大学迪尼研究所，瑞士苏黎世大学、洛桑联邦理工学院，德国波鸿大学等单位，都作了学术报告。

6 月中旬后，返回北京大学数学系。

秋季，为北京大学数学系本科生开设泛函分析 I，每周 4 学时；给教育部科技司写了一份《开展非线性分析研究的意见》；与周毓麟、孙和生、李大潜和叶其孝等人合作，编选出一批《非线性分析论文选集》，联系了出版社影印发行。

春季，招收硕士研究生田刚和李治平。

春季，教泛函分析 II，每周 4 学时；秋季教临界点理论，每周 4 学时。

本年，被中国科学院系统科学研究所正式聘为兼职研究员，协助关肇直先生指导刘嘉荃的博士学位论文。后来，也被中国科学院数学研究所聘为兼职研究员，指导王志强的博士学位论文。

因"带间断非线性项的偏微分方程"的工作获国家自然科学奖三等奖。

成立了内容以临界点理论及其对偏微分方程的应用为主的非线性分析讨论班。以在北京大学的学生为基础，由中国科学院的李树杰、丁伟岳、刘嘉荃、王志强以及北京各大学有共同兴趣的师生组成。

应邀在北京召开的全国高等学校应用数学会议、在长春吉林大学召开的第三届国际"双微"会议、在桂林召开的偏微分方程会议、在九江召开的全国泛函分析会议以及在厦门召开的非线性泛函分析会议作学术报告。

迁入北京大学在中关园的新居。

1983年

2月23日，晋升为教授。

4—7月，应陈省身邀请，访问美国伯克利数学研究所，参加该所偏微分方程年的活动。其间，应格兰纳斯邀请参加在加拿大蒙特利尔大学举办的"高等数学讲习班"作10次系统演讲，介绍无穷维莫尔斯理论及其应用。返回伯克利数学研究所后，参加了由布劳德组织的非线性泛函分析会议，作了学术报告。后来又应邀在美国纽约州奥尔巴尼召开的美国数学会年会上作了学术报告。会后绕道波士顿，去看望在哈佛大学做访问学者的丁石孙。

秋季，为研究生讲授非线性分析，每周4学时；应邀在中国数学会在武汉召开的第四次全国代表大会上作大会报告。

12月24日，与黄敦一起被北京大学任命为数学研究所副所长。

1984年

春季，在北京大学讲授本科生课程泛函分析Ⅰ，每周4学时。

2月20日—3月8日，应谷超豪邀请在复旦大学讲授"几何中的偏微分方程选讲"。

下半年，得到英国基金会的资助，在英国华威大学访问3个月并作学术报告，与伊尔斯教授合作研究了极小曲面方程的非极小解问题。访问期间，分别应霍弗和伍德邀请，到巴斯大学和利兹大学作学术报告；应默威邀请，到比利时新鲁汶大学作学术报告。

回国后与丁伟岳商议在非线性分析讨论班上逐渐增加几何内容。

被评为博士研究生导师、国家级"有突出贡献的中青年科学家"，任北京大学学术委员会委员（至2017年）。

1985年

春季，在北京大学讲授研究生课程非线性分析，每周3学时。

秋季，在北京大学讲授研究生课程调和映射与测地线，每周 3 学时。

本年，受邀出席美国加州大学圣芭芭拉分校为樊𰽽教授退休举行的非线性与凸分析会议，以及在捷克斯洛伐克布如诺召开的第六届国际微分方程会议，都作了学术报告。

在北京大学开始招收博士研究生。

汇集 1983 年在加拿大蒙特利尔大学召开的非线性分析国际会议所作 10 次演讲的讲义《无穷维莫尔斯理论及其应用》，由该大学出版社出版。

赴武汉大学作"临界点理论选讲"的系列讲座。

参加在上海召开的中国数学会年会并作学术报告。

自本年秋季开学至下年暑期放假，与王柔怀负责组织陈省身在南开数学研究所推出的以"偏微分方程"为主题的学术专题年活动。秋季，在偏微分方程年活动中讲授"纤维丛与 Yang–Miles 方程"，每周 3 学时。

1986年

夏季，出席并参与组织在南开数学研究所召开的第七届国际"双微"会议。

8 月 3—11 日，参加在美国加州大学伯克利分校举行的第 20 届国际数学家大会。此前的 7 月 31 日—8 月 1 日在美国加州奥克兰举行的国际数学联盟第十届会员代表大会上，中国数学会与位于中国台北的数学会作为一个整体代表中国加入国际数学联盟。会后两周，在美国加州大学伯克利分校，参加"非线性扩散方程及其平衡态"（Nonlinear Diffusion Equation and Their Equilibrium）会议，作学术报告。

在美国得克萨斯大学奥斯汀分校（University of Texas，Austin）访问两个月。

10 月下旬至年底，在北京大学讲授研究生课程保形几何，每周 3 学时。

本年，专著《临界点理论及其应用》由上海科学技术出版社出版。

1987年

春季，在北京大学开设非线性分析，每周 3 学时。

5月6日，获首届陈省身数学奖，出席在南开大学举行的颁奖仪式。同时获奖者有钟家庆。

7月11日—8月7日，作为讲员在吉林大学举办的全国第四届数学研究生暑期教学中心讲授非线性分析课程，受到好评。

秋季起，按学校规定，可以轮空一年，与文丽一起出国访学。8—12月，应拉比诺维茨邀请，以访问教授身份在美国威斯康星大学麦迪逊分校（用加拿大蒙特利尔大学出版的同名讲义）开设一个学期的研究生专题课"无穷维莫尔斯理论及其应用"。同时研究调和映射的热流。

此外，应邀访问美国艾奥瓦大学（The University of Iowa），以及在芝加哥大学举行的中西部偏微分方程会议（PDE Midwest Conference）都作了学术报告。

与林源渠合著的《泛函分析讲义》上册，由北京大学出版社出版。

1988年

1月，应邀与安布罗赛蒂、埃克朗在意大利国际理论物理中心共同主持"变分问题学院"，并作学术报告。

1—3月，在美国加州大学洛杉矶分校访问，讲授两门本科生课线性代数和线性规划。

4—5月，在美国柯朗研究所访问，作学术报告，同时完成调和映射热流的工作。其间访问了哈佛大学、宾夕法尼亚大学、罗格斯大学、密歇根州立大学、明尼苏达大学，并在这些大学作了学术报告。

6—7月，应克莱芒之邀，访问荷兰代尔夫特大学；应布莱基斯之邀，在法国巴黎参加为庆祝利翁斯60岁生日召开的变分问题与相关论题会议；应莫泽之邀，访问瑞士苏黎世联邦理工学院。都作了学术报告。

8月28日，以"临界点理论及其应用"项目，获1987年国家自然科学奖二等奖。

秋季，在北京大学讲授研究生课程非线性分析，每周3学时。

11月18日，被任命为北京大学数学研究所所长（1999年卸任）。

春季，在北京大学讲授研究生课程泛函分析Ⅱ，每周3学时。

8月下旬，赴意大利国际理论物理中心参加变分问题专题会议，作学术报告。

9—11月，应安布罗赛蒂邀请访问比萨高等师范学校，后应赞德邀请访问瑞士苏黎世联邦理工学院。在此期间，除赴德国慕尼黑大学作学术报告外，其余时间集中精力，逐章撰写应法国数学家布莱基斯邀请的专著《无穷维莫尔斯理论与多解问题》。

与蒋美跃合作解决了复射影空间的阿诺德猜测的证明。

1990年

春季，在北京大学讲授非线性分析课程，每周3学时。

4—5月，应邀在美国罗格斯大学为布劳德祝寿召开的学术会议作报告，随后顺访明尼苏达大学并作学术报告。

7月起，享受国务院政府特殊津贴。

9月，应邀在意大利特伦托为尼伦伯格祝寿的偏微分方程与相关论题会议上作学术报告。

秋季，作为访问教授，在美国加州大学圣芭芭拉分校任教，讲授本科生课程线性代数和研究生课程调和映射中的偏微分方程。其后应邀在美国斯坦福大学、威斯康星大学麦迪逊分校作学术报告。

12月17—21日，国家教委和国家科委在北京联合召开全国高等学校科技工作会议。在会上，被授予"全国高校先进科技工作者"称号。

本年，应邀在北京大学举办的常微分方程讲习班上介绍临界点理论在常微分方程中的应用；与郭懋正合著的《泛函分析讲义》下册，由北京大学出版社出版。

1991年

秋季，在北京大学讲授研究生课程临界点理论及其应用，每周3学时。

8月18—23日，应陈省身要求，与李大潜、黄玉民在南开数学研究所组织召开"非线性分析与微局部分析国际会议",并作学术报告。

夏季,与丁伟岳、叶如刚解决了二维调和映射热流的一个公开问题。

12 月 26 日,当选为中国科学院学部委员(院士)。

本年,应邀在北京参加天元基金 21 世纪展望会议、在复旦大学召开的苏步青 90 寿辰庆祝会上都作了学术报告;还在华东师范大学作系列学术报告。

1992年

1 月,出任中国数学会副理事长。

5 月,在意大利西西里岛的埃里切,与安布罗赛蒂共同主持召开"非线性分析中的变分法"学术会议,作了学术报告。会后去意大利国际理论物理中心,向伊尔斯教授介绍二维调和映射热流的工作。

7 月,父亲因胃癌病故。

8 月下旬,在美国佛罗里达州坦帕市(Tampa)参加首届世界非线性分析学者大会(World Congress of Nonlinear Analysts),作大会报告。

9 月,顺访美国普林斯顿大学、罗格斯大学、柯朗研究所、约翰斯·霍普金斯大学(Johns Hopkins University)、犹他州立大学、杨百翰大学(Brigham Young University),都作了学术报告。

10—12 月,作为访问教授,访问香港科技大学一个学期。为一年级学生讲授多元微积分课程,为研究生讲授非线性分析课程。顺访香港浸会大学,作了学术报告。

12 月,应邀在香港中文大学召开的环太平洋几何分析会议(Geometric Analysis Conference in Pacific Rim)上作学术报告。

与刘嘉荃合作,在尼伦伯格问题上应用莫尔斯理论得到令人满意的结果。

1993年

1 月,访问中山大学,作学术报告。

3 月,受托主持中国数学会常务理事会,讨论我国申办国际数学家大会事宜。

春季，在北京大学讲授研究生课程谱几何，每周 3 学时。

7—10 月，作为访问数学家在意大利国际理论物理中心工作。在此期间，组织召开"几何与物理中的变分问题"会议；顺访乌迪内大学（Università degli Studi di Udine）、的里雅斯特大学（Università degli Studi di Trieste）以及瑞士苏黎世联邦理工学院，都作了学术报告。

本年，英文专著《无穷维莫尔斯理论与多解问题》由瑞士博卡豪斯出版社正式出版。

因无穷维莫尔斯理论及其应用方面的工作，获第三世界科学院数学奖。

任国务院学位委员会数学学科评议组第一召集人（至 2008 年）、教育部北京大学数学及其应用重点实验室主任（至 2005 年）。

当选第八届全国人民代表大会代表。

1994年

春季，在北京大学讲授非线性分析课程，每周 3 学时。

应邀访问日本东京大学两周，并顺访问庆应义塾大学，分别作了学术报告。

7 月初，母亲因心脏病突发去世。

7 月 31 日—8 月 1 日，与杨乐、冯克勤、王怀权、黄启瑞组成中国代表团，参加在瑞士举行的国际数学联盟第 12 次代表大会。会上，被选为国际数学联盟发展与交流委员会委员（2002 年卸任）。

8 月 3—11 日，参加在瑞士苏黎世举行的第 22 届国际数学家大会，应邀于 8 月 10 日在微分方程分组会上作 45 分钟的学术报告《微分方程中的莫尔斯理论》。

与杨乐、李忠应韩国数学会邀请访问韩国，并在韩国科学技术院（KAST）、首尔大学、延世大学作学术报告；与杨乐一起应邀访问台湾，并在台湾的中山大学、台湾大学、中正大学、彰化师范大学、台湾"中央研究院"数学研究所、交通大学、清华大学等校作学术报告；此外，还在汕头大学和首都师范大学作学术报告。

12 月 19—30 日，受邀参加由刘延东带队的统战部专家学者赴云南考察团。

本年，当选为第三世界科学院院士。

1995年

4 月中旬，参加国家科委召开的香山会议，研究在我国如何开展基础研究，被指定作关于数学方面的主题报告《对我国数学发展的浅见》。

5 月 18—21 日，参加在清华大学举行的中国数学会第七次代表大会暨 60 周年年会。21 日下午，中国数学会第七届理事会第一次会议选举产生由 21 名常务理事组成的中国数学会第七届常务理事会，当选为理事长。

8 月 21 日—9 月 1 日，与贾昆塔在意大利国际理论物理中心联合主持"偏微分方程及其对几何的应用会议"。

9—12 月，作为访问教授，访问加拿大不列颠哥伦比亚大学，讲授研究生课程无穷维莫尔斯理论。与古苏布合作建立莫尔斯理论与康利理论的关系。应邀访问加拿大西蒙菲莎大学、蒙特利尔大学，美国加州大学洛杉矶分校、南加利福尼亚大学（University of Southern California）、犹他州立大学娄根分校，并在这些大学都作了学术报告。

本年，与中国科学院数学研究所研究员丁伟岳在中国科学院联合组织几何分析讨论班。

获 1995 年度何梁何利基金科学与技术进步奖。

1996年

1 月 1 日，正式出任中国数学会理事长。

3 月，主持召开中国数学会常务理事会。会议主要讨论为申办成功 2002 年第 24 届国际数学家大会，做好各方面准备，特别是争取国内外各方面支持的问题。

5 月 16—26 日，受邀参加由刘延东率领的中共中央统战部组织的"大京九"考察团。

6月9日，中国高校数学研究与高等人才培养中心成立，与李大潜、侯自新（后增加刘应明）出任中心主任。

7月，应邀在希腊雅典召开的第二届世界非线性分析大会作大会报告。

7月20日，应邀参加在匈牙利布达佩斯召开的欧洲数学会代表大会，在会上介绍中国数学会与中国申办2002数学家大会的工作。

7月26日—8月19日，作为讲员，在北京大学举办的全国研究生暑期学校讲授几何分析引论课程。

应邀在清华大学召开的何梁何利基金报告会以及北京师范大学作学术报告。

秋季，在北京大学讲授非线性分析引论课程，每周3学时。

10月，在菲律宾马尼拉召开的泛函分析与整体分析国际会议作学术报告。

12月，主持中国数学会第七届常务理事会第四次会议，通报中国数学会申办2002年第24届国际数学家大会的情况，并讨论下一步申办工作。

12月20—25日，出席在海南师范学院举行的二届二次数学天元基金学术领导小组扩大会议。

1997年

春季，在北京大学讲授几何中的偏微分方程课程，每周3学时。

3月初，主持召开中国数学会常务理事会，落实申办2002年第24届国际数学家大会的准备工作。

3月，组织张继平、周青、洪家兴等撰写国家科委"基础科学发展纲要"（前"973"）中的数学部分草稿。4月，就组织撰写的草稿，在中国科技会堂进行答辩，接受中国科学院咨询委员会的考查。

在意大利国际理论物理中心，与安布罗赛蒂组织举办"非线性泛函分析与应用"培训班，并作系列讲座。此时，距国际数学联盟选址委员会投票表决推荐2002年第24届国际数学家大会的选址时间已很临近，便利用国际理论物理中心与第三世界科学院同在一地的机会，争取印度等第三世界国家数学家以及非洲数学联盟的支持，后来又到西欧与北美去争取一些著名数学家的支持。

作为奥德韦访问教授，应邀在美国明尼苏达大学作奥德韦讲座。此后访问美国柯朗研究所，作学术报告。

7 月 4 日，受邀在香港城市大学举办的"在一国两制下的大科学"论坛上发言。

9 月 10 日，中央电视台播放教师节节目"师生情"，是被采访者之一。其他被采访者有程民德、蒋美跃。

9 月，参加在杭州召开的"求是杰出青年学者奖"颁奖大会。陈省身是该奖的评奖委员，邀请此后与吴文俊一起协助他工作。

10 月，教育部与加拿大相关部门签订了合作计划。其中数学学科有"3×3"计划，即清华大学、北京大学、南开大学与多伦多大学、麦吉尔大学、不列颠哥伦比亚大学合作。教育部委托高校数学中心负责中方协调，经协商改为"4×4"计划，中方增加复旦大学，加方增加蒙特利尔大学。

1998年

3 月，任国家科技部"973"计划专家顾问组成员（担任两届，至 2003 年）。

3 月下旬，在罗马出席国际数学联盟会议。

5 月 4 日，北京大学 100 周年校庆，国家领导人出席在人民大会堂的校庆活动。

春季，在北京大学讲授几何分析引论课程，每周 3 学时。

7 月，被聘为何梁何利基金评选委员会委员（至 2021 年）。

8 月 8 日，出席北京大学主办的 1998 北京国际动力系统学术会议，发表"缅怀廖山涛教授"的致辞。

8 月 15 日，参加在德国德累斯顿召开的国际数学联盟第 13 次会员国代表大会，代表中国代表团发言，阐明中国申办召开 2002 年第 24 届国际数学家大会的动机、立场以及所做的准备工作，解答了代表们提出的质疑。经过大会辩论，以无记名投票表决的方式，通过中国为 2002 年第 24

届国际数学家大会主办国。

8 月 18—27 日，参加在柏林举行的第 23 届国际数学家大会，在闭幕式上代表第 24 届国际数学家大会的东道主发言，热烈欢迎世界各国与各地区的数学家 4 年后到北京聚会。

11 月，参加在加拿大温哥华举行的中国与加拿大合作计划签订仪式，成为中方联系人。

12 月 18 日，北京大学数学研究所设立"特别数学讲座"。

本年，主持召开《数学学报》编委会，决定将《数学学报》改由施普林格出版社出版。

当选第九届全国人民代表大会代表。

1999年

秋季，在北京大学讲授本科生课程实变函数论，每周 3 学时。

本年，以杰出访问教授身份，访问国立新加坡大学，并作系列学术报告；访问香港科技大学，作为该校与北京大学的互聘教授（至 2011 年），并作学术报告；参加在北京召开的中国数学会第八届代表大会，在清华大学召开的第一届中国－加拿大数学会议（1st Sino-Canada Mathematical Conference）；参加在南开大学召开的第二届非线性分析国际会议（International Conference on Nonlinear Analysis），在太原召开的第 11 次全国非线性泛函分析大会，都作了学术报告。

在北京召开的"天元报告会"上，作报告《世界数学家大会和我们》。此文发表在 1999 年第 6 期《数学进展》。

与刘嘉荃合作完成极小曲面热流的工作。

12 月 31 日，卸任中国数学会理事长。

2000年

秋季，在北京大学讲授研究生专题课程极小曲面，每周 3 学时。

应邀参加在意大利比萨召开的变分法与应用会议、香港城市大学举行的 Smalefest[①]，以及在美国罗格斯大学、柯朗研究所、俄亥俄州立大学（The Ohio State University）作学术报告。

3 月 13—17 日，应邀在英国剑桥大学牛顿研究所与国立新加坡大学在新加坡召开的"基础科学国际会议：数学与理论物理"上作大会报告《临界点理论的回顾》。

5 月，任数学天元基金领导小组组长（至 2003 年）。

10 月 12 日，中央领导接见国际几何会议代表。

10 月 19—21 日，在国家自然科学基金委员会许忠勤、周青、张文岭等人的组织下，作为数学天元基金领导小组组长，召开香山会议"现代科学与数学"，作了主题报告。

11 月 20—26 日，随全国人民代表大会北京团赴浙江考察。

在北京大学召开的程民德先生纪念会以及南开大学都作了学术报告。

年底，"973"计划第一届专家顾问组任期即将结束之际，应科技部基础司副司长邵立勤的要求，开始组织数学方面的项目。

迁入蓝旗营小区。

2001年

秋季，在北京大学讲授非线性分析课程，每周 3 学时。

7 月，到意大利国际理论物理中心做研究。

本年，受邀参加在德国莱比锡召开的莫泽纪念会。

受邀在英国剑桥大学牛顿研究所召开的偏微分方程与相关论题会议，并顺访萨塞克斯大学（University of Sussex）、法国巴黎第六大学，参加在加拿大温哥华召开的第二届中国与加拿大数学会议（2nd Sino-Canda Mathematical Conference），都作了学术报告。

在复旦大学参加庆贺苏步青院士百岁华诞暨回国执教 70 周年大会，作学术报告。在南开大学、厦门大学作学术报告。

---

① Smalefest 是为 Smale 召开的会议。

2002年

4月，参加在巴黎召开的国际数学联盟发展与交流委员会会议。

8月17—18日，与马志明、李大潜以及2名台湾代表组成中国数学会代表团，出席国际数学联盟代表大会（上海）。

8月20—28日，出席第24届国际数学家大会，受到国家领导人的接见，并在这次大会的卫星会议（太原）——非线性分析会议上作学术报告。

在香港科技大学讲授极小曲面，在该校以及香港中文大学、香港浸会大学、意大利国际理论物理中心、北京大学、清华大学、四川大学、汕头大学、苏州大学、华东师范大学作学术报告。

当选中国科学院第11届数理学部副主任（至2004年6月）。

2003年

春季，北京暴发SARS疫情，戴口罩上非线性分析研究生课。

7月1日—8月1日，指导的最后两位硕士研究生郑星华和郑晨熹相继结束在北京大学的学业。

11—12月，参加制订《国家中长期科学和技术发展规划纲要（2006—2020）》。

本年，在北京参加几何分析会议（Geometric Analysis Conference），并作学术报告。

在南开数学研究所作学术报告。

当选第十届全国人民代表大会代表。

2004年

春季，在北京大学讲授研究生课程非线性分析，每周3学时。

3月，在南开大学演讲《漫谈数学大国》，讲稿发表于《中国数学会通讯》2005年第2期。

4月26日—6月10日，应邀访问威斯康星大学，在此修改书稿《非线性分析方法》，该书于次年由施普林格出版社出版。顺访美国西北大学，作学术报告。

应邀在美国佛罗里达州奥兰多召开的世界非线性分析学者大会作学术报告。

应邀在北京召开的纪念利翁斯学术会议、首都师大非线性分析会议，以及在兰州大学，作学术报告。

10月17—18日，毕业50周年，返回母校上海南洋模范中学。

2005年

4月7—13日，非线性分析国际会议暨第十四届全国非线性泛函分析会议在福建武夷山召开，作了大会报告《非线性泛函分析在数学中的地位：纯粹数学？应用数学？》。福建师范大学获知其为该校创建者陈宝琛的外孙，安排参观螺州陈氏祠堂和校内陈宝琛书斋。

4月12日，在福建师范大学作学术报告《变分问题的过去和现在，浅谈 Hilbert 的三个问题》，晚上出席该校兼职教授聘任仪式。

7月，出席庆祝中国数学会70周年大会，在开幕式上讲话。讲话稿刊于《中国数学会通讯》2006年第3期。

10月，出席在加拿大班夫召开的"环太平洋数学研究机构主持人国际研究站会议"（International Research Station Meeting of Chairs of the Mathematical Institutions for Pacific Rim）。

本年，应邀在复旦大学召开的庆祝谷超豪院士80华诞暨"偏微分方程及其在微分几何和物理中的应用"国际会议，在华东师范大学召开的长江三角洲偏微分方程会议，哈尔滨师范大学曾远荣泛函分析中心成立大会上，作学术报告。

应邀在华东师范大学讲授"抛物型方程选讲"；应邀在中国科学院研究生院作《谈数学职业》报告；应邀在复旦大学举办的杨武之讲座中作系列学术报告《变分问题三讲》；在北京大学举行的数学概论系列讲座中作系列学术报告。

2006年

春季，在北京大学为本科生和研究生讲授变分学课程，每周3学时。

5 月下旬，田刚、丁伟岳、蒋美跃在北京大学举办"变分学、偏微分方程、数值分析国际会议"（International Conference on Calculus of Variations，PDE，and Numerical Analysis），为其庆祝 70 岁生日。

6 月 26—30 日，受邀在波兰伯德洛召开的"非线性问题中的拓扑方法"会议作学术报告。

2007年

8 月 1—12 日，出席在加拿大班夫举办的 MITAC Workshop。

9 月，由于在高等学校人才培养工作中作出突出贡献，获教育部第三届高等学校教学名师奖。

10 月 22—26 日，被香港理工大学授予"杰出学人"称号，参加授予仪式，作了学术报告和公众报告。了解到祁力群等提出的张量特征值问题及其在医学成像中的应用，很有兴趣，随后与祁力群进行了讨论。

本年，应邀在南开大学召开的国际非线性分析会议和烟台召开的偏微分方程会议上，作学术报告。

2008年

5 月 4 日，在北京大学校庆庆祝会上获北京大学第二届蔡元培奖。

5 月 11 日，上午在福建师范大学作公众报告《谈数学职业》。讲座前由汪征鲁副校长陪同拜谒矗立在校园内新建的外公陈宝琛铜像。下午在该校座谈。座谈前，由馆长陪同参观图书馆，见到陈宝琛名言"藏书于私，不如藏书于公"。

11 月 28 日，出席在北京大学举行的纪念程民德先生逝世 10 周年活动，作报告。

12 月，被授予香港理工大学名誉教授（2008—2015 年）。参加"张量本征值国际会议"（International Conference on Eigenvalues for Tensor），作学术报告。顺访香港大学、香港浸会大学，都作了学术报告。

本年，还受邀在厦门大学、华南师范大学、华中科技大学作公众报告。

与张坦等合作，对张量特征值问题得到了一系列基础性结果。

2009年

春季，在北京大学为本科生与研究生讲授变分学课程，每周 3 学时。

4 月 21 日，由于在非线性泛函分析和非线性偏微分方程理论研究领域方面杰出的研究与贡献，获中国数学会第 9 届华罗庚数学奖；在厦门大学召开的中国数学会学术年会上作获奖报告。

11 月，应科学出版社之邀主编"数学与现代科学技术丛书"。

本年，应邀在南开大学召开的非线性分析国际会议、在苏州召开的夏道行 80 寿辰会议、在复旦大学召开的中法数学会议（Sino-France Mathematical Conference）、在韩国首尔召开的韩国数学会与美国数学会联合会议（KMS-AMS Joint Conference）上，作学术报告。

在北京大学、华东师范大学、首都师范大学作学术报告。在四川大学为西部地区教师暑期学校讲课。

2010年

2 月，任《中国数学前沿》（*Frontiers of Mathematics in China*）主编。

春季，为北京国际数学中心招收的"拔尖班"讲授变分学课程，每周 3 学时。

12 月 5—15 日，参加中央组织部组织的海南休假。

本年，应邀在香港理工大学召开的张量本征值国际会议和在北京召开的庆祝李树杰 70 寿辰非线性分析会议作学术报告。

应邀在湘潭大学、江西大学、四川省数学会作公众报告。

2011年

6 月，教材《变分学讲义》由高等教育出版社出版。

本年，应邀在复旦大学召开的中法应用数学会议，以及厦门大学、华东师范大学、西南师范大学、福建师范大学、浙江师范大学作学术报告。

4 月，应邀在南开大学陈省身数学研究所作学术报告。

5 月，参加南开大学陈省身数学研究所主办的第三届变分方法国际会议（International Conference on Variational Methods）作特邀报告。

6 月，在北京大学为中央组织部举办的司局级干部培训班上，讲《数学与国家实力》。此后，每年讲一次，连续讲 5 年（2012—2016）。讲稿摘要刊登于《紫光阁》。

9 月 1 日，关门弟子张栋入学北京大学数学科学学院，本科毕业直接攻读博士学位（2017 年 7 月 1 日毕业）。

本年，应邀在天津大学召开的张量本征值国际会议，在华东师范大学，作学术报告。

2013年

6 月 18 日，经家人同意，将祖父张志潜遗留的一批信札和手稿无偿捐赠给上海图书馆。在上海出席上海图书馆的捐赠仪式和新闻发布会。

10 月，《张恭庆的数学生活》由八方文化创作室出版。

本年，应邀在福州大学召开的图论国际会议（International Conference on Graph Theory）、厦门大学召开的偏微分方程研讨会（PDF Workshop），以及在北京师范大学、华东师范大学作学术报告。还在厦门大学、福州大学与福建师大作公众报告。

2014年

开始研究图上 1–Laplace 算子的谱论，发现其在图割问题的优势。

在华南师范大学召开的全国组合数学与图论大会，在北京大学、上海交通大学、吉林大学作学术报告。

本年，还在北京大学、上海交通大学、华南师范大学、哈尔滨师范大学，以及造船建模竞赛颁奖仪式上，作公众报告《数学的价值》。

2015年

8月16—22日，与文丽一起参加由北京市人力资源与社会保障局组织的内蒙古阿尔山之行。

本年，在北京大学、天津大学作公众报告。

教育部高等学校数学研究与高等人才培养中心已完成历史使命，终止。

2016年

应邀在南开大学召开的非线性分析国际会议、福州大学召开的组合与图论会议，作学术报告。

应邀在中央办公厅、中国科技研究所、中国人民大学、南方科技大学、北京师范大学《数学通报》创刊65周年纪念会、首都师范大学、内蒙古数学教育学会，作公众报告。

《中国科学：数学》出版"庆贺张恭庆教授80华诞专辑"。

2017年

10月26日，参加北京大学举行的调和分析及其应用国际学术研讨会暨程民德先生诞辰100周年纪念会开幕式，并介绍程民德的贡献。

11月18日—12月17日，受汤涛、王学锋和庾建设的邀请，访问南方科技大学与广州大学并作公众报告。此外，在南方科技大学讲一门小课"弗罗贝尼乌斯理论及其应用和扩张讲座"（Lectures on Perron Frobenius Theory and Its Applications and Extensions），共4讲；与王学锋等进行合作研究。

本年，应邀在美国俄亥俄州立大学作学术报告。

2018年

5月，应邀参加南开大学陈省身数学研究所主办的第四届变分方法国际会议，并作学术报告。

9月26日上午，郝平校长来家访问，谈退休待遇。

10 月 8 日，正式办理退休手续。

12 月，在南方科技大学与王学锋合作研究半序巴拿赫空间上正算子的谱理论。

在香港中文大学（深圳）作公众报告。

2019年

3 月，参加中国科学院举办的系统与控制前沿问题研讨会暨纪念关肇直先生诞辰 100 周年活动并发言。发言稿《永远怀念敬爱的关肇直老师》刊登于《系统科学与数学》2019 第 2 期。

5 月，查出左眼患眼疾，开始每月就医治疗，因不能根治，需节省用眼，停止研究工作。

本年，应邀在北京师范大学召开的庆祝布勒齐（Haim Brezis）教授 75 岁寿辰偏微分方程国际会议（International Conference on PDE，in Honor of 75th Birthday of Prof. Haim Brezis）以及北京航空航天大学作学术报告。

2020年

应邀为广州大学作学术报告（视频）。

2021年

12 月，入住泰康之家燕园养老社区。

2023年

4 月，获北京大学 2022 年"老有所为学习之星"荣誉称号。

10 月 21 日，出席北京大学数学学科创建 110 周年庆典暨智华楼启用仪式，与姜伯驹、应隆安和钱敏平作为老教师代表登台。年轻教师代表向他们献上了鲜花，表示敬意。

向福建师范大学捐赠期刊、书籍 1589 册。

附录二 张恭庆主要论著目录

起步阶段论文

[1] 张恭庆. S 型空间的广义函数论与展论 [J]. 数学学报，1963，13(2)：193-203.

[2] 张恭庆. 本征展开的一般理论 [J]. 数学进展，1964，7（2）：172-205.

[3] 张恭庆. 一类函数空间的内插性质 [J]. 北京大学学报（自然科学版），1964（6）：135-147.

[4] CHANG K C. On the L^p Continuity of the Pseudo-Differential Operators. Scientia Sinica，1974，17（5）：621-638.

有关带间断非线性项的微分方程与自由边界问题的论文

[1] 张恭庆. 等离子体磁面方程自由边界问题的解 [J]. 科学通报，1976（5）：225-227.

[2] CHANG K C. On the Multiple Solutions of the Elliptic Differential Equations with Discontinuous Nonlinear Terms. Scientia Sinica，1978，21

（2）：139−158.

［3］张恭庆，姜伯驹. 集值映射的不动点指数与带间断非线性项的椭圆型方程的多重解［J］. 数学学报，1978，21（1）：26−43.

［4］张恭庆，姜礼尚. 稳态水锥的自由边界问题［J］. 北京大学学报（自然科学版），1978（1）：1−25.

［5］CHANG K C. The Obstacle Problem and Partial Differential Equations with Discontinuous Nonlinearities［J］. Communications on Pure and Applied Mathematics，1980，33（2）：117−146.

［6］CHANG K C. Remarks on Free Boundary Problems for the Flux Equations in Plasmas Physics［J］. Communications in Partial Differential Equations，1980，5（7）：741−751.

［7］CHANG K C. Variational Methods for Non−Differentiable Functionals and Their Applications to Partial Differential Equations［J］. Journal of Mathematical Analysis and Applications，1981，80（1）：102−129.

［8］CHANG K C. Free Boundary Problems and the Set−Valued Mappings［J］. Journal of Differential Equations，1983，49（1）：1−28.

有关无穷维莫尔斯理论与分析、几何中的多重解问题的论文

［1］CHANG K C. Solutions of Asymptotically Linear Operator Equations via Morse Theory［J］. Communications on Pure and Applied Mathematics，1981，34（5）：693−712.

［2］ZHANG G Q（CHANG K C）. Morse Theory and the Partial Differential Equation[C]//CHERN S S，WU W T. Proceedings of the 1980 Beijing Symposium on Differential Geometry and Differential Equations. Vol 3. Beijing：Science Press，1982：1115−1121.

［3］CHANG K C，WU S P，LI S J. Multiple Periodic Solutions for an Asymptotically Linear Wave Equation［J］. Indiana University Mathematics Journal，1982，31（5）：721−731.

[4] CHANG K C, SANCHEZ L, RABINOWITZ P. Nontrivial Periodic Solutions of a Nonlinear Beam Equation [J]. Mathematical Methods in the Applied Sciences, 1982: 194−205.

[5] CHANG G Q. Morse Theory on Banach Space and Its Applications to Partial Differential Equations [J]. Chinese Annals of Mathematics, 1983, 4 (3): 381−399.

[6] ZHANG G Q. A Variant Mountain Pass Lemma[J]. Scientia Sinica(Series A), 1983, 26 (12): 1241−1255.

[7] ZHANG G Q. Variational Methods and Sub− and Super−Solutions [J]. Scientia Sinica (Series A), 1983, 26 (12): 1256−1265.

[8] CHANG K C. An Extension of Mountain Pass Lemma[C]// CHERN S S, WANG R H, CHI M Y. Proceedings of the 1982 Changchun Symposium on Differential Geometry and Differential Equations. Beijing: Science Press, 1986: 271−282.

[9] 张恭庆. 一个分歧定理 [J]. 系统科学与数学, 1984, 4 (3): 191−195.

[10] CHANG K C. Applications of Homology Theory to Some Problems in Differential Equations[C]// BROWDER F E. Nonlinear Functional Analysis and Applications (Proceedings of Symposium in Pure Mathematics, 45, Part 1). Providence: American Mathematical Society, 1986: 253−262.

[11] CHANG K Q, EELLS J. Unstable Minimal Surface Coboundaries [J]. Acta Mathematica Sinica, New Series, 1986, 2 (3): 233−247.

[12] CHANG K C. On the Mountain Pass Lemma[C]// VOSMANSKÝ J, ZLÁMAL M. Equadiff 6: Proceedings of the International Conference on Differential Equations and Their Applications. New York: Springer−Verlag, 1986: 203−208.

[13] CHANG K C. On the Periodic Nonlinearty and the Multiplicity of Solutions [J]. Nonlinear Analysis, Theory, Methods & Applications, 1989, 13

(5): 527–537.

[14] CHANG K C. Heat Flow and Boundary Value Problems for Harmonic Maps [J]. Ann. Inst. Henri Poincaré , Analyse non Linéaire, 1989, 6 (5): 363–395.

[15] CHANG K C, LONG Y M, ZEHNDER E. Forced Oscillations for the Triple Pendulum[C]//Rabinowitz P H. Analysis, et Cetera: Research Papers Published in Honor of Jürgen Moser's 60th Birthday. Boston, Tokyo: Academic Press, Inc., 1990: 177–208.

[16] ZHANG G Q, LIU J Q. A Strong Resonance Problem [J]. Chinese Annals of Mathematics, 1990, 11 B (2): 191–210.

[17] CHANG K C, JIANG M Y. The Lagrange Intersections for (CP^n, RP^n) [J]. Manuscripta Mathematica, 1990 (68): 89–100.

[18] CHANG K C. Critical Groups, Morse Theory, and Applications to Semilinear Elliptic Boundary Value Problems[C]// WU W T, CHENG M D. Chinese Mathematics into the 21st Century. Beijing: Peking University Press, 1991: 41–66.

[19] CHANG K C. A Remark on the Perturbation of Critical Manifolds [J]. Acta Mathematica Scientia, 1991, 11 (3): 298–300.

[20] CHANG K C, DING W Y, YE R. Finite Time Blow–up of the Heat Flow of Harmonic Maps from Surfaces [J]. Journal of Differential Geometry, 1992 (36): 507–515.

[21] CHANG K C. On the Homology Method in the Critical Point Theory[C]//MIRANDA M. Partial Differential Equations and Related Subjects. Essex: Longman Scientific & Technical, 1992: 59–77.

[22] CHANG K C, LIU J Q. On Nirenberg's Problem [J]. International Journal of Mathematics, 1993, 4 (1): 35–58.

[23] CHANG K C, LIU J Q. A Prescribing Geodesic Curvature Problem [J]. Mathematische Zeitschrift, 1996 (223): 343–365.

[24] CHANG K C. H^1 Verus C^1 Isolated Critical Points [J]. Comptes Rendus

de I Académie des Sciences, Series I, 1994, 319 (5): 441–446.

[25] CHANG K C, LI S, LIU J Q. Remarks on Multiple Solutions for Asymptotically Linear Elliptic BVPs [J]. Topological Methods in Nonlinear Analysis, 1994 (3): 179–187.

[26] CHANG K C, LIU J Q, LIU M J. Nontrivial Periodic Solutions for Strong Resonance Hamiltonian Systems [J]. Ann. Inst. Henri Poincaré, Analyse non Linéaire, 1997, 14 (1): 103–117.

[27] CHANG K C, GHOUSSOUB N. The Conley Index and the Critical Groups via an Extension of Gromoll–Meyer Theory [J]. Topological Methods in Nonlinear Analysis, 1996 (7): 77–93.

[28] CHANG K C. Morse Theory in Nonlinear Analysis[C]// AMBROSETTI A, CHANG K C, EKELAND I. Nonlinear Functional Analysis and Applications to Differential Equations. River Edge, N J: World Scientific Publishing Co., Inc., 1998: 60–101.

[29] BARTSCH T, ZHANG K C, WANG Z Q. On the Morse Indices of Sign Changing Solutions of Nonlinear Elliptic Problems [J]. Mathematische Zeitschrift, 2000, 233 (4): 655–677.

[30] CHANG K C, LIU J Q. An Evolution of Minimal Surfaces with Plateau Condition [J]. Calculus of Variations and PDE, 2004 (19): 117–163.

[31] CHANG K C, LIU J Q. Another Approach to the Heat Flow for Plateau Problem [J]. Journal of Differential Equations, 2003 (189): 46–70.

[32] CHANG K C, JIANG M Y. Dirichlet Problem with Indefinite Nonlinearities [J]. Calculus of Variations and Partial Differential Equations, 2004 (20): 257–282.

[33] CHANG K C, JIANG M Y. Morse Theory for Indefinite Nonlinear Elliptic Problems [J]. Annales de l'Institut Henri Poincaré C, Analyse non linéaire, 2009, 26 (1): 139–158.

[34] CHANG K C, ZHANG T. Multiple Solutions of the Prescribed Mean Curvature Equation[C]// GRIFFITHS P A. Inspired by CHERN S S:

A Memorial Volume in Honor of A Great Mathematician. Singapore; Hackensack, N J: World Scientific, 2006: 113-128.

有关张量特征值与奇异值问题的论文

[1] CHANG K C, PEARSON K, ZHANG T. Perron-Frobenius Theorem for Nonnegative Tensors [J]. Communications in Mathematical Sciences, 2008, 6 (2): 507-520.

[2] CHANG K C, PEARSON K, ZHANG T. On Eigenvalue Problems of Real Symmetric Tensors [J]. Journal of Mathematical Analysis and Applications, 2009, 350 (1): 416-422.

[3] CHANG K C, ZHANG T. Multiplicity of Singular Values for Tensors [J]. Communications in Mathematical Sciences, 2009, 7 (3): 611-625.

[4] CHANG K C, QI L Q, ZHOU G L. Singular Values of a Real Rectangular Tensor [J]. Journal of Mathematical Analysis and Applications, 2010, 370 (1): 284-294.

[5] CHANG K C, PEARSON K J, ZHANG T. Primitivity, the Convergence of the NQZ Method, and the Largest Eigenvalue for Nonnegative Tensors [J]. SIAM Journal on Matrix Analysis and Applications, 2011, 32 (3): 806-819.

[6] CHANG K C, PEARSON K J, ZHANG T. Some Variational Principles for Z-Eigenvalues of Nonnegative Tensors [J]. Linear Algebra and Its Applications, 2013, 438 (11): 4166-4182.

[7] CHANG K C, ZHANG T. On the Uniqueness and Non-Uniqueness of the Positive Z-Eigenvector for Transition Probability Tensors [J]. Journal of Mathematical Analysis and Applications, 2013 (408): 525-540.

[8] CHANG K C, QI L Q, ZHANG T. A Survey on the Spectral Theory of Nonnegative Tensors [J]. Numerical Linear Algebra with Applications, 2013, 20 (6): 891-912.

有关图谱理论的论文

[1] CHANG K C. Spectrum of the 1−Laplacian and Cheeger's Constant on Graphs [J]. Journal of Graph Theory, 2016, 81（2）: 167−207.

[2] CHANG K C, SHAO S H, ZHANG D. The 1−Laplacian Cheeger Cut: Theory and Algorithms [J]. Journal of Computational Mathematics, 2015, 33（5）: 443−467.

[3] CHANG K Q, SHAO S H, ZHANG D. Cheeger's Cut, Maxcut and the Spectral Theory of 1−Laplacian on Graphs [J]. Science China Mathematics, 2017, 60（11）: 1963−1980.

[4] CHANG K C, SHAO S H, ZHANG D. Nodal Domains of Eigenvectors for 1−Laplacian on Graphs [J]. Advances in Mathematics, 2017（308）: 529−574.

[5] CHANG K C, SHAO S H, ZHANG D, et al. Nonsmooth Critical Point Theory and Applications to the Spectral Graph Theory [J]. Science China Mathematics, 2021, 64（1）: 1−32.

其他论文

[1] ZHANG G Q（CHANG K C）, JIANG M Y. Parabolic Equations and Feynman−Kac Formula on General Bounded Domains [J]. Science in China（Series A）, 2001, 44（3）: 311−329.

[2] CHANG K C. Principal Eigenvalue for Weight Matrix in Elliptic Systems [J]. Nonlinear Analysis: Theory, Methods & Applications, 2001, 46（3）: 419−433.

[3] CHANG K C. The Spectrum of the 1−Laplace Operator [J]. Communications in Contemporary Mathematics, 2009, 11（5）: 865−894.

[4] CHANG K C. A Nonlinear Krein Rutman Theorem [J]. Journal of

System Science & Complexity，2009，22（4）：542−554.

[5] CHANG K C. Nonlinear Extensions of the Perron−Frobenius Theorem and the Krein−Rutman Theorem［J］. Journal of Fixed Point Theory and Applications，2014，15（2）：433−457.

[6] CHANG K C，WANG X F，WU X. On the Spectral Theory of Positive Operators and PDE Applications［J］. Discrete and Continuous Dynamical Systems，2020，40（6）：3171−3200.

著作

[1] CHANG K C. Infinite Dimensional Morse Theory and Its Applications[M]. Montréal：Les Presses de I'Universite de Montréal，1985.

[2] 张恭庆. 临界点理论及其应用［M］. 上海：上海科技出版社，1986.

[3] 张恭庆，林源渠. 泛函分析讲义：上册［M］. 北京：北京大学出版社，1987.

[4] 张恭庆，郭懋正. 泛函分析讲义：下册［M］. 北京：北京大学出版社，1990.

[5] CHANG K C. Infinite Dimensional Morse Theory and Multiple Solution Problems[M]. Boston：Birkhäuser，1993.

[6] CHANG K C. Methods in Nonlinear Analysis［M］. Berlin：Springer−Verlag，2005.

[7] 张恭庆. 变分学讲义［M］. 北京：高等教育出版社，2011.

参考文献

［1］北京大学数学学科创建百周年庆典筹备委员会，北京大学数学学科创建百周年筹备工作小组. 北京大学数学学科百年发展历程（1913—2013）［R］. 北京：北京大学数学科学学院，2013.

［2］陈大白. 北京高等教育文献资料选编：1949 年—1976 年［M］. 北京：首都师范大学出版社，2002.

［3］陈大岳，许忠勤，宋春伟. 丁石孙与中国数学［M］. 新加坡：八方文化创作室，2017.

［4］陈化，洪家兴，黄飞敏，等. 姜礼尚先生简介［J］. 中国科学：数学，2024，54（3）：1-2.

［5］当代中国研究所. 中华人民共和国史稿：第 1 卷［M］. 北京：人民出版社，2012.

［6］当代中国研究所. 中华人民共和国史稿：第 2 卷［M］. 北京：人民出版社，2012.

［7］当代中国研究所. 中华人民共和国史稿：第 3 卷［M］. 北京：人民出版社，2012.

［8］当代中国研究所. 中华人民共和国史稿：第 4 卷［M］. 北京：人民出版社，2012.

［9］邓小平文选（一九七五—一九八二）［M］. 北京：人民出版社，1983.

［10］丁石孙，袁向东，郭金海. 有话可说——丁石孙访谈录［M］. 长沙：湖南
教育出版社，2017.

［11］丁伟岳，田刚，蒋美跃. 张恭庆的数学生活［M］. 新加坡：八方文化创作
室，2013.

［12］董镇喜，文兰. 廖山涛论微分动力系统［M］. 济南：山东教育出版社，2001.

［13］樊百川. 清季的洋务新政：第1卷［M］. 上海：上海书店出版社，2009.

［14］樊洪业. 中国科学院编年史：1949—1999［M］. 上海：上海科技教育出版
社，1999.

［15］干部人事档案. 36001［A］. 北京：北京大学档案办公室.

［16］高校数学中心办公室. 高等学校数学研究与高等人才培养中心简报：第3期
［R］. 1996-09-09：5-8.

［17］高校数学中心办公室. 高等学校数学研究与高等人才培养中心简报：第22
期［R］. 2003-03-20：58-59.

［18］高校数学中心办公室. 高等学校数学研究与高等人才培养中心简报：第38
期［R］. 2005-06-12：41-42.

［19］高校数学中心办公室. 高等学校数学研究与高等人才培养中心简报：第64
期［R］. 2007-08-26：54-56.

［20］郭俊玲. 张恭庆——风檐展书一生读 古道颜色数学梦［C］// 张琳，孙战
龙. 北京大学名师. 北京：北京大学出版社，2010：267-296.

［21］国务院学位委员会办公室，教育部研究生工作办公室. 学位与研究生教育文
件选编［M］. 北京：高等教育出版社，1999.

［22］韩荣钧. 张印塘家世及生平［J］. 历史档案，2011（1）：124-128.

［23］Henri Caitan. 我所知道的Bourbaki［J］. 冯恭己译. 数学译林，1986（3）：
234-238.

［24］胡光利. 季羡林在北京大学［M］. 合肥：安徽文艺出版社，2017.

［25］胡作玄. 布尔巴基学派的兴衰——现代数学发展的一条主线［M］. 上海：
知识出版社，1984.

［26］华国锋. 提高整个中华民族的科学文化水平（一九七八年三月二十四日在全
国科学大会上的讲话）［N］. 人民日报，1978-03-26.

［27］姜伯驹. 吴文俊与中国数学［M］. 上海：上海交通大学出版社，2016.

［28］教育部高等教育司. 名师颂：记第三届高等学校教学名师奖获得者［M］.

北京：教育科学出版社，2008.

［29］蒋美跃，李岩岩，龙以明，等. 张恭庆先生简介［J］. 中国科学：数学，2016，46（5）：511-512.

［30］接待美国纯粹与应用数学代表团访华专卷. 1976-04-0024［R］. 北京：中国科学院档案馆.

［31］《科学家传记大辞典》编辑组. 中国现代科学家传记：第6集［M］. 北京：科学出版社，1994.

［32］雷勇. 慈云桂传［M］. 长沙：国防科技大学出版社，2018.

［33］李峰. 张佩纶年谱［D］. 南昌：南昌大学，2013.

［34］李滔. 中华留学教育史录：1949年以后［M］. 北京：高等教育出版社，2000.

［35］李文林，戴宗铎，高嵘. 一个数学家的辩白［M］. 南京：江苏教育出版社，1996.

［36］李文林. IMU成员国代表大会投票表决ICM-2002举办国现场纪实［J］. 数学通报，1999（1）：6-7.

［37］梁志刚. 我的老师季羡林［M］. 北京：团结出版社，2017.

［38］刘广安. 晚清法制改革的规律性探索［M］. 北京：中国政法大学出版社，2013.

［39］陆阳，胡杰. 胡敦复胡明复胡刚复纪念文集［M］. 北京：线装书局，2014.

［40］毛泽东. 毛泽东文集：第6卷［M］. 北京：人民出版社，1999.

［41］毛泽东. 毛泽东选集：第4卷［M］. 北京：人民出版社，2008.

［42］毛泽东思想生平研究会，中央文献研究室第一编研部. 从《毛泽东年谱（1949—1976）》看中国道路［M］. 北京：中央文献出版社，2017.

［43］钱江. 1978：留学改变人生：中国改革开放首批赴美留学生纪实［M］. 成都：四川人民出版社，2017.

［44］钱伟长，王元. 20世纪中国知名科学家学术成就概览·数学卷·第三分册［M］. 北京：科学出版社，2012.

［45］全国高等学校招生委员会. 一九五四年暑期高等学校招生升学指导［M］. 北京：商务印书馆，1954.

［46］任南衡，张友余. 中国数学会史料［M］. 南京：江苏教育出版社，1995.

［47］上海教育出版社. 赵宪初教育文集［M］. 上海：上海教育出版社，1991.

［48］苏步青. 苏步青文选［M］. 杭州：浙江科学技术出版社，1991.

［49］苏邹. 数学之美——中国科学院院士张恭庆访谈［J］. 今日科苑，2005（2）：16-18.

［50］孙兰芝. 告别未名湖：北京大学老五届行迹2［M］. 北京：九州出版社，2014.

［51］王坤庆，吴俊文. 那时那人那事——名人记忆中的大学生活［M］. 武汉：华中师范大学出版社，2009.

［52］王涛，唐嘉玲. 张恭庆访谈录［J］. 数学文化，2018，9（3）：31-58.

［53］王扬宗. 思想改造运动与20世纪中国科学的转折——以科学家的自我批判为中心的初步讨论［J］. 中国科技史杂志，2016，37（1）：1-14.

［54］文兰. 数学天元基金的理念、使用与责任——纪念数学天元基金二十周年［J］. 数学通报，2010，49（9）：6-8，15.

［55］我国首批赴美留学的访问学者离京［N］. 人民日报，1978-12-27.

［56］我首批赴美进修学者抵华盛顿［N］. 人民日报，1978-12-29.

［57］吴明瑜，杨小林. 科技政策研究三十年——吴明瑜口述自传［M］. 长沙：湖南教育出版社，2015.

［58］吴越. 张恭庆等谈捐先人文献：信札已百年让人评说吧［N］. 文汇报，2013-06-19.

［59］吴镇柔，陆叔云，汪太辅. 中华人民共和国研究生教育和学位制度史［M］. 北京：北京理工大学出版社，2001.

［60］薛攀皋，熊卫民. 科研管理四十年——薛攀皋访谈录［M］. 长沙：湖南教育出版社，2017.

［61］严综. 教育部举办第一期数学研究生暑期教学中心［J］. 学位与研究生教育，1984（2）：99，104.

［62］严综. 举办数学研究生暑期教学中心是加速我国数学发展和人才培养的一个行之有效的方法［J］. 学位与研究生教育，1985（1）：13-16.

［63］杨乐，李忠. 中国数学会60年［M］. 长沙：湖南教育出版社，1996.

［64］杨乐，杨静. 数海沧桑：杨乐访谈录［M］. 长沙：湖南教育出版社，2018：287-288.

［65］余传诗. 张佩纶手稿等珍贵文献捐赠上海图书馆［N］. 中华读书报，2013-06-26.

［66］袁振东. 1978年全国科学大会：中国当代科技史上的里程碑［J］. 科学文化

评论，2008，5（2）：37-57.

［67］张剑，锻炼，周桂发. 一个共产党人的数学人生：谷超豪传［M］. 北京：中国科学技术出版社，2014.

［68］张奠宙，王善平. 陈省身传［M］. 天津：南开大学出版社，2011.

［69］张奠宙. 20世纪数学经纬［M］. 上海：华东师范大学出版社，2002.

［70］张方墀. 无棣县志［M］. 济南：山东商务印刷所，1925.

［71］张恭庆. 世界数学家大会和我们［J］. 数学进展，1999，28（6）：556-562.

［72］张恭庆. 谈数学职业［J］. 数学通报，2009，48（7）：1-7，36.

［73］张恭庆. 数学与国家实力（上）［J］. 紫光阁，2014（8）：76-78.

［74］张恭庆. 数学与国家实力（下）［J］. 紫光阁，2014（9）：69-71.

［75］张恭庆. 永远怀念敬爱的关肇直老师［J］. 系统科学与数学，2019，39（2）：141-144.

［76］张恭庆，陈省身，田刚. 数学家大会报道——数学家谈数学［J］. 数学通报，2002（10）：1-2.

［77］张琳，孙战龙. 北大名师［M］. 北京：北京大学出版社，2010.

［78］这是为什么？［N］. 人民日报，1957-06-08.

［79］中共中央党史研究室. 中国共产党历史：第2卷1949—1978：上册［M］. 北京：中共党史出版社，2011.

［80］中共中央文献研究室. 建国以来重要文献选编：第8册［M］. 北京：中央文献出版社，2011.

［81］中共中央文献研究室. 建国以来重要文献选编：第10册［M］. 北京：中央文献出版社，2011.

［82］中共中央文献研究室. 建国以来重要文献选编：第11册［M］. 北京：中央文献出版社，2011.

［83］中共中央文献研究室. 建国以来重要文献选编：第20册［M］. 北京：中央文献出版社，2011.

［84］中共中央文献研究室. 周恩来年谱（1949—1976）：下卷［M］. 北京：中央文献出版社，2020.

［85］中国科学技术协会. 中国科学技术专家传略·理学编·数学卷1［M］. 石家庄：河北教育出版社，1996.

［86］周殿龙. 李鸿章全集：第12册［M］. 长春：时代文艺出版社，1998.

［87］周培源. 对综合大学理科教育革命的一些看法［N］. 光明日报，1972-10-06.

［88］BREZIS H，BROWDER F. Partial Differential Equations in the 20th Century
［J］. Advances in Mathematics，1998，135（1）：76－144.

［89］ANDRICA D，CHANG K C. Infinite Dimensional Morse Theory and Multiple
Solution Problems［J］. Zentralblatt für Mathematik und ihre Grenzgebiete，1994
（779）：263-264.

［90］MAWHIN J，CHANG K C. Infinite Dimensional Morse Theory and Its
Applications［J］. Mathematical Reviews，1987（87）：7124.

［91］BERGER M S，CHANG K C. Infinite Dimensional Morse Theory and Multiple
Solution Problems［J］. SIAM Review，1994，36（1）：116-117.

［92］NEEDLEMAN S E. Doing the Math to Find the Good Kobs［N］. The Wall
Street Journal，2009-01-26.

［93］WOJCIECH K，CHANG K C. Infinite-Dimensional Morse Theory and Multiple
Solution Problems［J］. Mathematical Reviews，1994（94）：2766.

后　记

　　这本《再上一个高度：张恭庆传》是张恭庆院士的首部传记著作。它的问世得益于老科学家学术成长资料采集工程联合采集小组"张恭庆学术成长资料采集"项目的实施。在项目进展检查和中期考核过程中，北京大学联合采集小组负责人、北京大学科学技术与医学史系主任张藜教授，中国科学技术协会采集工程项目办公室杨志宏主任、采集工程馆藏基地吕瑞花教授、中国科学院大学人文学院科学技术史系罗兴波教授、北京大学科学技术与医学史系曹琪讲师，提出了建设性的建议和意见。项目结题审查时，评审专家对本书提出了针对性的修改意见。

　　采集小组成员最初有北京大学数学科学学院院长陈大岳教授（组长），中国科学院自然科学史研究所郭金海研究员，中国科学院大学人文学院赵振江副教授，北京数学科学学院任燃、文爽、鲍琪凤。2023 年 6 月，由于撰写传记需要，采集小组增加中国科学院自然科学史研究所王涛副研究员、硕士研究生徐世宜两位成员。在传记撰写过程中，陈大岳院长组织有力、认真负责，采集小组其他成员不辞劳苦、各尽其能、团结协作。至2023 年 8 月，圆满完成工作。

　　本书能够圆满完成与张恭庆院士的鼎力支持和配合密不可分。除了接受 10 余次访谈和撰写自传性资料，提供手稿、证书、信件、照片等外，张恭庆院士还对本书初稿逐章作了认真的审阅和修订，增补了大量鲜为人知的历史细节，使本书的内容更为丰富和生动。书中关于张恭庆院士的数学研究工作，大都有对他的思考过程、所取得的成就或作出的贡献的深入叙述，这主要归功于他亲自撰写的第一手史料。传记能够圆满完成，也得益于陈大岳教授的重视和不断推动。陈大岳教授还对书稿提出了宝贵的修订意见，并撰写了序言。作为张恭庆院士的硕士研究生，中国科学院院士、中国数学会理事长、北京大学讲席教授田刚先生也撰写了序言。此外，田刚院士与张恭庆院士的其他部分学生提供了各自主要关于数学工作的简介。这些学生中有北京大学数学科学学院刘嘉荃教授、蒋美跃教授、范辉军教授、张栋博士，美国犹他州立大学数学统计系王志强教授，英国诺丁汉大学数学系张克威教授，中国科学院数学与系统科学研究院王友德研究员，北京师范大学数学科学学院保继光教授，美国加州大学圣他柯鲁兹分校庆杰教授。中国科学院自然科学史研究所王公副研究员提供了他购买的张恭庆院士的 3 册笔记本，以及张恭庆院士与其同事、学生、国外学者的 10 余封信件。北京大学数学科学学院朱小华教授、田青春副教授，华东师范大学周青教授，也都为本书的撰写提供过帮助。

张恭庆院士的 15 位同事、同学、学生、朋友也接受了采集小组的访谈。名单如下（按姓氏拼音排序）：陈大岳（北京大学数学科学学院教授、院长）、董镇喜（北京大学数学科学学院教授，原北京大学数学系党委书记，原高等学校数学研究与高等人才培养中心办公室主任）、范辉军（北京大学数学科学学院教授，原该学院数学系主任）、刘和平（北京大学数学科学学院教授，原该学院党委书记、副院长）、刘化荣（北京大学数学科学学院研究员，原该学院副院长、党委书记）、刘嘉荃（北京大学数学科学学院教授）、龙以明（中国科学院院士，南开数学研究所教授、原所长）、倪维明（美国明尼苏达大学教授）、汤涛（中国科学院院士，北京师范大学 – 香港浸会大会联合国际学院教授、校长）、田刚（中国科学院院士，北京大学讲习教授，北京国际数学研究中心主任）、王杰（北京大学数学科学学院教授，原该学院党委书记、常务副院长，原北京大学党委常委、副校长）、叶其孝（北京理工大学数学与统计学院教授，原北京大学数学系副主任）、应隆安（北京大学数学科学学院教授，原该学院数学系主任）、张继平（中国科学院院士，北京大学数学科学学院教授，原该学院院长）、张平文（中国科学院院士，武汉大学校长，原北京大学副校长、北京大学数学科学学院教授）。董镇喜先生还提供了全套的《高等学校数学研究与高等人才培养中心简报》（共 8 册）。

本书是采集小组成员合作的成果。各章节具体分工如下：导言、第一至第七章、结语、张恭庆年表、参考文献由郭金海完成；第八章由徐世宜完成，郭金海作修订；第九章由王涛完成；第十章第一节由王涛完成，第二、第三节由徐世宜完成。全书由郭金海统稿和定稿。陈大岳对本书初稿提供了修订意见。任燃、赵振江、文爽、鲍琪凤作了大量资料采集工作。北京大学研究生孙贺、赵美涵、卢荣荣协助整理了访谈稿，郭金海、北京大学研究生班颖哲、本科生刘俊杰使用离线采集工具输入了项目组采集的资料。郭金海完成了张恭庆资料长编的编纂工作。

在此谨向大家深表谢意！2023 年本书初稿完成之际，正值北京大学数学科学学院成立 110 周年，谨以本书作为纪念。书中不当之处，敬请批评指正。

郭金海

2023 年 8 月 8 日

2023 年 12 月 20 日修订

老科学家学术成长资料采集工程丛书
已出版（161种）

《卷舒开合任天真：何泽慧传》　　《此生情怀寄树草：张宏达传》

《从红壤到黄土：朱显谟传》　　　《梦里麦田是金黄：庄巧生传》

《山水人生：陈梦熊传》　　　　　《大音希声：应崇福传》

《做一辈子研究生：林为干传》　　《寻找地层深处的光：田在艺传》

《剑指苍穹：陈士橹传》　　　　　《举重若重：徐光宪传》

《情系山河：张光斗传》　　　　　《魂牵心系原子梦：钱三强传》

《金霉素·牛棚·生物固氮：沈善炯传》　《往事皆烟：朱尊权传》

《胸怀大气：陶诗言传》　　　　　《智者乐水：林秉南传》

《本然化成：谢毓元传》　　　　　《远望情怀：许学彦传》

《一个共产党员的数学人生：谷超豪传》　《没有盲区的天空：王越传》

《含章可贞：秦含章传》　　　　　《行有则　知无涯：罗沛霖传》

《精业济群：彭司勋传》　　　　　《为了孩子的明天：张金哲传》

《肝胆相照：吴孟超传》　　　　　《梦想成真：张树政传》

《新青胜蓝惟所盼：陆婉珍传》　　《情系梁菽：卢良恕传》

《核动力道路上的垦荒牛：彭士禄传》　《笺草释木六十年：王文采传》

《探赜索隐　止于至善：蔡启瑞传》　《妙手生花：张涤生传》

《碧空丹心：李敏华传》　　　　　《硅芯筑梦：王守武传》

《仁术宏愿：盛志勇传》　　　　　《云卷云舒：黄士松传》

《踏遍青山矿业新：裴荣富传》　　《让核技术接地气：陈子元传》

《求索军事医学之路：程天民传》　《论文写在大地上：徐锦堂传》

《一心向学：陈清如传》　　　　　《钤记：张兴钤传》

《许身为国最难忘：陈能宽传》　　《寻找沃土：赵其国传》

《钢锁苍龙　霸贯九州：方秦汉传》

《一丝一世界：郁铭芳传》

《宏才大略　科学人生：严东生传》

《我的气象生涯：陈学溶百岁自述》

《赤子丹心　中华之光：王大珩传》

《根深方叶茂：唐有祺传》

《大爱化作田间行：余松烈传》

《格致桃李半公卿：沈克琦传》

《躬行出真知：王守觉传》

《草原之子：李博传》

《此生只为麦穗忙：刘大钧传》

《航空报国　杏坛追梦：范绪箕传》

《聚变情怀终不改：李正武传》

《真善合美：蒋锡夔传》

《治水殆与禹同功：文伏波传》

《用生命谱写蓝色梦想：张炳炎传》

《远古生命的守望者：李星学传》

《善度事理的世纪师者：袁文伯传》

《"齿"生无悔：王翰章传》

《慢病毒疫苗的开拓者：沈荣显传》

《殚思求火种　深情寄木铎：黄祖洽传》

《合成之美：戴立信传》

《誓言无声铸重器：黄旭华传》

《水运人生：刘济舟传》

《在断了 A 弦的琴上奏出多复变
　　最强音：陆启铿传》

《虚怀若谷：黄维垣传》

《乐在图书山水间：常印佛传》

《碧水丹心：刘建康传》

《我的教育人生：申泮文百岁自述》

《阡陌舞者：曾德超传》

《妙手握奇珠：张丽珠传》

《追求卓越：郭慕孙传》

《走向奥维耶多：谢学锦传》

《绚丽多彩的光谱人生：黄本立传》

《探究河口　巡研海岸：陈吉余传》

《胰岛素探秘者：张友尚传》

《一个人与一个系科：于同隐传》

《究脑穷源探细胞：陈宜张传》

《星剑光芒射斗牛：赵伊君传》

《蓝天事业的垦荒人：屠基达传》

《化作春泥：吴浩青传》

《低温王国拓荒人：洪朝生传》

《苍穹大业赤子心：梁思礼传》

《仁者医心：陈灏珠传》

《神乎其经：池志强传》

《种质资源总是情：董玉琛传》

《当油气遇见光明：翟光明传》

《微纳世界中国芯：李志坚传》

《至纯至强之光：高伯龙传》

《弄潮儿向涛头立：张乾二传》

《一爆惊世建荣功：王方定传》

《轮轨丹心：沈志云传》

《继承与创新：五二三任务与青蒿素研发》

《淡泊致远　求真务实：郑维敏传》

《情系化学　返璞归真：徐晓白传》

《经纬乾坤：叶叔华传》

《山石磊落自成岩：王德滋传》

《但求深精新：陆熙炎传》

《聚焦星空：潘君骅传》

《逐梦"中国牌"心理学：周先庚传》

《情系花粉育株：胡含传》

《情系生态：孙儒泳传》

《此生惟愿济众生：韩济生传》

《谦以自牧：经福谦传》

《世事如棋　真心依旧：王世真传》

《大地情怀：刘更另传》

《一儒：石元春自传》

《玻璃丝通信终成真：赵梓森传》

《碧海青山：董海山传》

《追光：薛鸣球传》

《愿天下无甲肝：毛江森传》

《以澄净的心灵与远古对话：吴新智传》

《景行如人：徐如人传》

《材料人生：涂铭旌传》

《寻梦衣被天下：梅自强传》

《海潮逐浪　镜水周回：童秉纲
　　口述人生》

《采数学之美为吾美：周毓麟传》

《神经药理学王国的"夸父"：
　　金国章传》

《情系生物膜：杨福愉传》

《敬事而信：熊远著传》

《恬淡人生：夏培肃传》

《我的配角人生：钟世镇自述》

《大气人生：王文兴传》

《历尽磨难的闪光人生：傅依备传》

《思地虑粮六十载：朱兆良传》

《心瓣探微：康振黄传》

《寄情水际砂石间：李庆忠传》

《美玉如斯　沉积人生：刘宝珺传》

《铸核控核两相宜：宋家树传》

《驯火育英才　调土绿神州：
　　徐旭常传》

《通信科教　乐在其中：李乐民传》

《力学笃行：钱令希传》

《与肿瘤相识　与衰老同行：
　　童坦君传》

《没有勋章的功臣：杨承宗传》

《百年耕耘：金善宝传》

《耕海踏浪谱华章：文圣常传》

《守护女性生殖健康：肖碧莲传》

《心之历程：夏求明传》

《仰望星空：陆埮传》

《拥抱海洋：王颖传》

《爆轰人生：朱建士传》

《献身祖国大农业：戴松恩传》

《中国铁路电气化奠基人：曹建猷传》

《一生一事一方舟：顾方舟传》

《科迷烟云：胡皆汉传》

《寻找黑夜之眼：周立伟传》

《泽润大地：许厚泽传》

《科学人文总相宜：杨叔子传》

《一生情缘植物学：吴征镒传》

《一腔报国志　湿法开金石：
　　陈家镛传》

《"卓"越人生：卓仁禧传》

《步行者：闻玉梅传》

《潜心控制的拓荒人：黄琳传》

《一位"总总师"的航天人生：
　　任新民传》

《扎根大地　仰望苍穹：
　　俞鸿儒传》

《锻造国防"千里眼"：毛二可传》

《地学"金钉子"：殷鸿福传》